# 区块链+金融科技案例分析

主　编　唐方方　宋　敏
副主编　张　生　李旭超　宋　锴　陈星辰

WUHAN UNIVERSITY PRESS
武汉大学出版社

图书在版编目(CIP)数据

区块链+金融科技案例分析/唐方方,宋敏主编.—武汉:武汉大学
出版社,2020.11(2025.7重印)
ISBN 978-7-307-21545-0

Ⅰ.区…　Ⅱ.①唐…　②宋…　Ⅲ.电子商务—支付方式—研究
Ⅳ.F713.361.3

中国版本图书馆 CIP 数据核字(2020)第 091038 号

责任编辑:黄金涛　　责任校对:李孟潇　　版式设计:马　佳

出版发行:**武汉大学出版社**　(430072　武昌　珞珈山)
(电子邮箱:cbs22@whu.edu.cn　网址:www.wdp.com.cn)
印刷:武汉邮科印务有限公司
开本:720×1000　1/16　印张:16.25　字数:292 千字　插页:3
版次:2020 年 11 月第 1 版　2025 年 7 月第 3 次印刷
ISBN 978-7-307-21545-0　定价:48.00 元

**唐方方**

北京大学国家发展研究院经济学、金融学及营销学教授，爱思唯尔（Elsevier）人文社会科学99位中国高被引学者之一。师从博弈论宗师泽尔腾（Reinhard Selten）和海萨尼（John C. Harsanyi）教授，两位恩师与"美丽心灵"纳什教授（John F. Nash）分享1994年诺贝尔经济学纪念奖。德国波恩大学数量经济学与信息科学博士。1997年获实验经济学会Heinz Sauermann奖（两年一度）。获颁过多个教学奖（从本科到EMBA），教授过数以千计的本科、硕士、博士生以及企业管理人员和政府官员。上海交通大学管理学院工学硕士（系统工程），成都科技大学应用数学系理学学士（运筹学）。在各种国际学术期刊上发表学术论文五十余篇，合作者包括赛勒教授（Richard Thaler，2017年诺贝尔经济学奖得主，行为金融之父）、克内齐教授（Jack Knetsch，国际著名环境经济学家）等。

**宋　敏**

武汉大学经济与管理学院教授、院长，曾担任香港大学经济与工商管理学院教授、中国金融研究中心主任，北京大学经济学院金融系主任，教授。在Journal of Financial Economics, Economic Journal, Journal of Business、 Journal of Development Economics, Journal of Comparative Economics, American Journal of Agricultural Economics等国际著名经济金融杂志发表论文四十余篇， 在《中国社会科学》、《经济研究》、《经济学季刊》、《经济学报》、《经济学动态》、《数量经济与技术经济研究》、《金融研究》、《南开管理评论》《管理世界》、《新华文摘》、《中国社会科学文摘》等权威核心中文期刊发表数十篇论文。

**张　生**

北京师范大学心理学学士（2013年-2017年）。

**李旭超**

武汉大学经济系副教授，武汉大学中国与全球化研究中心执行主任，武汉大学新民营经济研究中心副主任。

**宋　锴**

男，山西汾阳人，中共党员。高中毕业于山西省实验中学，北京大学环境科学与工程学院15级本科生，19级博士生。曾两度荣获北京大学"三好学生标兵"称号，两度荣获教育部国家奖学金，荣获北京市优秀毕业生、北京大学优秀毕业生等多项荣誉。

**陈星辰**

北京大学国家发展研究院17级经济学双学位，曾供职于保尔森基金会和毕马威创新创业共享中心。研究兴趣包括：绿色金融与企业社会责任，公司治理，创新与创业等。

# 参与人员

**第一章 区块链技术在农业保险中的应用**
编写人员：
李枚远、王进卓、汤然、杨润青、冯源（2018年春互联网金融与大数据）

**第二章 区块链技术在供应链金融中的应用**
编写人员：
**中央企业供应链金融平台分析——以云链金融为例**
庞宇杰、张竞霜 、张琦杭、胡秋月、甄妮（2018年春互联网金融与大数据）
**区块链技术在供应链金融中的应用**
王泽宇、邹佩、李丰、黄如许、王建平、董轶涵（2018年春互联网金融与大数据）
**区块链技术在供应链金融中的应用**
蒋天骥、黄家琪、李丽丽、张怡雯、夏翔（2019年春互联网金融与大数据）

**第三章 区块链技术在供应链信用管理中的应用**
编写人员：
李佳盈、陈星辰、黄任泽、陈嘉伟、孙思嘉（2018年春互联网金融与大数据）

**第四章 区块链技术与国际贸易结算**
编写人员：
**区块链在银行结算方面的应用——以信用证为例**
陈馨怡、籍婷、周晓莉、黄羚峰（2018年春互联网金融与大数据）
**区块链与国际贸易结算**
田润、赵楠、林丽玉、李金甲（2019年春互联网金融与大数据）

**第五章 区块链技术与知识产权保护**
编写人员：
**区块链在音乐版权领域的发展前景及分析**
徐华韬、周玥琪、唐雨辰、潘震东、栾睿安（2018年春互联网金融与大数据）

**区块链+IP=？——区块链与网络虚拟财产、互联网知识产权保护**

李涵、李枚远、吴葆春、胡可君、陈一茹、宋锴、申思杰（2018年春互联网金融与大数据）
**区块链与知识产权保护**
潘佳煜、郑瑶、赵力、程禹皓（2019年春互联网金融与大数据）

**第六章 互联网公益众筹平台比较探究**
编写人员：
**互联网金融下公益众筹模式研究——以腾讯公益为例**
何珺瑶、曹星、胡怡帆、田蔓菁、王润萌、亓浩然（2018年春互联网金融与大数据）
**互联网公益众筹平台探析——以轻松筹为例**
郑江浩、荣赛波、何丽琼、李彤、张良（2018年春互联网金融与大数据）
**互联网公益众筹平台比较探究——以腾讯公益和轻松筹为例**
倪超、仲子奇、李颖妍、马泰来、倪禹晨（2019年春互联网金融与大数据）

**第七章 网络互助的运营模式与风险分析**
编写人员：
**网络互助的运营模式和风险分析——以水滴互助为例**
庄思腾、胡敏喆、蔡思娜、王天骄、王溥、李丹阳（2018年春互联网金融与大数据）
**网络互助的运营模式和风险分析——以水滴互助为例**
张宇谦、罗毅、罗震、袁振宇（2019年春互联网金融与大数据）

**第八章 互联网融资租赁的成败分析**
编写人员：
**互联网汽车金融未来发展方向——以易鑫集团为例**
陈凝画、林坚、孙妍、陈愉心、车碧轩、王单（2018年春互联网金融与大数据）
**互联网融资租赁的出路——汽车融资租赁（以普资金服为例）**
宋生升、刘东、马子晴、吴士荀、李妤、文婧（2018年春互联网金融与大数据）
**互联网融资租赁的成败分析——以汽车行业为例**
段长宇、陶兴化、俞颖、陈翔、刘二源（2019年春互联网金融与大数据）

**第九章 智能投顾模式研究及案例分析**
编写人员：
**智能投顾模式研究及案例分析**
喻佳、邹悦、戴心、蒋煜卿、黄珈颖、蒋旌帅（2018年春互联网金融与大数据）
**智能投顾模式研究及案例分析**
周泽堃、李方闻、靳宸楠、刘汐雅、孟云豪（2019年春互联网金融与大数据）

**第十章 中外社交投资平台的比较研究**
编写人员：
**以雪球网为例探究社交投资平台经营模式**
张金铭、陈雪瑶、朱文韬、马宁、冯斌、李欣遥（2018年春互联网金融与大数据）
**中外社交投资平台的比较研究——以eToro和新浪理财师为例**
符张纯、黄鹏、杨静茹、余鑫甜（2018年春互联网金融与大数据）
**中外社交投资平台的比较研究——以雪球网、新浪理财师和eToro为例**
张一凡、李芬、秦瑞阳、王静、黄舒婷（2019年春互联网金融与大数据）

**第十一章 众安在线公司拓展外卖延误险业务的可行性分析**
编写人员：
**中国互联网保险行业分析——以众安在线财产保险有限公司为例**
王子轩、尚旸、姜孜元、林嘉椿、金意凯（2018年春互联网金融与大数据）
**互联网保险新险种探究——外卖延误险的可行性分析**
张馨月、王添翼、魏嘉颐、高湛凝、熊冠铭、苗政（2018年春互联网金融与大数据）
**众安在线公司拓展外卖延误险业务的可行性分析**
徐之茵、刘禹、毕嘉川、舒心、卫晟（2019年春互联网金融与大数据）

其中，陈星辰修改了第一章、第二章、第三章、第四章、第五章，宋锴修改了第六章、第七章、第章、第九章、第十章、第十一章，张生对所有章节进行了整合修改。
同时武汉大学的熊文祥对整本书进行了格式的调整。
另外，本书版权归主编和作者们所有。

# 前　言

公元 2000 年，我应聘到了新加坡南洋理工大学南洋商学院应用经济学系教书，当时系主任是陈抗教授，福建厦门人，他是非常优秀的学者，十分善良正直的益友。陈抗兄建议我开设一门信息经济方面的本科生课程，还推荐了一本哈佛商学院出版社刚出不久的新书：Carl Shapiro 和 Hal R. Varian 的 *Information-tion Rules：A Strategic Guide to the Network Economy*，1999 年第一版。

是的，你没有看错，作者之一就是那位写微观经济学教科书的 Varian 教授，他写的教科书曾经出过很多版，好多好多人用过，也折磨过不少数学不太好的同学。我还曾经电邮他，想请他来亚洲访问，他答应了，但他当时担任加州大学伯克利分校的信息学院院长，需要很仔细地安排行程，最后因为实在太忙没能成行，以电邮道歉告一段落，我们至今没有当面见过。

我万万没有想到的是，Varian 教授在 2002 年成为了一家叫做 Google 的小公司的首席经济学家（Chief Economist），而且居然一干就是十七年直到现在。我估计陈抗兄也万万没有想到的是，这门信息经济课我一直开到现在，整整十九年了，而且这本书一直是我推荐的"首席"教科书，尽管这些年来冒出来了不知道多少本时髦的新书。初读此书时，我就欣赏到无以言表，用 2019 年 10月一位区块链公司创始人①读到一本对他冲击极大的书（他买了一箱）的话来描述：读得热血沸腾，每十分钟就站起来一次。这本"旧爱"也一直是互联网1.0 阶段我的最爱，十多年前我还在香港中文大学商学院教 "Internet Marketing" 时，有两位美国来交流的同学选过我的课，一位白人学生（在密西根大学学法律）、一位黑人学生 Houston 先生（纽约大学金融 MBA），我推荐给本科班和 MBA 班，他们两位是认真读了的，非常感谢我推荐此书给他们。我问过 Houston 先生，为什么他要来选修我的网络营销课？他告诉我说，他的美国金融老师们告诫他们，掌握金融知识后，下一步就是把金融产品推向市场，而互联网是最重要的战场。Houston 先生还有一个特别的原因，他和他太太都

---

① 领主科技公司刘大鸿先生，激动之余还专门送了我一本此书。

1

是奥巴马总统的粉丝，一直追随奥巴马的网络竞选活动，他告诉我说非常成功。那位白人同学几年后到北京旅游时，还特意到我的办公室来看我，坐在我办公室的沙发上分享他的中国见闻。非常遗憾和抱歉，我实在想不起他的姓名了，一个不太常见的姓氏。

为什么要回忆这么些久远的往事呢？不是为了再次助力 Varian 教授卖书（他也早就不需要这些虚名了），而是因为我们现在又到了互联网发展的一个重要关口：区块链技术的到来和应用，如同十九年前互联网 1.0 时，泡沫当然有，但能够沉淀下去打不死的一定是未来的种子选手。就像十九年前的网络泡沫破灭之后，扎牢根基的便会是又一轮谷歌、亚马逊、阿里、腾讯等等这种平台级企业。旧的不去、新的不来，数字经济 2.0 只是刚刚开始萌芽而言，新的增长动能正在积蓄，数年内一定会爆发出来的。问题只是：谁准备好了迎接这一波浪潮？

自 2008 年夏天全职到北京大学任教以来，我一直开设《信息经济战略与网络营销》课程，选修此门课程的同学们需要分组做一项课题研究，其中好些组参加各种比赛，拿回许多奖项，同学们非常高兴，不仅仅是荣誉，奖金平均下来也有选修此课程所付学费的十倍以上，这个投资回报不能算低了。2015 年春季我又主动向北京大学国家发展研究院经济学双学位办公室请缨开设一门新课，《互联网金融与大数据》，选修的同学们更多了，一百三十多位，各种选题非常有意思，同学们很有创意。2016 和 2017 年，因为我的教学工作量已经远超任务，这门新课就暂时休眠了两年。2018 年春季我重新开设此课，课堂爆满，课程中增加了区块链技术和金融科技方面的最新进展，还邀请了刘大鸿先生来课堂分享他们在第一线创业创新的心得体会，同学们反馈非常受益，这学期的分组课题研究中，有相当部分（超过三分之一）的小组选题与区块链技术有关。2019 年春季这门课程继续开设，宋敏教授和我在一次工作午餐中讨论是否把这两年来同学们好的案例报告结集出版，遂有此书。这是一个非常有效率的工作午餐，希望今后宋敏兄能更多抽空来京相聚，激发思路、创新思维，善莫大焉。我们也非常感谢北京大学国家发展研究院经济学双学位办公室同仁们一直以来的坚定支持，尤其是赵普生老师、刘博谦老师、勾雪老师和陈柳利老师。

附录是每一章所有参与课题研究和修改的同学们的全体名单，我的长期助教张生同学向我保证了没有遗漏任何一位。如果确有遗漏，请务必去找张生同学理论，一定要他致歉并补上，同时我也诚挚致歉。有些案例，前后两年有两组甚至三组同学们从不同角度探讨，最后合并成的一章，希望有助开拓视野。

当然，由于时间和能力的关系，这些研究仍有各种局限性，后续我们还会有一系列更多的扩展，希望能够更加深入和全面。

最后，还要特别感谢武汉大学出版社的黄金涛编辑，对于书稿进行了认真、迅速的检查和审阅，此书才得以顺利面世。这是继《碳金融：理论与实践》和《绿色金融》两本书稿后，我们和黄金涛老师的第三次合作，由衷地感谢黄金涛老师的辛苦工作，特此致谢。

**唐方方**

2019 年 11 月于北大中关园

# 目　　录

# 图 表 目 录

第一章

区块链技术在农业保险中的应用

## 第一节　中国农业保险的背景及现状

### 一、背景

分析市场前景是探讨商业模式构建的前提。随着社会主义市场经济的发展和农业产业的扩张，我国农业保险市场也经历了长足的扩张。在 2007—2017 年的短短十年间，中国农业保险市场的保费总额实现从约 30 亿元到约 450 亿元的跨越式发展。这意味着，该市场扩大了约为 15 倍。[①]

除了个别年份外，农业保险的赔付总额和保费总额之间始终存在着较为可观的差值。因此，农业保险公司整体上有着较大的利润空间。并且，未来的中国农业保险市场仍有继续扩张的倾向。一方面，作为需求侧的大型农业公司在运营过程中有较高的投保需求，以减少公司运营的风险。另一方面，由于巨大自然灾害频率的整体预期较低，且有政策性农业保险补贴的支持，作为供给侧的保险公司也愿意扩张农业保险的规模。

### 二、中国农业保险的问题

#### （一）中国农业保险的自身问题

中国农业保险的自身问题主要表现在险种和定损方面。

在险种方面，我国农业保险的险种较少，且多数为成本保险。成本保险是在受灾之后农业保险仅赔付农民在种植过程中所使用的包括种子、农药和化肥等生产资料的损失，忽略了农户的劳动付出，因此其合理性有待商榷。虽然截

---

[①]　庹国柱(2017). 中国农业保险研究. 中国农业出版社.

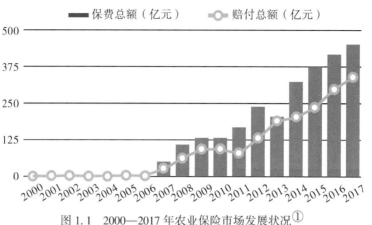

图 1.1 2000—2017 年农业保险市场发展状况①

至 2019 年 6 月 1 日，保险组织形式仍然是"责任有限公司"，其盈利性的目的无可厚非，但是农业保险这类政策性保险的制定，更多的是为了保障农户的利益，而非盈利。农业保险是乡村振兴金融中的一个重要组成部分。政策性保险并不意味着农业保险公司就一定不能产生可观的盈利水平，但是农业保险公司的盈利需要建立在农民真实受益的基础上。

在定损方面，一方面，灾情的评估和审核均没有明确的标准，保险条款中的用词含糊不清。一些赔付款项仅是给出了最低与最高赔付金的范围，并没有为该范围做出具体的解释。另一方面，保险对农民的援助不及时，赔付款项需要经过各层级的审核、批准才能落入农户手中。

**(二) 中国农业保险的补贴问题**

农业保险属于政策性保险，在保险产品设计上更多的是出于政策需要，而非盈利。这就导致保险产品设计过程中并没有考虑到可持续的问题，因此在后续的经营过程中必须依靠政府补贴才能持续下去。即便是在发达国家，农业保险的补贴体系也是十分发达。由于中国农业保险起步较晚，与之相匹配的补贴体系也尚处于发展状态，其存着在如下一些问题：

1. 农业补贴方式单一

中国农业保险补贴虽然占总保费的比例巨大，在 2017 年 400 余亿元人民

---

① 庹国柱(2017). 中国农业保险研究. 中国农业出版社.

币的年保费总额中，补贴就超过了 250 亿元人民币，但方式较为单一。农业保险的补贴方式主要分为 4 种：保费补贴、经营管理费补贴、税收优惠与再保险。截至 2019 年 6 月 1 日，我国对农业保险补贴仍然仅主要是保费补贴。而这种保费补贴的运作模式，是由政府将补贴发放给各个农业保险公司，当农业保险公司在收取保费的时候，仅收取减去补贴后的保费。如安华农业保险所提供的玉米种植成本保险每亩地 15 元起，农户自交每亩 3 元起，简单的计算便可得出，该险种保险补贴占总保费的 80%。

然而，保费直接补贴的方式并非公开透明。在能查阅到的资料中，财政部每年对农业保险保费的总补贴是公开的，但是分配到每个农业保险公司补贴便无据可考。在安华农业保险 2017 年年度信息披露报告中，该公司所披露的资产负债表、利润表、现金流量表均无法体现政府补贴的去向。① 不仅是保险公司获得保费金额数量的数据无法取证，每个公司的总承包面积也较难确定，所以这种只针对保费的补贴，可能会带来资源的配置不当，反而降低资金利用的效率。

2. 农业补贴不透明

由于中国的农业保险尚处在发展阶段，政府的补贴除稳定市场、帮扶小农、降低风险之外还有一个至关重要的作用——提高参保率。但是事实上，不少国人都对保险保持着一种警惕、观望的态度，"卖保险的"一词一度成为人们生活中对保险销售业务人员的一种贬低。或许是出自侥幸心理抑或是对风险这一概念的单薄理解，一些人总是展现出对保险的不信任。尤其是在中国的乡村，农民对农业保险更是不屑一顾。这样一来，很多农民便不会单独为了自己的土地购置农险。为了提高参保率，补贴后的保费便由村委会统一代理收取。在 2018 年 4 月 20 日对北京大学中国农业政策研究中心侯玲玲副教授的采访中，她表示在她在乡村做的调研中，大多数农民并不知道自己每年所缴纳的十几元钱是为何所缴，也不知道每年能得到的几十元钱是保险赔付款。正因为农民不清楚款项用途与去向，也一度加深了信息的不对称性，产生了保费去向未知、赔付款项未知的问题。

### (三) 中国农业保险补贴现状

根据中国财政部 2016 年 12 月 19 日发布的财金第 123 号文件：关于印发《中央财政农业保险保险费补贴管理办法》的通知，我们可以发现，中国对农

---

① 安华农业保险官网，安华农业保险股份有限公司 2017 年年度信息披露报告.

业保险采取了大量的补贴型政策。在种植业部分,该文件要求,在省级财政至少补贴25%的基础上,中央财政对中西部地区补贴40%、对东部地区补贴35%,对纳入补贴范围的新疆生产建设兵团等中央单位,中央财政补贴65%。在养殖业部分,该文件要求,在省级财政至少补贴30%的基础上,中央财政对中西部地区补贴50%、对东部地区补贴40%,对中央单位,中央财政补贴80%。简略计算可得出,政府对种植业农险的补贴超过60%、对养殖业农险的补贴超过70%,且对中央单位补贴更高。2017年中国农业保险保费的417亿元中,按60%计算,政府直接补贴到农业保险至少有250亿元。

中国农业保险市场结构和中国农业保险体系如图1.2所示。[①] 从图1.2所知,我国政府在补贴农户的保险费用的同时,也补贴保险公司经营管理费用。

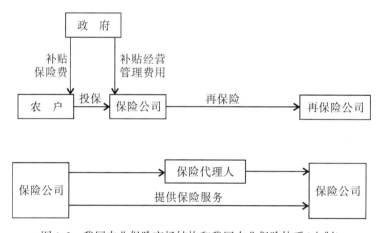

图1.2　我国农业保险市场结构和我国农业保险体系(自制)

## 第二节　传统农业保险

### 一、经营范围

传统农业保险主要分为种植类保险和养殖类保险。其中种植类保险分为针

---

① 曹卫芳(2013).农业保险对我国农业现代化发展作用的经济学分析,博士学位论文.太原:山西财经大学.

对粮食作物、经济作物、林木等方向的保险，养殖类保险分为针对奶牛、能繁母猪、肉牛、生猪等方向的保险。这些农业保险中，一部分是含有各级财政保费补贴的政策性农业保险，另一部分为商业性农业保险。

## 二、购买形式

根据安华保险和国元保险的官方网站给出的方式，农民投保需要由村委会统一组织，将姓名、品种、面积、地块名称、身份证号、银行账号等信息上报村委会并交保费。农垦、家庭农场和企业可直接投保。

## 三、理赔流程

根据阳光农业相互保险公司提供的理赔服务指南，① 理赔流程可以分为如下 11 步：

(1)报案：全天 24 小时受理保险报案，并提供业务咨询、查询、预约投保、投诉、回访等服务；

(2)调度：全天 24 小时调度现场查勘、定损、核损、人伤查勘等任务；

(3)查勘：全天 24 小时现场查勘，确定事故原因、事故责任、保险责任，初步估计损失情况，协助现场施救，提供索赔指引等服务；

(4)定损：确定事故损失，对于超权限重大赔案，逐级上报，并与客户及时沟通、反馈；

(5)核价：根据车辆损失项目和金额清单、车损照片等，通过市场询价或查阅零配件价格数据库，对更换零部件的价格进行审核，出具审核意见，确保维修质量及价格公正合理；

(6)核损：根据定损人员提交的车辆损失项目和金额清单、车损照片、人员伤亡费用项目和金额清单、财产损失项目和金额清单及相应损失照片等，对超权限赔案进行核损，出具审核意见，确保各项损失费用得到合理的评定；

(7)单证收集：接收索赔单证，进行复核；确定赔款支付方式；

(8)理算：根据国家有关法律法规、相关部分事故处理结果、保险条款及案件定损核损金额，对保险赔款金额进行计算；

① 阳光农业相互保险公司．[检索时间：2019.06.01]. http：//www.samic.com.cn/products/show/6911.

（9）核赔：审核理算后的赔案，出具审核意见，保证赔款金额准确合理；

（10）结案：打印赔款收据、清分单证、结案登记，将相关材料移交财务部门，通知客户领款；

（11）付款：以转账方式支付赔款。

## 四、传统农业保险的问题

### (一) 传统保险理赔步骤繁多复杂

传统农业保险需要收集与核实的信息繁多，对于专业知识和技术的要求也较高，查勘和定损需要大量的人力去实地考察，赔付标准的判定与赔付的具体实施也需要大量的人力物力。这都会影响到传统农业保险的赔付效率，延长赔付时间，从而降低农户对保险的满意程度。

### (二) 定损存在严重的信息不对称

传统农业保险存在着严重的信息不对称问题，这也影响到传统农业保险的效率，降低人们的参保意愿。虽然保险公司的条款里面有赔付标准，但是使用的语言都很耐人寻味，且并不明确，赔付金额在多数情况下是商量出来的。例如在国元农业保险安徽省水稻种植保险条款中，保费只写了最高赔偿标准，并未明确到具体损失与赔偿，并且由保险人来进行定损，这就进一步降低了农户的参保意愿。

# 第三节　农业指数保险

## 一、经营模式

农业指数保险是农业保险产品的一种创新形式。赔付方式不是基于被保险人的实际损失，而是基于预先设定的外在参数，比如降雨量、气温、风力等气象指数或者价格指数。这个指数是与损失相关的（相关，不是因果）。当达到触发水平后，便可以实行补偿。因此，指数的选择将直接影响指数保险产品的风险和实施效果，而指数的制定需要相关领域专家来完成，例如植物学家根据作物的生长周期与降水的关系来制定赔付标准。

## 二、中国农业指数保险开展情况①②

表 1.1　　　　　　　　中国农业指数保险开展情况

| 保险名称 | 开展公司 | 开展时间（年） | 开展情况 |
|---|---|---|---|
| 水稻种植天气指数保险 | 安徽国元农业保险有限公司 | 2009 | 试点阶段、小范围推广 |
| 花菜气象指数保险 | 上海安信农业保险有限公司 | 2009 | 探索研发阶段 |
| 冬淡青菜成本价格保险 | 上海安信农业保险有限公司 | 2010 | 试点阶段、小范围推广 |
| 蜂业干旱气象指数保险 | 人保财险北京分公司 | 2011 | 探索研发阶段 |
| 蜜桔低温冻害指数保险 | 人保财险江西省分公司 | 2011 | 江西省南丰县开展 |
| 烟叶冻灾和水灾指数保险 | 中国人寿保险有限公司 | 2012 | 福建省长汀县三个乡镇开展 |
| 夏季保淡绿叶菜价格指数 | 人保财险张家港中心支公司 | 2013 | 江苏省张家港市试点 |
| 绿叶菜田头交易价格指数保险 | 安信农业保险有限公司 | 2013 | 在上海市崇明县开展 |
| 风力指数型水产养殖保险 | 人保财险股份有限公司 | 2013 | 在大连市开展 |
| 生猪价格指数保险 | 安华农业保险有限公司 | 2013 | 北京市、山东省部分地区开展 |
| 调控型育肥猪价格指数保险 | 中航安盟保险有限公司 | 2013 | 在四川省实施 |
| 橡胶树风灾指数保险 | 人保财险海南分公司 | 2013 | 联合多机构研发论证阶段 |
| 柑橘气象指数保险 | 太平洋产险宁波分公司 | 2016 | 在象山县开展 |
| 杨梅采摘期降雨气象指数保险 | 人保财险上虞支公司 | 2016 | 在绍兴市开展 |

---

① 吕开宇，张崇尚，& 邢鹂（2014）. 农业指数保险的发展现状与未来. 江西财经大学学报，2，62-69.

② 张峭，李越，& 郑茗曦（2018）. 农业指数保险的发展、应用与建议. 农村金融研究，6，14-20.

| 保险名称 | 开展公司 | 开展时间（年） | 开展情况 |
|---|---|---|---|
| 猕猴桃高温气象指数保险 | 中航安盟财产保险有限公司 | 2017 | 蒲江县正式开办 |
| 柑橘冻害气象指数保险 | 中航安盟财产保险有限公司四川省分公司 | 2017 | 在蒲江县开展 |
| 蔬菜降雨气象指数保险 | 人保财险广州市分公司 | 2018 | 在广州市开展 |
| 杂粮(谷子)天气指数综合保险 | 中煤保险 | 2018 | 保险试点 |
| 玉米旱灾天气指数保险 | 中华财险辽宁分公司 | 2018 | 落地辽西地区 |

### 三、指数保险的优点

较传统保险而言，指数保险具有独特的理赔方式和定损方式，因此具备了一些先天优势。

#### (一)信息透明度相较传统农业保险高，降低信息不对称问题

由于指数保险是基于指数对损失进行理赔，农民和保险公司对理赔的触发条件和合约指标容易达成一致，双方的信息更加对称。其高度的透明性、标准化指标和简化程序，使得触发机制简单、承保手续简化，后期理赔的过程中降低了保险合同纠纷的可能性。在一定程度上有助于降低和抑制农业保险中的道德风险和逆向选择行为。

#### (二)低成本低费率，对低收入农户吸引力较强

与传统农业保险相比，指数保险可以通过气象台等机构发布的气象信息直接进行保险定损和理赔，省去投保人发起理赔请求的环节和保险公司人工审核的成本，提高了保险公司的经营效率，交易成本大幅度下降。在政府补贴一定比例的情况下，保险公司有一定的保费降价空间，使得指数保险更具吸引力。总体看，指数保险有利于农业保险市场的长期发展。

#### (三)有效转移巨灾风险，降低保险公司经营风险

指数保险以及其衍生产品具有在资本市场流通的潜质。由于指数合约具有

标准化、透明度高、触发机制简单等特点，所以指数保险单很容易在二级市场上进行交易。如图 1.3 所示，以最高气温看涨期权为例，保险公司在没有购买最高气温看涨期权时，原运营成本随气温高于 T 的天数增加而增加，其承担的风险也在增加。保险公司购买了最高气温看涨期权后，新的营运成本在到达某点后不再增加，公司风险得以分散，降低了保险公司或风险承担方的风险。在期货市场上，再保险公司可以开发与农产品价格对冲的指数保险产品。一旦出现灾害，农产品价格上涨，导致农产品期货期权价格上涨。在生产指数保险产品与期货期权的指数进行有效挂钩情形下，农产品关联企业可以通过购买生产指数险产品，从保险市场获得指数保险赔偿，从而实现风险的有效转嫁。而多方参与意味着费率的下降，农户也将直接受益。

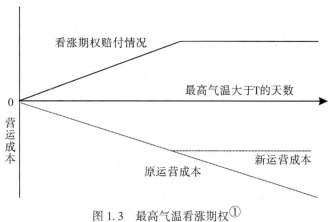

图 1.3　最高气温看涨期权[①]

## 四、指数保险的缺点

指数保险因为其自身的机制设计，使得它具有了传统保险不曾拥有的优点。但是截至 2019 年 6 月 1 日，指数保险在中国的实施也是存在着诸多缺点，部分原因可归纳为其自身的制度缺陷。

---

① 曾小艳(2013). 农业天气风险管理的金融创新路径研究，博士学位论文. 武汉：华中农业大学.

## (一)逆向选择①

表 1.2　　　　　　　　各种赔偿方式的约定周期最高赔偿金额

| 赔偿方式 | 约定猪粮比 | 猪粮比保障范围 | 约定周期最高赔偿金额 |
|---|---|---|---|
| 第一种 | 6：1 | 0-6：1 | 约定周期基础保险金额 |
| | 5.9：1 | 0-5.9：1 | 约定周期基础保险金额 |
| | 5.8：1 | 0-5.8：1 | 约定周期基础保险金额 |
| 第二种 | 6：1 | 5.5：1-6：1 | 约定周期基础保险金额 * 0.083 |
| | 5.9：1 | 5.5：1-5.9：1 | 约定周期基础保险金额 * 0.068 |
| | 5.8：1 | 5.5：1-5.8：1 | 约定周期基础保险金额 * 0.052 |
| 第三种 | 6：1 | 5.0：1-6：1 | 约定周期基础保险金额 * 0.092 |

表 1.3　　　　　　　　　　赔偿系数表

| 约定周期平均猪粮比 | 赔偿系数 |
|---|---|
| 5.9：1(含)-6：1 | 6：1——约定周期猪粮比平均值 |
| 5.8：1(含)-5.9：1 | 0.10+(5.9：1——约定周期猪粮比平均值)×90% |
| 5.7：1(含)-5.8：1 | 0.19+(5.8：1——约定周期猪粮比平均值)×80% |
| 5.6：1(含)-5.7：1 | 0.27+(5.7：1——约定周期猪粮比平均值)×70% |
| 5.5：1(含)-5.6：1 | 0.34+(5.6：1——约定周期猪粮比平均值)×60% |
| 5.4：1(含)-5.5：1 | 0.40+(5.5：1——约定周期猪粮比平均值)×50% |
| 5.3：1(含)-5.4：1 | 0.45+(5.4：1——约定周期猪粮比平均值)×40% |
| 5.2：1(含)-5.3：1 | 0.49+(5.3：1——约定周期猪粮比平均值)×30% |
| 5.1：1(含)-5.2：1 | 0.52+(5.2：1——约定周期猪粮比平均值)×20% |
| 5：1(含)-5.1：1 | 0.54+(5.1：1——约定周期猪粮比平均值)×10% |
| 5：1 及以下 | 0.55 |

---

① 安华农业保险股份有限公司．［检索时间：2019.06.01］．http：//www.ahic. com.cn/u/cms/anhua/201602/1514425327tk.pdf.

表 1.2、表 1.3 为安华保险给出的各种赔偿方式的约定周期最高赔偿金额表和赔偿系数表。从安华保险给出的比例可以看出，当猪粮比较低(猪肉价格相对低廉而玉米价格相对昂贵)的时候，约定周期最高赔偿金额较高，但是最高不超过 0.55。

但是，价格指数存在两个问题。第一，当猪粮比居高不下且稳定的时候，猪肉价格指数保险便面临着失效的风险。因为当猪肉与玉米价格可预测，猪肉价格高而玉米价格低的时候，生猪养殖户购买价格指数保险的动机减弱。第二，当价格不稳定，猪肉价格低而玉米价格高的时候，生猪养殖户购买价格指数保险的动机增强。这样一来，保险公司所面对的投保人均为高风险客户。本应被指数保险减少的逆向选择又重新回到了这个模型中。因此，指数保险在农业保险的发展中仅迈出了半步，一些制度设计仍不完美。

**(二) 推广难和不透明**

2008 年，安徽国元农业保险有限公司(以下简称"国元农险")、国际农业发展基金和中国农科院等机构共同展开针对天气指数保险的调研。2009 年 8 月，安徽省试点"超级杂交水稻高温热害天气指数农业政策性保险"，合同覆盖约 13 万亩。2017 年，国元农险的水稻天气指数保险承保面积约为 33 万亩，虽创下了该险种自开办以来的历史最高记录，但总承保面积仍然较小。

2009 年，安徽颜湖村农户第一次投保水稻种植天气指数保险，并从颜湖村村委购买了水稻种植天气指数保险，但没有签订保险合同文本，只是与村委会口头协议。村委会代表农户与国元农险签订合同。投保农户每年缴纳保费 1 元/亩，保险金额为 300 元/亩。农民在购买保险时，选择权主要集中在村委会的手中。由于农民获取保险信息的途径较为单一，造成购买农业保险的个性化需求无法满足。这是推广难的一个问题。

种植水稻的农户最担心的自然灾害依次为干旱、洪水、高温和暴雨，而国元农险的水稻种植天气指数保险所保的自然灾害仅限于干旱和高温两种。农业气象指数保险的自然灾害覆盖面较窄造成的供求矛盾，是推广难的另一个问题。

水稻种植天气指数保险所缴纳的 12 元保费由投保农户和国元农险共同承担，投保农户每投保一亩水稻交纳 1 元，国元农险负担剩下的 11 元保费。国元农险之所以可以承担主要保费源自于政府前期的大额补贴，这说明了我国的农业保险市场离完全市场化还存在一定的距离。

气象监测站对农业天气指数保险的发展也起着制约性的作用。截至 2019

年 6 月 1 日,相对于全面铺开农业天气指数险所需的观察站数量,中国可以应用于农业指数保险的气象监测站数量与之存在很大差距。以安徽省为例,安徽省境内只有 81 个气象监测点。从农业气象指数保险的理论和实践需要来说,一个标准的气象观测点能覆盖 20 平方公里风险区域,按照这一标准,安徽省在其 13.9 万平方公里的区域内理论上需要 6950 个气象观测站。当然,剔除掉没有必要设点的区域,实际需要的气象观测站可能会减少。即便如此,已有站点数量与需求仍有较大的差距。

更值得注意的是,在国元农险的官方网站公开披露的信息中,基本上所有的传统保险如水稻、小麦、玉米,保险条款都是公开的,但是三种指数保险——水稻高温热害指数保险、水稻天气指数保险、小麦天气指数保险是非公开的,在官方网站无法查阅到任何相关的条款。① 这使得这类保险的透明性差,阻碍了潜在客户的发展,进一步限制了指数保险的发展。

### (三) 指数保险问题现状小结

1. 赔付不够及时

农业指数保险的赔付标准主要是农产品价格、降雨量等指数。从获取这些指数,到根据指数判断是否符合赔付标准,再到实际的赔付过程,需要花费大量时间来完成,理赔效率低下。以国元农险 2017 年的赔付为例:2017 年 6 月 22 日后,安徽省遭受了持续炎热高温天气。但该保险公司直到 8 月 2 日才开始理赔计算,而核算工作则完成于 8 月中旬。

2. 参保和出险时的核实成本较高

尽管农业指数保险降低了农业保险的交易成本,但仍然无法避免较高的核实成本。在农民参保时,需要人工统计农民的土地位置、土地面积、种植作物种类等具体信息。在判定是否符合赔付标准时,核实这些信息也需要较高的人力物力成本。

3. 推广困难

该问题体现在两个方面:基差风险的存在导致农民难以接受合同约定。基差风险是指农户遭受的实际损失与利用保险指数计算出的赔款不能形成完全对应关系的风险。在实践中,有些农户难以接受这种"基差风险",特别是自己的实际损失比得到的赔款要大的时候,就觉得不公平。

---

① 国元农业保险股份有限公司. [检索时间:2019.06.01]. http://www.gynybx.com.cn/info/260.jspx.

由于天气、价格等存在不确定性，有些农民根据自己的经验，可能存在侥幸心理，认为可以规避天气带来的风险，从而不愿意购买农业指数保险。

4. 公平透明度不够

数据来源、赔付标准的制定及具体计算过程不够透明，导致农业指数保险仍然缺乏一定的公平透明度。

五、农业指数保险的合规性分析

首先，看农业天气指数保险的合规性问题。① 截至 2019 年 6 月 1 日，相关的法律法规、部门规章主要包括《保险法》、国务院《农业保险条例》、保监会《农业保险承保理赔管理暂行办法》等。这些法律法规、部门规章多是保险业务的细节性规定，而农业天气指数保险主要涉及的是创新的保险业务模式的，因此这些法律法规、部门规章基本没有对项目保险产品进行明显的限制。

值得注意的是，2008 年 4 月，农业部国际合作司、世界粮食计划署和国际农业发展基金三方签署"农村脆弱地区天气指数农业保险国际合作项目"谅解备忘录。

2012 年 5 月 14 日，中国保监会发布了《关于做好 2012 年农业保险工作的通知》，鼓励各保险公司研发天气指数保险这一新型保险产品，以开辟农业保险新领域。自 2013 年 3 月 1 日起，由国务院颁布的《农业保险条例》正式实施。保监会在 2013 年 6 月发布的《中国保监会关于进一步贯彻落实农业保险条例做好农业保险工作的通知》中明确提出"鼓励产品创新，满足不同层次的保险保障需求。鼓励各公司积极研究开发天气指数保险等新型产品，不断满足农民日益增长的风险保障需要。对新型产品，保监会将开辟绿色通道，优先接受报备"。

其次，传统上关于农业指数保险的质疑主要集中在可保利益和损失补偿方面。

可保利益指的是投保人或被保险人对保险标的所具有的利害关系，这也是保险法对于保险产品的基本要求。我们认为，农业天气指数保险的标的并非天气指数，而是农作物。指数本身只是计量损失的方式，与其相对应的是传统农

---

① 必须声明的是，以下合规性分析是我们的整体意见，可能存在信息不完善和论证不严密之处，也不具有任何法律意见书或担保的效力。我们对于可能出现的法律责任没有预期，也无意承担。

业保险相对固定而僵化的保险金额。后者同样是对于投保人损失的拟制,但这一拟制是不精确的。

损失补偿是财产保险中的一项基本原则,其含义为财产保险的保险人对于保单所有人不能使其从赔偿中获利。农业天气指数保险的痛点在于,补偿可能高于也可能低于实际损失,存在着使保单所有人获利的可能性。从表面上看,这当然违背了损失补偿原则。但即便是形式上以实际损失为基础的传统农业保险,也只能总括性地关注实际损失的大小。使用天气指数并不是独立于损失补偿,相反正是对于它的近似。前述保监会文件中对于农业天气指数保险的鼓励,已经说明了保监会认可了这一保险的损失补偿性。

在实际的业务过程中,我们建议保险公司应当在项目落地之前与保监会和地方政府部门进行充分全面的沟通,并尽可能要求其背书和支持。这样,即便后续政策环境出现改变,保险公司也可以通过行政复议和行政诉讼等途径维护其财产权益,并使得项目的合规性风险最小化。

## 第四节 "农业指数保险+区块链"

截至 2019 年 6 月 1 日,由于农业保险市场信息的非公开性,政府的补贴利用效率并不高,不仅没有从根本上改善三农问题,为农民提供风险保障,反而造成了资源的浪费。想要解决这一问题,信息透明将是改善农业保险制度的关键钥匙。自 2016 年以来持续升温的区块链技术,或是能使信息公开化的重要手段。

### 一、区块链技术在农业气象指数保险的应用

#### (一)区块链电子保单存储系统①

该系统通过基于区块链技术的云平台,搭建部署在云端的核心保险系统,并且通过应用区块链技术实现电子保单存储,进而实现保单、客户及理赔等信息的分布式存储和公开。

在该系统中,农民是保险项目的投放对象和签约者,其在与项目保险公司

---

① 邢杉,张高煜,郑雅琴,& 聂锋(2018). 基于区块链技术构建电子保单系统. 知识经济,8,68-69.

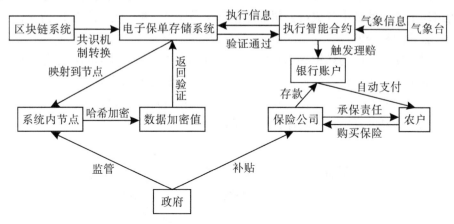

图 1.4 区块链在农业气象指数保险中应用示意图(自制)

签订保单后,这一保单将自动记录在区块链上。与传统文件存储方式相比,区块链存储电子保单具备三大优势:一是安全性,能有效避免意外事故对信息安全的冲击;二是可靠性,保单确认后即刻封存不可篡改;三是可追溯性,资金往来信息均可追溯。

### (二)智能合约

数据收集系统将收集天气数据信息,通过智能合约对气象信息进行判断,同时,这些信息也将逐条记录在相应的区块链上。建立在区块链基础上的智能合约主要从两方面入手。一方面,项目保险公司和农民之间将建立自动赔付的智能合约,并在天气指数满足一定条件时对农民进行自动赔付;另一方面,智能合约也是项目保险公司和再保险公司之间进行再保险的手段和工具。通过智能合约,再保险过程中的道德风险问题将会降低,再保险公司也能够追根溯源每一单交易的信息,并实时跟进其出险状况。

### (三)奖励机制

奖励机制的设计是为了推动保险的核心参与方——农民进行信息分享。通过推动社群的建立和巩固,区块链技术的存在可以将积分作为农业保险公司支付给农民共享信息的奖励。与传统积分不同,这些积分可在除农业保险公司保险平台外的其他商家平台兑换奖品,如网上商城或线下门店,也可通过微信在朋友间转让、分享。积分系统以区块链技术为底层架构，以公司间联盟区块链为组织形式，使链中各成员公司都能参与交易验证、账本存储和实时清算，实现了公司间积分发行、兑换的互联互通。具体来说，某个成员公司向用户发行积分时，使用自己的私钥签名(相当于签发积分"欠条"，不可伪造或篡改)，其他成员可采用发行方的公钥验证确认真实性。积分流通或兑换时，消费者使用私钥签名并同意积分支付。发行、流通、兑换等环节均记录在区块链中，保证了积分交易的真实性、时序性和完整性。

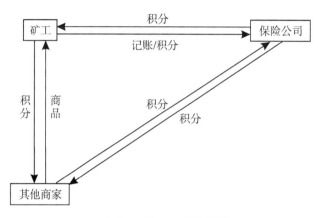

图 1.5　积分兑换激励机制

### (四)区块链中监管节点和监管信息平台

为了保证政府对农业保险补贴使用情况的知情权，政府监管部门可在农业保险公司业务区块链中设置监管节点。农业保险公司授权这些节点审阅部分隐私信息，如投保人信息、保单条款、赔付信息等，开展实时有效的业务监测。此外，政府监管部门也可将区块链技术纳入现有监管信息平台，如保险机构和高管人员登记系统、再保险登记系统等，增强监管信息平台的安全性和可靠性，提高监管的技术水平。

## 二、投保流程

### (一)推广

在推广阶段，保险公司可以采取与农资公司合作、用户推荐与销售人员推广三种模式。

第一，与农资公司合作。农资公司在农业生产中已经积累的人脉和用户基础，在项目发展的初期将对用户群体的扩大起到至关重要的作用。第二，用户推荐。用户推荐模式是指基于熟人社交建立推荐机制。由于农村社会的特殊性及其熟人社会的特征，我们可以有针对性地采用这一模式促进保险产品的推广。这一模式下可能会出现一些道德风险问题，需要保险公司制定相应的标准和方案。第三，销售人员推广。销售人员推广，即传统保险的推广模式，是公司派出专门的销售人员负责项目保险产品的推广工作。

### (二)登记

与传统保险产品登记不同，项目保险产品的登记需要记录在区块链上，因此需要对其记录方式进行特殊的设计。以投保人的智能手机为终端，保险公司需要通过手机软件的相应提示引导投保人完成投保人身份、土地位置和面积、作物品种、保险期间和承保风险等必要信息的输入。土地位置和面积信息通过卫星定位和遥感测绘等方式，由系统进行精确的记录和计算。软件中也应当设计相应的异议复查机制，以应对投保人对系统的计算结果存在异议的情况。

### (三)核实

保险公司需要对投保人录入的信息进行核实。这里投保人身份信息是相对容易核实的信息。在项目设计中的主要问题实际是土地面积和土地位置信息。第一，要求投保人统一上传其产权证书和土地承包或租赁合同，以证明其是相应土地的承包经营权人或使用人。第二，基于此前记录的土地面积和土地位置信息，通过交叉比对，筛选重复投保的土地，并进行人工的核对和审查。第三，在社群模式的基础上，建立社群举报机制，由处于相同社群的成员相互监督和举报，确保土地信息的准确性与真实性。第四，充分利用各个村委会所掌握的信息，对土地承包经营权和使用权进行核对。

### (四)生成智能合约

在投保人完成登记且相关信息已经通过软件和审查系统的核实后，系统生成投保人和保险公司之间的智能合约。在保单和前述数据记录的基础上，这一合约将在气象指数达到触发条件时用于对投保人的智能赔付。

19

### 三、"农业指数保险+区块链"的针对性解决方式

#### (一)核实成本问题

**1. GPS 和遥感审查**

农业遥感技术通过卫星定位系统和遥感技术,描绘土地轮廓,确定其位置、面积,并记录种植品种。农业遥感技术通过对地理信息技术的使用,结合全球定位系统,对农作物的生长进行评估和测算,通过各个方面的数据进行分析得到所需要的农业生产信息,完成农业生产的监测,以减少人工核实的成本。为了确保保险合同真实和避免土地重复登记的问题,农业遥感技术利用GPS 定位系统审查以保证相同位置的土地只能登记一次。发现信息虚假时,农业保险公司不承担赔偿责任,并不退还保险费。截至 2019 年 6 月 1 日,现阶段可能在农业保险中被使用的遥感卫星主要分为三类,植被指数(Normalized Difference Vegetation Index,NDVI)卫星、蒸发蒸腾量(Evapotranspiration,ET)卫星、总初级生产力(Gross Primary Productivity,GPP)卫星。NDVI 卫星被用于测量绿色植被的强度,能够部分消除与太阳高度角、卫星观测角、地形、云影等与大气条件有关的辐射变化的影响;① ET 卫星测量植物蒸腾量;GPP 卫星测量在给定的时间内主要生产者(植物)产生的作为生物质的化学能量。这些卫星的数据均可能被用于判断各地作物生长与受损情况,并且具体的卫星数据可以通过算法转化成一个受灾的指标。

**2. 照片认证**

该阶段要求购买指数保险的农民将土地承包经营权证书或土地承包经营租赁合同的照片上传,以供保险公司核实购买保险农民对土地的使用权问题。

**3. 村委会核实**

保险公司可与村委会建立长期合作关系,通过村委会的土地登记记录核实土地的真实性,减少信息不对称。

**4. 社群互认举报**

村民可以就同村人的理赔结果进行举报,经查与事实相符可以获得相应的奖励。同时,政府可逐步完善征信系统,对信用不良者拒不提供服务,或者限制其享受的服务范围。

---

① 孙家抦(2013). 遥感原理与应用. 武汉大学出版社.

### (二)推广困难问题

**1. 推荐机制**

熟人之间比较容易建立信任，且熟人之间拥有相同或相似的圈层文化和消费需求。熟人间的推荐机制可促进推广活动迅速铺开。保险公司可以鼓励熟人推荐，并给予推荐人一定保险折扣或积分奖励。

**2. 社群挖矿模式**

在该模式下，保险公司可鼓励农民成为矿工，并且限定农民矿工在其所在地的矿池。在区块链相对应的奖励机制下，农民矿工为了增加待记账的信息，获得更多的积分奖励，会有动机推荐同村人加入保险。这种模式让农民矿工自发成为保险推荐人，从而减少保险公司在推广方面的投入。

### (三)基差风险问题

在传统的指数保险中，指数是单一纬度的，即只有一个指数被选为赔付的标准。虽然单一维度机制有助于保险厘定，并且绕过了复杂的人工出险认定，但是这些指数的单一性造成了基差风险的增加。若选定的指数没有很好的反映植物的生长状态，或有其他的因素造成了减产的时候，农民受到的损失将不会被补偿，这将与农业保险设计的初衷相悖。因此，可以使用多个指数同时检测作物的生长状态来进行准确的价格评估和产值预测。农业技术转移决策支持系统(Decision Support System for Agro-technology Transfer，DSSAT)，使融合多个指数成为可能，将提供更加精准保费定价，在一定程度上降低基差风险。

DSSAT 模型虽然并没有在农业保险有任何的应用，[①] 但是的确是一个在农学界和植物学界已经发展成熟的模型。这个模型可以通过输入降水、温度等变量后，去模拟豆类、马铃薯类、木薯类等 26 个不同种类的作物生长，精准地衡量出作物的生长状态和产量。

用 DSSAT 模拟两遍作物的生长，第一遍模拟植物在合适的水、气、土和管理后，可能达到的最优产量是多少；第二遍模拟植物在所输入的气候后，相较第一种会减产多少。当减产达到一定数量以后，智能合约自动触发。在表1.4 中，我们拟定了一种可能被作为赔付方式的明细表。

在保险设计上，同时考虑价格指数，将原先的单一指数的保险调整为整合

---

① 主要原因是 DSSAT 模型太过理想化，只考虑最优解，但是却没有考虑到很多农民即使是次优解也很难达到。

气候、土壤和价格等不同指数因子的综合指数保险。在设计产品和定价时尽可能在算法中加入对标的产量造成影响的所有因子，准确捕捉天气对于保险标的不同生长阶段的影响。保险公司需提高数据收集硬件的水准，对于小型项目而言，在初期推出几种受单因素影响显著的模式作物；对于大型项目而言，通过逐一进行不同作物的区域产量与各种天气指数的相关性分析，降低基差风险。

表 1.4　　　　　　　　拟定 DSSAT 模拟产量与赔付金额关系表

| 模拟得出的产量 | 赔付金额 |
| --- | --- |
| 最优产量的 70% | 5%最优产量 * 五年来平均价格 |
| 最优产量的 60% | 13%最优产量 * 五年来平均价格 |
| 最优产量的 50% | 21%最优产量 * 五年来平均价格 |
| 最优产量的 40% | 29%最优产量 * 五年来平均价格 |
| 最优产量的 30% | 37%最优产量 * 五年来平均价格 |
| 最优产量的 20% | 43%最优产量 * 五年来平均价格 |
| 最优产量的 10% | 50%最优产量 * 五年来平均价格 |

### (四) 超额赔付问题

指数保险是以各类指数为基础制作的保险，在出现区域型农业气象灾害时，很容易出现超额赔付的问题。对此，保险公司可以求助于再保险公司、省和中央政府的大灾风险准备金以及未来可能产生的农业风险证券等其他融资方式，由更广泛的主体协同承担这一超额损失，以确保农民的损失可以得到足额的补偿。

# 第五节　本 章 小 结

农业保险对于解决三农问题至关重要，其中存在的问题也纷繁复杂。本章中阐释和试图解决的只是其中的冰山一角。即便如此，如果能够通过区块链技术的应用，辅之以 DSSAT、遥感卫星等技术，切实地解决其透明性和公开性问题，尤其是农业保险补贴的规范使用问题，农业保险产业本身就会发生较为可观的变化，并能够在维护农民的利益、促进农业产业的发展上发挥更切实的作用。

第二章

区块链技术在供应链金融中的应用

## 第一节 供应链金融行业背景

### 一、供应链金融模式简介

供应链金融是基于供应链的中小企业重要融资渠道，也是商业银行授信业务的一个专业领域。供应链金融基本概念是：商业银行从整个产业链角度出发，给一个产业链中的单个或上下游多个企业提供全面的金融服务，以促进供应链核心企业及上下游配套中小企业"产—供—销"链条的稳固和流转顺畅，构筑金融机构、供应链上的企业和物流公司互利共存、持续发展的产业生态。[①]

#### (一)供应链金融的参与主体

供应链金融的参与主体主要分为四类：供应链上的中小生产企业、在供应链中占优势地位的核心企业、金融机构和供应链金融业务的支持性机构，包括物流公司、仓储公司、担保物权登记机构、保险公司等。此外供应链金融体系中还包括监管机构，在中国主要指各级银保监会。

中小企业在生产经营中，因受经营周期的影响，预付账款、存货、应收账款等流动资产会占用大量的资金。而在供应链金融模式中，中小企业可以通过货权质押、应收账款转让等方式从银行获得融资，灵活利用企业资产，减少资金占用，提高资金利用效率。

在整个供应链中，核心企业规模大、实力强，并且能够对整个供应链的物流和资金流产生较大影响。它能够依靠自身优势地位和良好信用，通过担保、回购和承诺等方式帮助中小企业进行融资，维持供应链这一有机整体的稳定

---

① 严广乐(2011).供应链金融融资模式博弈分析.企业经济，4，5-9.

性，进而促进自身发展壮大。

金融机构在供应链金融中为中小企业提供融资支持，通过与物流企业和核心企业合作，在供应链的各个环节，根据预付账款、存货、应收账款等流动资产个性化设计相应的供应链金融模式。这些模式相应地决定了供应链金融业务的融资成本和融资期限。

### (二) 供应链金融与传统金融的区别

供应链金融的服务对象主要是供应链中核心企业上下游的中小企业。银行所扮演的角色不再像传统金融那样，孤立地评估单个企业的财务状况和信用风险，而是侧重于考察中小企业在整个供应链中的地位和作用，及其与核心企业的交易记录，将购销行为引入中小企业融资，为其增强信用等级，并将资金有效注入相对弱势的中小企业，解决中小企业融资难题。[①]

供应链金融在供应链内部封闭授信，融资严格限定于中小企业与核心企业之间的购销贸易，禁止资金的挪用。这种将供应链购销行为中产生的流动资产或权利作为担保，并主要基于交易中的预付账款、存货、应收账款等资产进行融资的模式，与传统的固定资产抵押贷款模式形成鲜明对比。

### (三) 供应链金融的基本模式

供应链金融业务兴起的主要原因是供应链上的中小企业存在流动资金短缺问题，即出现现金流缺口。这种缺口贯穿于中小企业采购、经营和销售三个阶段。

首先，在采购阶段，核心企业往往利用自身优势地位要求下游购买商大量预付账款，同时上游供应商的商品价格波动也会给下游企业采购带来巨大资金缺口；其次，在日常经营阶段，中小企业由于库存、销售波动等原因积压大量存货，占用大量流动资金，也会带来资金周转困难；再次，在销售阶段，中小企业面对下游实力较强的购货方时，货款收回账期长，也会造成流动资金短缺。

根据这三个阶段我们又可以将现金流缺口分为如下三个周期：应收账款周期、应付账款周期、产品生产及存货周期。

根据以上现金流缺口的组成，供应链金融也相应分为应收类、预付类和存货类三种基本模式，其概念见表 2.1。

---

① 郭清马 (2010). 供应链金融模式及其风险管理研究. 金融教学与研究，2，2-5.

表2.1 供应链金融三种基本模式[1]

| 模式 | 融资资产 | 模式内容 | 主要作用 |
|---|---|---|---|
| 融资模式保兑仓 | 预付账款 | 以核心企业承诺回购为前提，以核心企业在银行指定仓库的既定仓单为质押，以控制中小企业向核心企业购买的有关商品的提货权为手段，由银行向中小企业提供融资 | 实现中小企业的杠杆采购和核心企业的批量销售；中小企业可缓解流动资金压力，核心企业也可稳定和扩大下游销售 |
| 融通仓融资模式 | 存货 | 中小企业以银行认可的存货作为质押物向金融机构申请授信的行为 | 可以将以前银行不愿接受的动产转变为其愿意接受的质押标的，进而促进中小企业融资 |
| 应收账款融资模式 | 应收账款 | 以中小企业对供应链下游核心企业的应收账款凭证为标的物（质押或转让），由商业银行向处于供应链上游的中小企业提供授信 | 避免只对中小企业进行风险评估，而是借助核心企业实力和信用，对整个供应链风险综合考量 |

三种供应链金融基本模式可以参考图2.1、图2.2、图2.3。

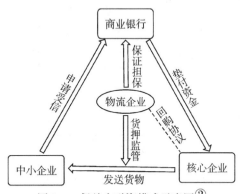

图2.1　保兑仓融资模式示意图[2]

① 吴俊(2018).基于物联网技术的供应链金融模式设计及其风险管理研究，硕士学位论文．邯郸：河北工程大学．

② 吴俊(2018).基于物联网技术的供应链金融模式设计及其风险管理研究，硕士学位论文．邯郸：河北工程大学．

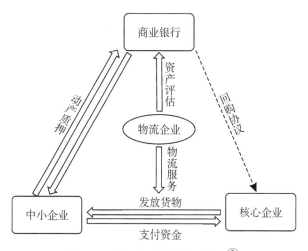

图 2.2　融通仓融资模式示意图①

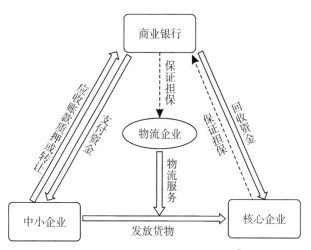

图 2.3　应收账款融资模式示意图②

①　吴俊(2018). 基于物联网技术的供应链金融模式设计及其风险管理研究，硕士学位论文. 邯郸：河北工程大学.
②　吴俊(2018). 基于物联网技术的供应链金融模式设计及其风险管理研究，硕士学位论文. 邯郸：河北工程大学.

### (四)互联网背景下供应链金融的五种主要运作模式

互联网背景下供应链金融典型的五种运作模式分别为:

(1)商业银行主导的服务模式;

(2)第三方支付主导的模式;

(3)电商主导的模式;

(4)物流企业主导的模式;

(5)P2P 主导的模式。

以上五种模式的主要特点和举例见表 2.2。

表 2.2　　　　　互联网背景下供应链金融的五种主要运作模式[①]

| 主导方 | 主要特点 | 举　　例 |
|---|---|---|
| 商业银行 | 通过多样的资产业务产品和中间业务产品,以核心企业为依托,向中小企业展开授信;已逐步线上平台化 | 平安银行"橙 e 网" |
| 第三方支付 | 第三方支付易于获得中小企业的交易信息,为金融机构评估授信提供数据支撑,并可以通过"数据+场景"的方式,做好供应链金融的核心——风控 | 针对跨境电商市场的"海联汇融通" |
| 电商 | 电商基于资金流、物流和信息流,在供应链上具有天然优势;根据上下游的交易、物流、现金流等相关数据作出信用评级,通过系统算法给出融资额度 | "阿里小贷""京东金融" |
| 物流企业 | 物流企业以物流仓储业务为核心,对货物把控能力较强,可监管抵质押资产;整合物流网络,提供物流服务和融资解决方案 | UPS 与沃尔玛供应链金融的合作 |
| P2P | P2P 网贷平台与风险可控的供应链资产端对接所形成的业务模式包括平台与核心企业合作、核心企业自建平台、大宗商品服务商自建平台以及与保理、小贷公司合作等 | "道口贷"高校系普惠金融平台 |

———————

① 谢智慧(2019). 我国互联网供应链金融的模式分析及路径选择,硕士学位论文. 保定:河北大学.

## 二、供应链金融在中国的市场规模

根据前瞻产业研究院的数据,我国供应链金融市场规模已于 2017 年达到
14.42 万亿元,2018 年经初步测算超过 16 万亿元,① 预计到 2020 年供应链金
融市场规模或将达到 27 万亿元。② 由于供应链金融的主要融资资产为预付账
款、存货和应收账款这三类,因此我们通过国家统计局针对这三类的官方数据
来说明我国供应链金融的市场规模。

以工业行业为例,截至 2018 年 12 月 31 日,我国规模以上工业企业应收
账款净额达到 14.3 万亿元,同比增长约 6%,规模以上工业企业存货达到
11.7 万亿元,同比增长约 3%,③ 两项指标均基本实现了近五年来的持续较大
增长。2014—2018 年以上两项指标的具体数据可以参见图 2.4、图 2.5。

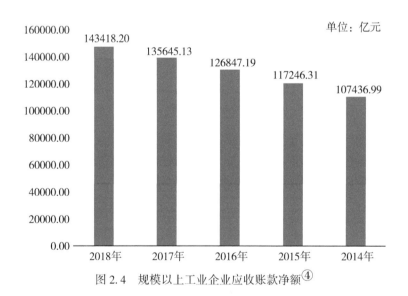

图 2.4 规模以上工业企业应收账款净额④

---

① 前瞻产业研究院(2019).2019 年中国供应链金融市场现状及发展趋势分析.前瞻
产业研究院.
② 易宝研究院(2018).2018 年供应链金融行业发展趋势研究报告.易宝研究院.
③ 相关数据来源于 2018 年中国统计年鉴.
④ 相关数据来源于 2014—2018 年中国统计年鉴.

图 2.5　规模以上工业企业存货①

### 三、供应链金融业务的缺点

供应链金融业务并非完美无缺，在激烈的竞争环境下，越来越多的问题显现出来。我们以互联网背景下供应链金融的五种主要运作模式为例进行分析，发现每种模式都存在自身亟待解决的问题(见表 2.2)。

表 2.3　互联网背景下供应链金融五种主要模式的典型问题(自制)

| 主要模式 | 存在问题 |
| --- | --- |
| 商业银行主导的服务模式 | 中小企业风控数据来源少，数据分析能力弱 |
| 第三方支付主导的模式 | 融资成本高，信息不对称问题突出 |
| 电商主导的模式 | 线下业务环节验证困难，缺少全流程监控 |
| 物流企业主导的模式 | 难以全面有效监管质押物，货证间对应关系不明确 |
| P2P 主导的服务模式 | 供应链上下游企业信用管理存在潜在风险 |

通过综合分析供应链金融的三种基本模式以及互联网背景下的五种主要运作模式，我们认为，截至 2019 年 6 月 1 日，我国供应链金融行业现存的主要

---

① 2014—2018 年中国统计年鉴.

问题有以下几点：

第一，核心企业无法掌握充足的上下游企业信息，导致信任无法有效传递，中小企业融资难问题依然突出。由于银行依赖的是核心企业的控货能力和调节销售能力，通常只愿意对核心企业的一级上下游链内成员提供保理业务，大量中小企业往往就会因为难以得到及时融资而导致严重经营问题。

第二，缺少必要的仓储货物风控监管手段，供应链交易环节信息获取难度大。由于生产制造企业缺乏强有力的仓储货物风控监管手段，金融机构也因为缺失交易环节所产生的贸易信息而难以进行风险判定，进一步加剧了中小企业融资难问题。①

第三，缺少综合性的风险评估分析，供应链上存在信息孤岛。虽然供应链金融在中国已经实现了"线上化"（即每一笔交易均通过互联网传递来交换信息），但是供应链中商流、物流、资金流和信息流这四个维度的信息并未得到系统综合的分析，各信息仍然由链上的不同主体分别掌握。企业间信息割裂，全链条信息没有充分融会贯通。这对于信贷提供方金融机构而言，大大增加了供应链信息的不透明性，使得其难以有效针对融资方进行综合风险评估，进而难以发放贷款。

第四，过于依赖核心企业的信用外溢。在应收账款融资模式和预付账款融资模式下，中小企业高度依赖于核心企业的信用水平来获得商业银行的贷款。但是，在经济下行或大企业所处行业发展低迷时，核心企业自身的担保能力、兑付能力就需要重新评估，这将大大降低中小企业从金融机构取得贷款的可行性。这种过于依赖核心企业的现象使得供应链金融授信的发放出现了从以交易为基础到以核心企业资质评估为基础的不良转变，加大了供应链金融模式的不稳定性。②

第五，履约风险较难有效控制。供应商与购买方、融资方和金融机构之间的支付和约定结算受到各参与主体的契约精神和履约意愿的限制，特别是当交易涉及多级供应商结算时，不确定因素很多，故存在资金挪用、恶意违约或其他操作风险。

---

①　傅培华 & 沈浩婷(2019). 基于互联网的供应链金融研究综述. 物流技术, 38(01), 9-15.

②　刘达(2016). 基于传统供应链金融的"互联网+"研究. 经济与管理研究, 11, 22-29.

# 第二节　区块链技术在供应链金融行业的主要应用方式

供应链金融存在核心企业信用无法有效传递、供应链上存在信息孤岛、过分依赖核心企业信用外溢等缺点，为区块链技术的应用提供了空间。由于区块链是点对点通信、数字加密、分布式账本、多方协同共识算法等多个领域的融合技术，具有不可篡改、链上数据可溯源等特性，因此适合运用于多方参与的供应链金融业务场景。

区块链技术在供应链金融行业中主要有以下几种应用方式：基于加密数据的交易确权；基于存证的真实性证明；基于共享账本的信用拆解；基于智能合约的合约执行。

其中，基于加密数据的交易确权，即借助区块链的时间戳技术与难篡改的特点，实现实时的各类有形、无形资产的确权、授权与交易监管。以应收账款权利为例说明，就是通过核心企业 ERP 系统数据上链，来实现实时性的数字化确权。

基于存证的真实性证明，即在虚拟环境下从交易网络中取得各类实时交易信息，利用区块链技术进行"信息交叉验证"来检验交易真实性。这种信息交叉验证是通过算法遍历①验证交易网络中的各级数据，验证方式主要有三种：链上交易节点的数据遍历、交易网络中的数据遍历、针对时序关系的数据遍历。具体来说，利用区块链技术进行交易真实证明的场景主要有将采购数据与物流数据相匹配、检验库存与销售数据是否一致、检验核心企业数据与上下游供应链条上的数据是否可靠等。

基于共享账本的信用拆解，即利用区块链技术，建立共享账本，将核心企业的信用拆解并传递给整个供应链上的各级供应商和经销商。核心企业在区块链平台上登记其与供应商之间的债权债务关系，并将相关记账凭证顺链条逐级传递。

基于智能合约的合约执行，即以自动化操作的方式，准确、自动地执行交易合约。以物权融资这一交易场景为例，该场景中的智能合约在完成交货后立刻向银行发送支付指令，进而完成资金支付、清算和财务对账的业务。截至 2019 年 6 月 1 日，行业中主要的智能合约开发平台有区块链智能合约系统（IBM）、Corda 智能合约平台（R3 联盟）、超级账本 Hyperledger（Linux）、以太

---

①　指沿着某条搜索路线，依次对树（或图）中每个节点均做一次访问．

坊智能合约平台等。①

## 第三节 我国区块链技术应用于供应链金融的实践

### 一、我国区块链技术公司从事的供应链金融业务

截至 2019 年 6 月 1 日，国内已经有了许多区块链技术应用于供应链金融的实践，在业务方面主要集中于应收账款融资中的应收账款贴现、保理和应付账款融资，基于贷款或放款融资方面的业务涉猎较少。这一是因为应收账款本来就是双方的合约，易于确权；二是因为应收账款的债务人为核心企业，还款更有保障。② 中国信通院、腾讯金融科技、联易融等于 2018 年 10 月 31 日发布的《区块链与供应链金融白皮书(1.0 版)》对部分区块链供应链金融平台的业务进行了总结，如表 2.4 所示。

表 2.4　　我国区块链技术公司从事供应链金融业务情况一览③

| 供应链金融 企业 | 应收账款融资 | | | 基于贷款或放款融资 | | | |
|---|---|---|---|---|---|---|---|
| | 应收账款贴现 | 保理 | 应付账款融资 | 基于应收账款的贷款 | 经销商融资 | 对存货的贷款或放款 | 装运前融资 |
| 微企链 | ✓ | ✓ | ✓ | | | | |
| 布比 | ✓ | ✓ | ✓ | ✓ | | | |
| 联动优势 | ✓ | ✓ | ✓ | | | | |
| 航天信息 | ✓ | ✓ | ✓ | | | | |
| 易见天树 | | ✓ | | ✓ | | ✓ | |
| 宜信 | ✓ | ✓ | ✓ | ✓ | ✓ | ✓ | |
| 泛融 | ✓ | ✓ | ✓ | ✓ | ✓ | ✓ | ✓ |
| 点融 | ✓ | ✓ | | ✓ | | ✓ | ✓ |

---

① 区块链与供应链金融白皮书 1.0. ［检索时间：2019.06.01］. http：//www.caict.ac.cn/kxyj/qwfb/bps/201811/t20181101_187987.htm.

② 区块链：携手供应链金融共创新蓝海. ［检索时间：2019.06.01］. https：//www.jinse.com/blockchain/190298.html.

③ 区块链与供应链金融白皮书 1.0. ［检索时间：2019.06.01］. http：//www.caict.ac.cn/kxyj/qwfb/bps/201811/t20181101_187987.htm.

### 二、传统巨头公司及区块链初创技术公司开展"区块链+供应链金融"的情况及对比

从应用区块链技术的供应链金融服务平台的主体来看，主要可分为两大类：强强联合的传统巨头企业及异军突起的初创区块链技术公司。

供应链上的核心企业以及从事供应链管理的传统巨头企业在产业资源、产业数据等方面有着深厚的积淀，在供应链运营方面具有较强的信息优势，天然具有开展供应链金融业务的优势，而进入区块链技术领域较早的区块链技术企业拥有较为先进的技术实力，能够有效地帮助其降低企业风险，从而扩大业务的覆盖范围。因此出于自身利益的考虑，供应链方面的传统巨头企业有内生的动力联合区块链技术方面的先进企业共同搭建区块链供应链金融平台，集结双方各自的优势资源，建设出高效的供应链金融流通体系。如点融网和富士康旗下的富金通联合推出的 Chained Finance、易见股份和 IBM 中国研究院联合推出的易见区块、益邦控股旗下的广东有贝、腾讯、华夏银行联合推出的星云贝链，都是这种传统巨头企业强强联合的案例。这种合作模式的优势在于资产端源头上链，便于应收账款等的确权，银行、保理公司等作为资金端出于风险考量，偏好这种便于确权的业务。这种合作模式的劣势在于不具备第三方公信力，较难打破自身信用圈，传统巨头企业在既已掌握了较多话语权的情况下，又在其搭建的区块链供应链金融平台中扮演起了制定规则的早期参与者的角色，具有先入为主的优势。其他供应链上的企业对这样的平台往往参与积极性不高。

初创的区块链技术公司在供应链金融领域亦进行了较多尝试和创新。截至2019年6月1日，已经有一些初创的区块链技术公司利用取得的技术突破开展供应链金融相关业务，并已获得了上市公司以及其他资本方的投资。如杭州趣链科技有限公司自行开发了 Hyperchain 平台，于2016年8月获得了主板上市公司信雅达系统工程股份有限公司、浙大网新科技股份有限公司和浙江君宝通信科技有限公司共计1750万元人民币的 Pre-A 轮融资，于2017年12月16日获得亚太星辰投资发展有限公司数千万元人民币的 A 轮融资。厦门链平方科技有限公司自行开发了 Everchain 平台，于2017年8月获得高达资本集团旗下旗晖资本和上海恩惠投资有限公司550万元的天使轮融资，于2018年1月获得高达资本投资，还有其他若干初创的区块链技术公司的融资情况如下表所示。这些初创的区块链技术公司虽然掌握自主开发的核心技术，但在与供应链上的核心企业以及从事供应链管理的巨头企业的谈判中，没有较多话语权，其在合作中主要扮演的是技术服务商的角色，参与程度并不很高。如果想绕开核

心企业、巨头企业，直接与有资金需求的供应链上的中小企业合作，就要求初创的区块链技术公司拥有较高的风险定价能力。为提高风险管理和控制能力，需要基于大数据等技术手段对中小企业的行为进行动态监测和评价，为降低其主观违约的风险，还需要建立较为完整合理的激励机制，这对初创的区块链技术公司的要求较高，截至 2019 年 6 月 1 日，国内尚没有此方面较为成功的案例。

表 2.5　　　　我国部分区块链技术初创公司融资情况一览（自制）

| 区块链技术初创公司 | 融 资 情 况 |
|---|---|
| 布比(北京)网络技术有限公司 | 2015 年 8 月，完成 500 万元天使轮融资，包括点亮资本、互联创投基金等机构<br>2016 年 8 月，完成 3000 万元 Pre-A 融资，由启赋资本、招商局创投、创新工场、万向分布式资本、界石创投等主流投资机构联合投资<br>2017 年 11 月，完成 1 亿元 A 轮融资，由新链创投、盘古创富、博将资本、长江国弘、步长集团等机构投资，前几轮投资机构启赋资本、招商局创投、界石投资、万向分布式资本、点亮资本全部继续跟投 |
| 北京网录科技有限公司 | 2016 年 11 月，完成 1000 万元人民币天使轮融资，大河创投领投，分布式资本、英诺天使基金、北软天使基金跟投<br>2017 年 1 月，获沃石投资的 A 轮投资，具体金额未披露 |
| 北京轻信科技有限公司 | 2017 年 5 月，完成天使轮融资，具体信息未披露 |
| 广州钞钛科技有限公司 | 2017 年末完成了天使轮融资，投资方为分布式资本与万向区块链投资基金 |

# 第四节　区块链技术应用于供应链金融的模型分析

## 一、信用融资模型

### (一) 理论基础

在实际企业融资过程中，很多中小企业可以用来充当融资抵押品的流动资产、固定资产等并不多，传统抵押融资更有利于具有丰富抵押品的大企业。利用区块链技术，信用融资模型意图将企业信用整合成类似流动资产、固定资产等实体抵押物的虚拟抵押物。信用融资模型本质上是一种非抵押融资，也就是企业获得的融资并不以实体的资金、资产等作为抵押，降低了中小企业融资时对资金、资产等的要求，但是却提高了对企业信用的要求。企业信用被提升到与流动资产、固定资产等同等重要的位置。

### (二)模型介绍

不同于传统抵押融资，信用融资模型(如图2.6)的核心概念是授信额度，这种授信额度不是建立在抵押品的基础上，而是通过对信用的核定来确定授信额度。首先由资金需求方发起申请融资，然后核心企业担保信用，资金供给方核定授信额度，资金的需求方和供给方签订授信额度合同，之后这份合同会同步记录在区块链平台。该模型可以理解为：

$$剩余额度 = 授信额度 - 借款金额 + 还款金额$$

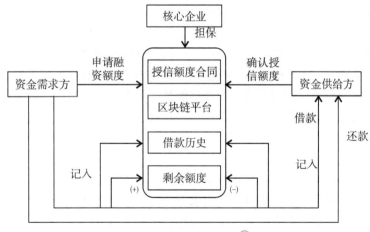

图2.6　信用融资模型[①]

上述公式可以理解为，当借款行为发生时，首先借款记录要同步到区块链平台上，然后借款资金由供给方流入需求方，此时授信额度应减去借款金额；

---

① 姜浩 & 郭顿(2019). 新型供应链金融模式在小微企业融资中的应用研究. 西南金融，4：46-52.

当还款行为发生时，首先还款记录同步到区块链平台上，然后还款资金由需求方流入供给方，此时授信额度应加上还款金额。也就是说，在核定授信额度后，一次借款还款周期结束后，剩余额度应等于初始授信额度。当然这种授信额度也会经过定期审核，以符合企业实际信用状况。

### (三) 缺乏应用的原因

第一，信用融资模型属于非抵押融资，没有流动资产、固定资产来充当抵押物。习惯于抵押融资的传统资金供给方可能一时很难适应这一融资模式。这也要求提供信用担保的核心企业必须具有很强的信用担保能力，核心企业也要充分了解所担保企业，避免发生融资不良行为。所担保企业一旦不能按时还款，核心企业的信用无疑就受到打击，对于注重品牌的核心企业来说是一种很大损失。传统抵押融资发生问题时，损失的是抵押物；但在非抵押融资中，损失的是核心企业的信用。这会使得相当一部分核心企业审慎选择担保企业，从而阻碍信用融资模型的应用。

第二，信用融资模型要求资金需求方必须具有很好的信用记录，企业经营状况良好。这本身就与供应链金融所要解决的问题冲突。想要借助供应链金融来融资的企业大部分是中小企业，这些企业因为资产规模小、信用程度不高很难从传统融资渠道获得融资。但是由于信用融资模型中没有抵押物，要求根据这些中小企业的信用状况来核定授信额度，结果必然是有融资需求的这些中小企业被核定的授信额度都不高，而那些能被核定更高授信额度的大企业不会通过这种信用融资来寻求资金，大企业本身就具有足够多的融资渠道。这种资金需求与审核条件的不协调是信用融资模型缺乏应用的重要原因。

第三，传统抵押融资可以根据抵押物的价值来确定融资金额，信用融资模型则缺乏对企业信用的有效核定方法。抵押物可以很容易确定市场价值，信用的市场价值则很难让资金供给方和需求方同时认可，也就是缺乏一套核定信用的标准和方法。衡量企业财务状况的指标有很多，但是哪些指标与信用状况最相关，哪些不能表现真实信用状况却没有得到公认。信用融资模型需要一套完整有效的信用核定标准和方法。信用核定无法得到公认，授信额度的确认也就无法进行，信用融资模型也就无法实现。

### (四) 信用融资模型应用的可能性

建立完整的企业信用核定标准体系是信用融资模型应用落地的关键。建立企业信用数据库，利用企业信用数据，通过统计、计量等方法，拟合出能够很好衡量企业真实信用状况的变量、参数，在理论和实践中都是可行的。在变量、参数的基础上，一套企业信用核定标准体系应该可以建立。

第一，企业信用核定标准体系建立后，企业信用就可以像抵押物一样充当融资抵押，信用融资模型的授信额度的确认就可以得到解决。

第二，企业信用标准体系建立后，核心企业与资金需求方企业的信用价值可以被资金供给方和整个市场有效识别。核心企业能够根据信用价值来选择担保对象，符合担保条件的企业就能得到核心企业的信用担保。资金供给方也可以根据企业信用价值决定借款与否。信用透明，信息通畅，不具备信用融资条件的企业就被逐出融资市场，留下需要融资又有足够信用价值的企业参与信用融资。

第三，企业信用标准体系建立后，信用成为企业的重要资产，从而激励无论核心企业还是中小企业都积极维护、提升自身信用等级，无疑这会促使有信用融资需求的中小企业趋向于符合信用融资模型的融资条件。

因此，建立企业信用核定标准体系后，信用融资模型的应用可能性将大大提升，预期会涌现出一些应用成功案例。

### (五) 优势与不足

信用融资模型的优势在于降低了融资时对中小企业实体的流动资产和固定资产的要求，理论上使得这些在传统抵押融资中处于弱势地位的中小企业可以利用自身信用获得融资。同时，由于以企业信用为融资载体，资金供给方与资金需求方可以更有效衔接，融资更有效率。进一步地，在信用融资模型中，企业信用标准体系的建立使信用成为一种资本，激励企业提升自身信用，这对融资乃至整个市场都是有利的。

信用融资模型的劣势则在于实施的难度巨大，突出表现为企业信用标准体系的建立完善需要市场各个参与主体都被容纳、审核，而且对每个独立企业信用的核定需要科学、标准、实时的整套方法，涉及要素之多决定了信用融资模型的实践还需要一个漫长的过程。

## 二、贸易背景刻画模型

### (一) 理论基础

中小企业由于资信状况较差、财务制度不健全、抗风险能力弱、缺乏抵押担保等问题，对市场上的资金提供者而言风险较高，因此在融资过程中难免遭遇融资难、融资贵的情况。但对于处于某些实力较强、资信水平较高的核心企业上下游的中小企业，通过核心企业的信用背书和对核心企业与中小企业交易的真实性的核验，金融机构对它们提供融资服务时能够有效合理地控制风险。理论上，大企业的良好信用在供应链前后外溢，金融机构为这些企业提供融资的积极性自然会增强。由此就可以部分解决中小企业的融资困境。

但在现实中，由于金融机构缺乏获知核心企业供应链上下游的中小企业在供应链中的交易情况，因此，以资信水平较高的企业为核心的供应链，很多时候并不能为其中的中小企业带来融资上的帮助。对这些中小企业而言，其还是面临融资难与融资贵的难题。对提供融资服务的金融机构而言，这也导致它们失去了风险较低的获利机会，降低了资金的使用效率。因此，寻找一种帮助金融机构了解资信水平较高的大企业供应链上下的中小企业贸易背景的途径，已经成为中小企业与金融机构的共同要求。

区块链技术的出现为解决这一问题提供了新的可能。区块链技术应用了分布式数据存储、点对点传输、共识机制、加密算法等计算机技术，其具有去中心化、信息不可篡改、公开透明、数据安全性高的特点，能够为供应链金融中金融机构提供可信的企业贸易背景信息。因此，我们设想了区块链技术在供应链金融中的另一种应用模型——贸易背景刻画模型(见图 2.7)。

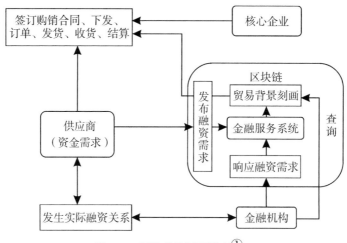

图 2.7　贸易背景刻画模型①

---

① 姜浩 & 郭頔(2019). 新型供应链金融模式在小微企业融资中的应用研究. 西南金融，4：46-52.

## (二) 模型介绍

在以制造业为代表的许多行业中，赊销已成为交易的主流方式。位于供应链上游的企业在接收下游企业的订单后往往要先自行筹措资金组织生产，一段时间后下游企业才向上游企业支付报酬。当位于供应链上游的企业收获资信水平较高的核心企业的订单时，这些上游企业事实上已具有了可靠的未来收入，对金融机构而言则具备了对当下贷款可信的未来偿付能力。但是，金融机构需要获知融资企业与核心企业的订单细节来确定其偿付能力的具体水平，金融机构还需要获知融资企业与核心企业的历史交易记录来了解融资企业未来偿付能力的可信程度。基于以上两点，我们设想了运用区块链技术解决供应链金融中融资企业贸易背景刻画的具体方案，形成如上图所示的贸易背景刻画模型。下面，我们将对这一模型做具体介绍。

这一应用模型用区块链平台来刻画供应链中企业的贸易背景。其中有三个主要参与者，核心企业(即供应链中资信水平较高的企业)、供应商(即供应链金融中有融资需求的中小企业)、金融机构(即供应链金融中的资金提供方)。核心企业与供应商之间、供应商与供应商之间发生贸易往来，包括签订购销合同、下发订单、发货、收货与结算等具体环节。供应商与金融机构发生实际融资关系，在收获订单后需要从金融机构获得融资以开展生产。

该应用模型的核心是基于区块链技术的金融服务平台。该平台有两大任务：

一是将供应商与核心企业、供应商与其它供应商的每一笔贸易往来的每个细节都以区块的形式存储在一个去中心化的数据库中。金融服务平台再根据供应商当前的交易情况和其交易历史记录形成或实时更新该供应商的贸易背景刻画报告，供有可能为该供应商提供融资的所有金融机构参考；

二是为供应商和金融机构提供一个资金合作的平台。借此，供应商的融资需求信息会被存储到区块中。利用区块链技术的公开透明的特点，在极短时间内，有关供应商融资需求的区块信息会被复制到网络中的所有区块，实现全网数据同步。金融机构通过每个节点都能回溯供应商发布的融资需求以及其曾经发布的所有融资需求的历史记录。因此，能够访问平台任意节点的金融机构都能够获知平台上所有企业当下和历史融资需求，进而根据自己的实际情况找到合适的合作伙伴。

**（三）应用案例**

贸易背景刻画模型在现实中已经得到了一定的应用。在具体应用中，最具代表性的就是易见区块。易见区块是 2017 年 4 月由易见股份与 IBM 中国研究院联合开发的区块链供应链金融服务系统。该系统基于超级账本 Fabric 的许可区块链平台，对中小企业以及从事供应链金融业务的金融机构提供服务。

该系统包括四大功能：

（1）贸易刻画，即易见区块平台以区块链作为底层技术，真实记录贸易双方交易的全流程且保障数据安全可信，从而为金融机构提供融资对象详实的贸易背景；

（2）交易可视，即用户根据需求选择对外公开已刻画的贸易背景，使其允许的第三方对已发生的交易可视；

（3）信用机器，即易见区块利用区块链的不可篡改性，按照时间轴刻画的贸易背景是真实不可篡改的，从而利用区块链技术建立起无需第三方担保的自信任机制；

（4）银企直联，即金融机构对已刻画的贸易背景竞价投放，融资款直达企业专户，应收账款直接回款至金融机构。

**（四）优势与不足**

贸易背景刻画模型利用区块链的特点刻画供应链中中小企业的贸易背景，为金融机构在提供融资时获得更多信息，运用技术手段打破了中小企业与金融机构间信息不平等的情况，一定程度上能够解决当下中小企业的融资困境。其具体实施较为简单，无需对供应链中的交易方式进行改造，同时也能为问题的解决带来直接的效果。但贸易背景刻画应用模型对于区块链技术的应用，仅限于以一种可信的方式保存企业的贸易信息上，在供应链金融中对区块链技术的运用尚处于比较初步的阶段，并没有发挥区块链技术的全部优势和价值。

三、票据/应收账款融资模型

**（一）理论基础**

在前面我们介绍的赊销背景之下，如果下游企业资信情况良好，其未来向某一上游供货企业支付账款的行为是可以被预期的。因此，上游企业的应收账款或票据也可以被视为是一种可以在未来得到兑付的资产，进而上游企业可以以此通过抵押或交易来实施融资。

基于区块链技术的数字货币是实施上述设想的天然利器，借鉴数字货币的思路，我们也可以将企业的应收账款转化为可交易的数字资产，在安全、可靠和公开的环境中进行交易。由此，我们设想了区块链技术在供应链金融中的另一种应用模型——票据/应收账款融资模型。

**(二) 模型介绍①**

如图 2.8 所示，这一应用模型的核心在于以基于区块链的代币来帮助企业核算和流通账务，通过中小企业在供应链中产生的应收账款或票据资产融资来帮助它们在下游企业实际支付账款前就能获得资金。供应链中的核心企业以自己良好的资信水平为应收账款代币背书。

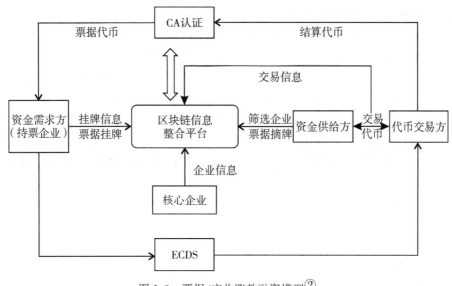

图 2.8　票据/应收账款融资模型②

在这一模型中主要有三个参与主体，资金供给方、资金需求方与核心企

---

① CA 认证是电子认证服务，指为电子签名相关各方提供真实性、可靠性验证的活动。ECDS 是电子商业汇票系统。

② 姜浩 & 郭頔(2019). 新型供应链金融模式在小微企业融资中的应用研究. 西南金融，4：46-52.

业。资金需求方在与供应链下游企业的交易中产生应收账款，这些应收账款往往以票据的形式体现。持有票据的资金需求方将自己所持有的票据和资金需求挂在区块链信息整合平台上，资金供给方则通过访问区块链信息整合平台确定可能的合作对象。在资金供给方和资金需求方形成合作后，资金供给方提供资金或产品，换得资金需求方提供的票据。票据换资金的交易过程中，区块链信息整合平台使用基于区块链技术的数字代币作为交易媒介。供应链中的核心企业则负责为票据提供担保，进而保证了代币表示价值的可信度。

### (三) 应用案例

票据/应收账款融资模型在现实中已经得到了非常广泛的应用，其中比较有影响力的应用案例有 Chained Finance、星贝云链、上海市大宗商品区块链供应链金融示范项目等。由于篇幅有限，在此我们以 Chained Finance 为例对票据/应收账款融资模型的应用情况进行介绍。

Chained Finance 是点融网与富士康旗下金融平台富金通于 2017 年 3 月共同推出的区块链金融平台，其旨在帮助供应链中 85% 的小供应商解决融资问题，也是截至 2019 年 6 月 1 日中国区块链金融领域服务于供应链金融最有实力的玩家之一。其母公司点融网是最早加入 Hyperledger 的中国 P2P 企业，在区块链跨行业应用上有丰富经验；富金通则是世界最大的制造业企业富士康集团旗下的金融平台，为包括富士康集团在内的大型企业供应链上下游的广大供应商、经销商及其他泛 3C 电子产业广大供应商提供专业金融服务，在供应链金融领域实践经验丰富。

Chained Finance 为私有链模式，融合了 Hyperledger、以太坊等技术，同时根据具体场景业务参与开发。Chained Finance 能够将核心企业供应链中所有的供应商都覆盖进借贷范围，供应商可以在平台上实现随时融资、立刻交易、T+1 日到账。

Chained Finance 的功能可以被归纳为三大部分。第一部分是资产线上化，即将核心企业的应付账款转化为区块链上的线上资产(eAP)，任何线上资产的持有者都可随时用以支付他人，或随时融资取现。第二部分是应付账款支付流转。当核心企业与直接供应商(L1)形成应付账款并写入区块链中后，L1 可任意分拆 eAP，用以支付自己的供应商(L2)，以此类推，层层递进，最终成为核心企业供应链体系内自由交易和流转的主要工具。第三部分是应付账款贴现。任何线上资产持有者如在到期前有现金需求，可随时通过平台对接的众多资金源，将线上资产融资换取现金。

Chained Finance 的主要客户是富士康旗下的企业。富士康通过对接旗下企业与点融网的平台投资人，为富士康的直接和间接供应商提供服务。

### (四)优势与不足

采用票据/应收账款融资模型将区块链技术应用于供应链金融，能够为供应链上下游都带来可观的收益。对供应链中的核心企业而言，这一模型将其应付账款代币化，能够外溢自身的良好资信，从而为供应商融资提供帮助，降低整体供应链风险。同时，供应商生产资金成本降低可以降低采购企业采购成本。对大型供应商而言，这一模型能够活化其应收账款，用核心企业应收账款支付自己的供应商，降低现金的使用量，降低融资成本。对中小供应商而言，这一模型则可以使用核心企业资信的应收账款来进行融资，大幅降低自身的融资成本。

但该应用模型也存在一定的问题。在该模型下，核心企业的应付账款代币不具备第三方公信力，难以打破自身信用圈。一旦核心企业信用破产，将导致整条供应链上所有企业陷入资金链断裂风险。因此，该应用模型仅适用于供应链中核心企业的营收情况非常稳定、资信水平有充分保障的情况。

## 第五节　区块链技术应用于供应链金融的评价与展望

区块链的三大功能——构建新型系统信任模式、构筑新型信息基础设施、提供新型经济治理机制，与供应链金融的三大特点——事件驱动、多主体协调、与各类信息技术结合有良好的匹配性。首先，区块链技术为信用信息的存储提供了新结构的数据库，构建出的信息技术设施能够高效准确地传递驱动供应链金融的事件相关信息。其次，区块链技术提供的新型系统信任模式和多主体经济治理机制——基于密码学的权限控制机制、可编程的经济治理机制、利益分配激励机制、约定和交易的执行机制，能够高效地服务于供应链金融多角色参与的财富管理与信用创造过程，使多主体协调更具效率。再次，供应链金融本身就是技术含量较高的业务，天然依托于金融科技技术平台和物联网等先进的信息技术，在发展过程中不断与新技术融合，有自动化、虚拟化的发展倾向，与区块链技术自然而然地具有契合性。①

---

① 许获迪(2019). 区块链技术在供应链金融中的应用研究. 西南金融，2，74-82.

## 一、区块链技术应用于供应链金融的优势

1. 提高信息真实性和共享度

区块链技术能够在供应链之中建立供应链联盟，利用区块链分布式账本和共识机制，将供应链中各项交易真实记录于区块链账本之中。所有交易信息和数据只有通过区块链各个节点的核实和确认之后，才能被完整地写入区块链之中，有助于保证数据的真实性和完整性。区块链技术具有去中心化和分布式结构的特点，交易信息由参与个体直接发送至区块链中的各个节点。每个个体在记录本次交易的同时，需要下载并翻阅此前的账本记录，使得所有历史信息分别储存于各个参与主体，降低了数据篡改的可能性，提高了信息共享度。①

2. 维护数据安全

在区块链技术中，基于电子账簿的原理，不同区块之间类似于账本页码一样连续不断，前面区块的信息会被后续的区块所存储，因此无法随意篡改某一区块的信息，大大提高了数据安全程度。我国存在大量的第三方服务平台，仅仅提供撮合服务而不承担借贷风险。区块链技术与供应链金融的结合，有助于缓解第三方平台的风控风险，推动行业内数据的分享和标准的建立，从而打造一个更为良性的行业生态圈，实现参与各方共享和互利共赢。

3. 增强货物的可溯源性，提高平台效率

传统的供应链金融存在信息不清楚、线上追踪缓慢等问题，导致平台整体运行效率低下，区块链系统的辅助可很好地解决以上问题。从原材料的采购阶段开始到分销商销售阶段中，货物每一阶段的信息，均实时登录到联盟链中。银行能第一时间知道货物的信息，对货物进行有效的监管。通过互联网信息技术和区块链技术有效跟踪供应链采购、制造和销售等环节，供应链整体的安全性和效率进一步地稳定与提高。另一方面，区块链使线下繁琐的纸质流程完全引入到线上智能完成，降低时间和人工交易成本，减少了失误并提高了效率。

4. 提高风控能力，缓解中小企业"融资难"问题

中小企业在我国的金融环境中存在风险评级低、融资成本高且难度大的问题，在缺乏相应完善的政策支持体系中，中小企业融资往往因为信息不对称而遭到金融机构的"惜贷"，造成逆向选择问题。利用区块链技术，以类似于比特币的方式生成数字票据，记录企业供应链的基本数据，并且可以在公开透

---

① 龙云安，张健，& 艾蓉(2019). 基于区块链技术的供应链金融体系优化研究. 西南金融，1，74-81.

明、多方见证的环境中任意拆分或转让，使得中小企业的信用可溯源性大大提高，降低了金融机构与中小企业之间的信息不对称情况，以机器信用代替第三方信用，改善信用环境，增强金融机构对核心企业与上下游交易真实性的信心，使融资效率大大提升，解决企业融资难的问题。

5. 降低融资的人工成本，缓解中小企业"融资贵"问题

不论传统供应链融资还是"互联网+供应链金融"融资，其人工成本是十分高昂的，主要是因为资产和票据确权业务流程十分繁琐，且用时较长，导致企业和银行需投入大量成本核实票据和交易的真实性。对于很多中小企业，除核实信息成本以外，还要加上担保机构的担保费率、风险保证金等一系列支出，可能陷入"雪上加霜"的局面。而基于区块链技术的供应链金融平台，核心企业可以在平台上发布数字资产并上传相关文件，平台通过区块链共识机制与交易对手方进行相关交易和票据确认，线下工作人员与相关方进行核实和确认，提高工作效率，降低人工成本。

6. 降低债权转让难度

供应链金融中主要融资工具包括商业汇票、银行汇票等，但是由于使用场景局限，金融工具在交易和转让中发挥空间较小。在供应链金融中建立联盟链，将所有成员纳入其中，并且借助区块链技术中的共识机制技术和智能合约技术，推动联盟中各方成员达成对于融资交易的共识，将大大降低债券转让的操作难度。

## 二、区块链技术应用于供应链金融的不足

1. 进入区块链数据的正确性问题

区块链技术具有去中心化和信息透明的特点，这保证了区块链上数据不可篡改，但是上链前的数据真实性并不能得到保证。供应链上的企业融资难的主要原因是供应链上存在大量的赊账情况。该模式一旦实施，将提高供应链上游供应商的众多中小企业的资金压力，而这些企业被认为是高风险的贷款人。[①]区块链中真实数据的上传使企业的资金状况完全暴露，可能使企业融资将受到更大压力，加上由于缺乏有效监督和统筹，供应商可能会上传虚假数据，且该数据会在区块链上长期留存，而不准确的信息会引发牛鞭效应，随着供应链的

---

① 汤国生(2014). 供应链金融背景下银行授信决策研究, 博士学位论文. 广州：华南理工大学.

传递逐渐放大影响。① 供应商还有可能同与该供应链相关的区块链技术提供商勾结，伪造合约，扰乱市场秩序。当大量供应商伪造数据时，供应链的整体运行就会受到严重影响，给体系中的所有公司都带来利益损失的风险。

2. 核心企业进入激励问题

对供应链中的核心企业来说，区块链技术并不会带来直接的收益，相反，信息共享还可能会损害自己一定的利益。因此，如何激励核心企业加入到区块链中是必须考虑的问题。

3. 效率与数据真实性的权衡问题

实践应用过程中区块链技术节点总规模较小，在面临大规模交易时，其数据容量、延迟时间和宽带等面临巨大考验。随着时间的推移，区块链中数据储存量越来越大，随着交易的增多甚至可能出现数量级上的膨胀。因此处理好区块与数据膨胀间的关系是区块链在供应链金融应用中的一大挑战。从区块链节点层面分析，当企业提出融资申请时，其材料和数据核实确认效率由共识层节点数确定。若共识层节点数过多导致共识层核实时间过长、效率过低，特别是在核实跨境供应链融资业务的时候。若共识层节点数过少，材料和数据的真实性无法保障。因此，如何确定共识层节点数，同时保障交易数据真实性和效率，是区块链平台设计的一大挑战。②

三、展望

我国供应链金融市场规模的扩大为区块链技术在供应链金融中的应用提供了广阔的空间，区块链技术与供应链金融良好的匹配性使得两者可以耦合发展。未来区块链技术应用于供应链金融的深度和广度都将持续拓展。区块链技术与其他新技术如移动互联网、大数据技术、图像和视频识别技术等的融合将逐步加强，进一步提升供应链管理的水平。③

---

① 张路（2019）．博弈视角下区块链驱动供应链金融创新研究．经济问题，4，48-54.
② 龙云安，张健，& 艾蓉（2019）．基于区块链技术的供应链金融体系优化研究．西南金融，1，74-81.
③ 许获迪（2019）．区块链技术在供应链金融中的应用研究．西南金融，2，74-82.

# 第三章

# 区块链技术在供应链信用管理中的应用

伴随着互联网技术的不断进步，供应链信息记录和传递效率也在不断提升。但是，信息系统往往由各个公司自行搭建的信息服务器进行数据记录，导致供应链各级信息分散在不同的信息节点之中。这使得信息之间的共享由于各企业信息系统之间的差异而出现隔阂。本章针对国内信用管理在交易历史记录上的信息共享缺点，结合国外的实践经验，从两个方面，利用区块链技术提出改变历史信息共享问题的解决思路。本章的思路为，首先，通过区块链的搭建，建立分布式的信息记录方式，使得信息记录在各个公司保留自己的记录方式的前提下能够进行标准化整合；其次，通过代币的激励机制，将各家公司的信息价值内生化，同时也激励用户进行信息共享。

## 第一节　供应链信用管理及问题所在

### 一、交易基础——商业信用

供应链上下游在商品的交易上为了提高流动效率，多采用赊销模式，即先发生货物的交易，再进行资金的收付，流程如图 3.1 所示。

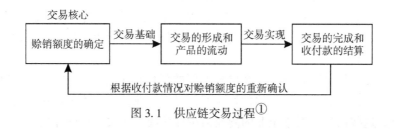

图 3.1　供应链交易过程[①]

---

　①　李梦（2015）. 商业信用融资与供应链营运资本协同管理，硕士学位论文 . 邯郸：河北工程大学 .

图 3.1 为简化版的交易过程，即首先制定赊销额度（Credit Limit）作为一个交易的起点。在没有资金流动的情况下，赊销额度充当销售方对购买方的一个商业信任程度，以此为基础，产生买卖关系，形成商品的流动。在双方的货物收发结束后，再进一步进行收付款的结算。最后，通过收付款的实际情况，尤其是购买方的付款速度是否符合销售方在既定的收款政策下的回款速度，并且结合企业的其他信息，进行商业信用额度的再确认。因此在这个过程中，商业信用额度的确认是整个业务的起点和关键所在，旨在基于对企业的经营信息的分析，给予客户一定赊销额度并将之作为交易基础。

## 二、商业信用的评估

### （一）商业信用评估的三个信息源

在整个供应链的交易过程中，确定商业信用，主要会从企业本身征信信息、财务状况和历史交易信息等方面进行评估。首先，对于企业的征信情况主要是通过银行询证或者是第三方征信机构出具的征信报告来提供。其次，财务状况主要是通过企业的年度和季度财务报告进行分析。最后，历史交易信息包括该企业与交易方供应商的历史交易情况，以及与其他相类似的供应商的交易历史信息，前者信息主要是二者交易所沉淀在供应方数据库中的历史记录，后者信息主要是通过企业的授权，由其他供应方向其他的供应链企业发起询证。

### （二）三种信息源的比较

在这三者中，我们可以对信息的获得方式和难易程度进行一个比较，如表3.1 所示。

从表中我们可以看出，对于征信报告和财务报表，财务报告由于编制方式基本趋同，故而信息相对规范和完善；征信情况由银行或者征信机构有偿提供，收集难度基本为零，信息丰度也比较充分；对于历史交易状况来说，获得难度相对较高。

历史交易信息则是每一个客户与不同的供应商或分销商之间的交易信息，最重要的是记录其应付账款的付款速度，对于商业信用额度的使用情况以及欠款情况。这些信息，对于企业的商业信用评估起着至关重要的作用。

通过对供应链中的信息流动方式的分析，可找到历史交易信息共享困难的原因所在。

表 3.1　　　　　　　　　三种信息源对比[1]

| | 国　内 | 国　外 | 信息获取的难易程度 |
|---|---|---|---|
| 企业征信<br>（银行及<br>第三方机构） | 中国人民银行征信中心<br>航天信息集团<br>爱信诺征信 | Equifax<br>Experian | 标准化报告<br>获取方式简单 |
| 企业财务报告 | 上市公司：第三方审计财务报表<br>非上市公司：1. 第三方汇编报表；2. 企业 ERP 系统导出数据 | | 财务报告内容相对一致，上市公司报表公开，非上市公司通过交易方对外披露 |
| 各方历史<br>交易记录 | 通过对相关方公司的<br>直接询证 | 通过对相关方公司的直接询证<br>NACM[2] 信用管理报告 | 直接询证：行业共识，但是询证过程较长<br>信用管理报告：信息不够完善或有所缺失 |

### (三) 供应链中信息的流动

1. 供应链参与主体的纵向信息流动

从供应链的参与主体来看，主要包括上游的负责生产制造的供应商(vendor)，中游的负责销售和运输过程的分销商(seller)以及下游作为主要销售对象的客户(customer)。

一笔交易开始时，客户下单，分销商在确认下单金额和数量、自有仓库和其上游供应商的仓库存货情况后，对订单进行确认，进行发货，形成销售订单。同时，通知相关的仓库——自有的或是上游供应商的——进行发货，通知应收账款专员进行收款准备。客户在确认仓库入库收货后，根据合同付款条件，通知其应付账款专员进行付款，并且对接供应商的应收账款专员对收款进行确认，开具相应的发票完成物品和资金的流通。由此可见，每一次活动都会涉及交易双方的各个不同职能的交互，这种交互过程就是要依赖各级中的信息系统。

----

① 李梦(2015). 商业信用融资与供应链营运资本协同管理，硕士学位论文. 邯郸：河北工程大学.

② NACM 为美国国家信用管理协会.

下图描述了整个供应链的交易情况，可将其分为三个区域，由左到右分别是供应商（vendor）、分销商（seller）和顾客（customer）。值得注意的是，这三个区域仅仅是通过对参与主体在供应链中的参与方式进行分类的，而非根据公司进行分类。因此，在现实中可能有的公司会横跨两个甚至三个区域，这里不考虑每个公司具体的情况，而是对比较共性的内容进行一个描述。其中用实线表示信息流向，点横线表示资金的流向，虚线表示商品流向。

从图3.2我们可以看出无论是供应商、分销商或客户，其交易信息都是相互独立的一个个中心。总体来看，整个供应链中的资金流和物流节点相对较少也比较简单。

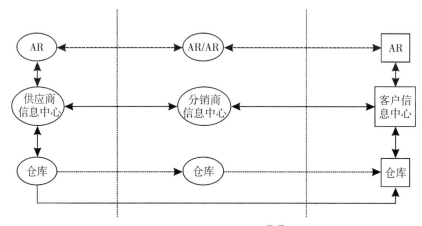

图 3.2  供应链交易情况①②

2. 供应链参与主体的横向信息流动

现实中各个供应链参与主体的横向信息流动往往是集中于整个供应链中的某一些核心分销商，这些分销商拥有大量的客户和供应商，许多的交易通过其完成，故而形成了数据库。在这个过程中，各个分销如果也是供应主体，就需要获知不同客户的信息，需要对其信息进行收集，所以要向不同的供应商分别进行询证。其次，横向信息流动也会存在于一些专门的信息收集机构中，但是

---

① 杨慧琴，孙磊 & 赵西超（2018）. 基于区块链技术的互信共赢型供应链信息平台构建. 科技进步与对策，35（05）：21-31.

② AR 指应收账款，AP 指应付账款.

这一类机构往往不参与交易过程，而作为交易主体存在，各方主动在统一的信息平台上记录信息，也就是可以将其看作是一个非常大型的记账本，交易各方在一个统一的账本上进行记账。

### 三、问题的产生

#### (一) 历史交易信息的收集难度

由上述的分析我们可以发现，由于历史记录的中心化，使得已有的供应链信用管理中的信息交互存在着效率和准确性的双重问题。同时，由于国内缺乏统一联盟机构对企业信息进行整合，因此在获得的过程中就只能是关联各方通过行业共识的方式进行信息交互查询。对比北美从某些收集各个供应商信息的类联盟机构，这类信用管理机构使得信息的获得相对简单，也使得可比性增强了很多，但是往往也会有信息不完整的情况，比如由于系统上的信息都是由每个公司的不同供应商自主进行信息上传，属于时点历史信息，有些时候由于不同企业上传的不及时，导致数据可能存在滞后性。此外，由于各方记录过程的差异，也使得在统一各方的信息时可能只对部分信息进行列式，无法查询到所有信息，故而即便存在报告，仍需要对不同的供应商进行询证，极大地降低了效率。

#### (二) 信息价值的归属

企业在使用信用管理报告的时候需要向第三方机构支付相关的费用，这就使得本身属于企业自身的信息价值被稀释。历史交易信息使用的过程中所产生的费用，主要来自信用管理报告的使用。作为行业共识，同行业内的交易主体，会对共同顾客的信息进行共享，这种共享模式主要是通过自愿上传平台和相互交换。在这种方式下，企业所拥有的信息价值并没有完全被企业所有，同时这种传递信息方式的效率也较为低效。因此，交易各方对于供应链信息丰度的贡献应当对应其所获得的奖励。交易外的参与者想要对这笔信息进行查询的时候就要付出相应的代价，这就是信息的价值，而该价值应归属于交易双方。但是已有的第三方征信模式往往流失了企业的信息价值。

如何解决信息中心化的共享问题和信息价值回归企业内生化的问题？我们认为可以通过区块链建立分布式的账本记录，同时结合代币 (Token) 的发放来激励用户上载信息和共享信息来解决这两个行业问题。

# 第二节　利用区块链技术解决信用管理的信息记录与共享问题

## 一、区块链的选择和搭建

### (一)通过区块链技术改变信息记载方式

区块链所具有的实时、可溯源和不可篡改的特性,对于供应链信息记录有着天然的好处。而在区块链的三种模式:公有链、联盟链和私有链中,我们认为最合适的是采用联盟链的形式,因为这种半开放的链既可以保证信息的保密,又可以使参与各方便捷地查询到他们想要的信息。

作为区块链的应用技术,分布式账本为供应链提供了一个可实现的信息共享模式。交易过程不再是以企业为中心来聚合仓储、运输和收付款。分布式账本可以将整个交易过程中的每一个参与主体(如客户、收付款专员、仓库等),无论其是否同时属于某一个企业,都可以看作是一个独立的参与主体。这些主体拥有公匙和私匙,在链上确认信息。每一次的交易信息都会被同步到每一个具有相关主题的账本之上,这样就保证了交易信息的实时更新和完整性。

### (二)技术细节的分析

1. 需求分析

为了选择适合我们的区块链结构,我们来重新回顾一下大致需求:

(1)去中心化的管理。

这是最基本的需求,同时也是我们的出发点。截至 2019 年 6 月 1 日,交易信息只能通过几家中心化的大公司获取,且信息真实度与完整性得不到保证。

(2)应用场景为信息交换。

我们所设计的区块链(虚拟货币)主要用于以公司为单位之间的信息交换,设想中并不打算将此货币推广为流通货币。

(3)信息及时性需要保障。

公司之间进行交易历史查询的时候,希望最好不要遗漏一些最近的信息,因为这些信息具有更大的价值。

(4)算力消耗成本不可过高。

以截至 2019 年 6 月 1 日的交易信息确认成本来看,常见的工作量证明

(Proof of Work，以下简称 PoW)形式消耗的算力成本较大。相关区块链技术公司没有足够的动机购买机器进行挖矿。

2. 使用基于权益证明(Proof of Stake，以下简称 PoS)的区块链

在探索过程中，基于另一种共识机制的区块链进入了我们的视线。PoS 算法要求证明人在交易中提供一定数量的加密货币所有权即可。根据这个思路，我们把区块链设计为节点(以公司为单位)。该节点通过提供自己的交易信息(该信息被其他节点确认)，或者确认其他节点的交易信息时产生货币。

这种设计方式有诸多优点。

首先，基于 PoS 的方法确认一个区块的复杂度比基于工作量证明的方法要小很多，同时带来的优点有更短的确认时间以及更少的算力成本消耗；

其次，考虑防范攻击的模式：PoW 中防范"51%"攻击的基础是很少有人能够持有全网 51% 以上的算力，而 PoS 则是基于很少有人持有全网 51% 以上的权益。这两种方法在不同场景下具有不同的防范能力，但在我们这个案例中，由于我们的权益是基于全网中的交易信息的，因此要掌握 51% 及以上交易信息几乎不可能，故而具有可行性。

最后，在普通虚拟货币的应用中 PoS 算法遇到阻碍的另一大因素是此方法的确认速度基于节点的货币持有量，因此在普通的情况中往往促成"富者更富"的情况，进而形成超级节点。但是在我们的案例中这恰恰是一个优点。若一个节点拥有很多的货币(信息)，他更有动力去维护整个系统正确性，去确认更多的交易信息与产出更多自己的交易信息，这就提供了一个让节点去提交自己交易信息的动机。

3. PoS 技术细节

PoS 之所以可以做到比 PoW 更快的确认速度，是因为在每次计算一个新区块对应的随机散列值时，PoW 是每一个将要被计算的块都有同一个目标值(通常很小，因此需要大量计算才能满足)；而 PoS 的散列目标值则是与币龄(币值 * 持有时长)相关，币龄越大需要的目标随机散列值越大，进而容易被满足。其余设计细节与区块链连接方式均无特殊变化。

但是值得注意的是，PoS 算法不可完全抛弃 PoW。在区块链网络的初期往往还是以 PoW 为主，这样方便产生初始的代币。在进入网络后期时，也不需要主动去取消 PoW 机制，因为 PoS 的成本更低，PoW 会被"无形的手"自动调整。

最后，由于 PoS 有一个缺点是双重支付的成本被降低，因此需要引入一个全网广播的校验机制。这个机制虽然是中心化的，但是与之前几家大公司掌握

所有信息确认渠道相比，已经有了本质性的变化。我们认为在这里是可以接受的。

## 二、激励机制的设计

### (一)基本的代币模型

众所周知，比特币在发行时固定了自身的发行总量 2100 万，即它所采用的的是一种总量有上限的模型。而在我们设计的体系中我们将采用通胀模型。该模型的代币总量没有上限，取而代之的是最开始在程序中根据区块奖励数设置的通胀率。这样一来，体系中的代币就被分为了两个部分，一部分是初始发行代币，这部分代币将分配给基金会及 ICO 投资者。另一部分代币就是通过每年通胀产生的新发行代币，在激励机制中用来奖励矿工和信息上传者的代币就是来源于这部分产生的代币。而这样的通胀模型与我们的 PoS 机制也更为契合，当通胀体系与 PoW 机制结合时，由于挖矿门槛较高，阻止了个人参与新发行代币的分配，使得普通持币人权利被稀释，而这正是我们所不希望看到的。当通胀体系与 PoS 机制结合时，新发行的代币会直接或间接分配给现有的持币人，因此可以消除代币长期稀释给币价带来的负面影响。并且由于在我们的整个体系中，代币的发放跟整个体系的信息丰度直接相关，相当于将代币锚定在信息这个"商品"上。因此对于通胀情况在这个系统中并不会带来负面影响。

### (二)设计激励机制，作为信息维护和信息上传的奖励

利用区块链对信息记录的改变方式，首先通过一个简单的流程图对整个流程进行概括(如图 3.3)。

在这个过程中，我们可以发现，最核心的是两个部分。第一部分是矿工通过挖矿产生的区块，用于信息记录，也就是制作账本。第二部分是交易中的主体在区块上进行记账，形成一个所有交易参与方的共同信息记录。

原有的区块链，采用代币对挖矿的矿工进行奖励。但是，我们认为，不仅应该对矿工进行奖励，也应该对每一个信息记录者进行奖励，也就是说除了挖出记账本的矿工会得到奖励，同时，利用这个区块进行信息记录的交易主体，也能够获得相应的代币奖励。这一奖励是为了鼓励信息的积极上传。

其次，在信息在进行记录之后，如果有第三方或者是交易方需要对特定的公司信息进行查询，需要支付相应的"代币"，作为信息使用的成本。如果信

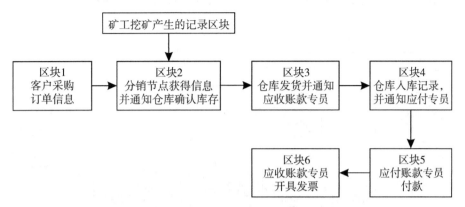

图 3.3　区块链改变信息记录流程图(自制)

息查询方没有上传足够的信息，也就是说没有对供应链信息丰度做出足够的贡献，那么他们就必须通过购买其他公司或者矿工手中的代币来进行支付。这是通过另一个维度对于他们的信息进行奖励，也就是将信息价值回归到信息的提供者身上。

在代币的发放过程中，对挖出区块的矿工，该机制按照传统的发放方式进行发放。对交易参与主体而言，由于供应链中每一笔交易最终都会通过双方的发货和收货，应收应付账款的实现形成了一个逻辑自洽的闭环，因此该机制会给区块上记录的每一个参与主体(指每一个仓库、应收应付专员、物流等信息记录方，而非公司)奖励。

**(三)惩罚机制**

对于恶性刷币，也就是故意进行错误信息登记的参与主体，我们会对其实施惩罚性的经济措施。通过社群举证机制，被判定为恶性刷币的人员，在未来的信息交易中会被惩罚性地收取更多的代币，以增加其未来获得信息的成本。同时，对于惩罚性措施所带来的代币的额外收入，我们会将其分配给所有举证错误信息的审计参与方，作为维护信息真实性的奖励。

**三、本章小结**

我们通过分析国内供应链中信用管理的缺失，以及国外应对方式的问题，提出了使用区块链产生联盟信息记录的过程。这一过程包含了使用代币作为激励机制和企业信息价值的内化方式。本章内容可总结为图 3.4：

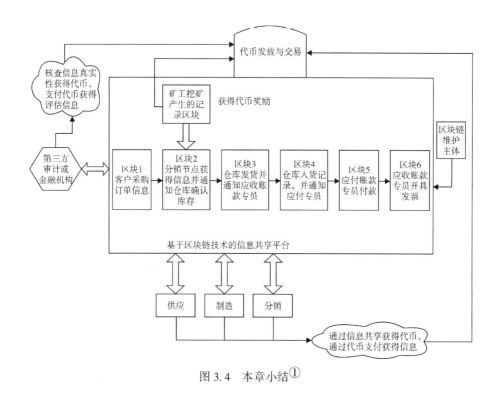

图 3.4　本章小结①

　　首先，搭建基于区块链技术的信息共享平台，实现信息记录的去中心化和可溯源。其次，通过代币的发放，实现对矿工生成账本和不同主体上传信息的奖励。再次，对于使用信息的各方，需要使用代币来支付所使用的信息价值，而代币不足的个体就需要从矿工或者其他企业主体手中购买代币来进行支付，实现信息价值的内生化和代币的流通。我们希望可以通过这样的一种联盟共享机制，实现企业间的信息共享，透明化供应链中的风险评估，达到不断提升供应链信用管理的水平。

---

　　①　杨慧琴，孙磊 & 赵西超(2018).基于区块链技术的互信共赢型供应链信息平台构建.科技进步与对策，35(05)：21-31.

# 第四章

## 区块链技术与国际贸易结算

# 第一节 传统的国际贸易结算方式

在国际贸易中，由于地理上的隔离，交易双方难以通过实际现金交易，通常以银行为中枢，通过交易双方的账户之间的资金转移来结清贸易产生的债权债务。截至 2019 年 6 月 1 日，商业银行最常用的国际贸易结算方式主要有三种：汇款、托收、信用证。三种方式各有有点，但也都存在各自的缺陷。

## 一、汇款

汇款是国际贸易结算中最简单的方式，类似"一手交钱，一手交货"。当贸易双方达成交易协定之后，进口商主动向银行发起汇款请求，银行则通过其在国外的联行或代理行将贸易金额付给收款人，即出口商。在汇款结算方式下，除了进出口贸易双方之外，还牵涉到汇出行(即进口商银行)和汇入行(即出口商银行)。

根据银行开具或传递的凭证不同，汇款又分为信汇、电汇和票汇三种方式。信汇以信汇委托书为凭证，通过邮寄方式，仅在汇入行和汇出行之间传递；电汇则以电报、电传或 SWIFT(环球同业银行金融电讯协会)作为中间媒介，也只在银行间传递；票汇则是以进口商向汇出行申请开具的汇票作为凭证，由进口商自行传递给出口商，出口商凭借汇票向银行领取汇款。由于电子信息的传递更加快捷方便，所以在实际汇款交易中主要采用电汇结算。我们通过图 4.1 展示电汇结算的具体流程。

国际贸易中的交易通常不能面对面进行，货物需要经过一段时间的国际运输才能到达。因此交钱和交货中总存在时间差，汇款也就分为预付货款和货到付款。

图 4.1　电汇结算方式①

在预付货款的情况下，进口商将承担付款但未收到货的风险。在货到付款的情况下，出口商则要承担财、物两空的风险。因此无论是预付货款还是货到付款，都无法同时使交易两方得到有效制约。

二、托收

托收是指出口商开具以进口商为付款人的汇票或商业单据，委托银行向进口方收取货款的结算方式。在托收结算方式下，作为委托中介的银行被称为托收行(出口方银行)和代收行(进口方银行)。

根据进口商是否向银行提交货运提单，托收可以分为跟单托收和光票托收两种。由于光票托收不需要出口商提交货运单据，存在空头欺诈风险，银行也缺乏审核依据，因此实际贸易中主要采用跟单托收方式。跟单托收又分为付款交单和承兑交单。在承兑交单情况下，进口商未付款时即可取得提单去海关提取货物，存在较大风险，因而托收的贸易中主要使用付款交单方式。

付款交单的过程主要如下：出口商按照合同规定日期发货后，开具汇票(也可以不开具)，将其连同货运提单提交给托收行。托收行将单据传送给代收行，代收行通知进口商，进口商见到票据后付款。进口商支付货款后，代收行交出提单，进口商凭提单去海关提货；如果进口商拒绝付款，则把提单退回。图 4.2 则展示了付款交单托收的具体流程。

---

① 姚新超(2010).国际结算与贸易融资.北京：北京大学出版社.

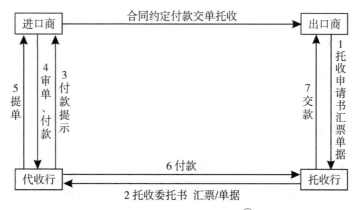

图 4.2　付款交单托收方式①

付款交单的托收方式一定程度上避免了出口商财货两空的风险。但是也依然存在一些难以解决的问题。如果进口商拒绝付款，出口商需要承担来回的运输费用以及在货物已经到岗情况下在目的地的提货、存仓、保险费用。如果货物不耐储存，出口商需要承担货物变质、短量、短重的风险。如果货物为特殊定制物品，出口商还需要承担难以进行二次销售的风险。

### 三、信用证

信用证是在贸易双方互不信任的情况下，银行根据进口商的请求，以自身信用作为担保，开具给出口商的承诺付款的书面凭证。

开证行在审核通过进口商的申请材料后，应进口商要求开具跟单信用证并指定通知行、议付行和付款行(由于在实际业务中通知行、议付行和付款行往往合三为一，所以以下统称"出口方银行")。开证行将信用证寄至出口方银行，银行通知出口商发货，出口商安排发货，并取得货运提单，将汇票和提单等材料报送至银行后，由银行审核是否符合要求，也就是业内要求的"单证相符，单单一致"。如符合要求，出口方银行会向开证行发出通知。开证行收到通知后，会安排承兑，取得单据并通知买方付款赎回单据。如果进口商拒绝付款，虽然此时银行并没有收到钱，但也必须履行承诺，向出口商支付货款。以下通过流程图展示信用证结算的具体流程。

---

① 姚新超(2010).国际结算与贸易融资.北京：北京大学出版社.

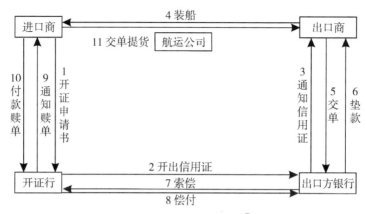

图 4.3　信用证结算方式①

　　虽然以银行作保的信用证结算方式更加可靠，但交易手续非常复杂，需要花费大量时间，仅申请开证就需要 10—15 天，整个交易流程通常需要 3 个月以上。

　　综合比较以上三种贸易结算方式，汇款和托收的结算流程相对简单，但是因为本身依靠商业信用，交易仍然存在风险。在信用证结算方式下，由开证行承担第一付款责任，信用上有所保证，但因为信用证全程纸质化传递，可能丢失，也有伪造空间。此外，三种结算方式都主要依靠人工进行审核、记录，因此对贸易员及银行工作人员操作要求较高，任何一个环节疏忽或操作系统不规范就可能给一方带来严重后果。②

## 第二节　基于区块链技术下的结算方式

### 一、区块链技术特点

　　对商业银行和许多大型机构来说，它们往往在企业内部搭建自己的数据中心，统一进行数据管理。但是这样中心化的数据存储方式有两个主要问题：

---

　　①　姚新超(2010). 国际结算与贸易融资. 北京：北京大学出版社.
　　②　李洛浦(2018). 基于区块链技术的国际贸易结算新模式研究，博士学位论文. 北京：北京邮电大学.

首先，效率低下。在高并发等数据响应需求密集的时候，中心化数据系统可能会因为不稳定而崩溃。其次，维护成本高。企业为了保护数据安全，需要对数据进行备份、恢复等操作。由于许多金融业务具有连续性的需求，那么企业需要付出高昂的维护成本去保证数据存储系统的安全可靠。此外，由于许多商业机构都保留自己的数据，在进行交易的过程中需要不断地给彼此发送数据，相比之下，区块链技术中的分布式账本技术可以高效且稳定地实现多重和连续的数据操作。

作为一种数据库，分布式账本和传统中心化管理的数据库不同。它是分布在多台计算设备上的，每个设备也被称作节点，每个节点都可以独立地复制并存有一个电子账本。一旦数据出现更新需求，所有节点都可以对该更新请求进行投票，也就是说最后数据库是否接受更新取决于所有节点们的意见。这种计算机根据算法进行投票的机制被称为共识机制。该机制使得各个节点上的分布式账本会自动根据条件判断是否进行数据更新，且每个节点上都可以进行独立的操作，这样就能够让该网络上的任何成员安全且高效地进行交易结算，并且降低资产传输的成本。

截至 2019 年 6 月 1 日，市场上已经出现了许多种区块链分布式账本技术，例如 Fabric、Sawtooth Lake、Iroha、Corda 等。

## 二、新型结算流程

### (一) 区块链+汇款

传统的汇款方式不仅要求出口商和进口商以及双方所在地的银行共同参与，还需要中间清算机构的参与。SWIFT（环球同业银行金融电讯协会）电汇是由 SWIFT 作为中心，组织帮助跨国银行进行结算的形式之一。出口商、进口商先各自在所在地银行开立账户，随后所在地银行在国际清算银行开立各种账户，通过该组织集中处理业务，最后双方银行再分别对出口商和进口商的账户进行会计处理，这是一种典型的依赖中心机构的交易模式。

区块链技术给出了分布式的交易模式，可以实现交易双方点对点的直接交易，省去了汇出行、汇入行等中间组织，取代这些的是利用比特币或者其他虚拟的数字加密货币作为交易媒介来实现跨境支付的区块链技术。

具体来说就是进出口双方在签订交易合同的基础上，参与到同一个区块链网络中。该网络把数字货币等数字资产作为交易媒介，进口商通过购买相应数额的数字资产，委托公司协助创建汇款区块链，将汇款金额等一系列汇款信息存入区块中。经密钥签名加密之后，形成一条汇款主链。出口商需要购买区块链汇款公司的破解密钥权限的服务，才可读取汇款主链上各个区块中的被加密的信息，并且取得其中的数字资产，当出口商把数字资产换为所在地的法币后，就完成了跨境支付。图4.4展示了具体流程。

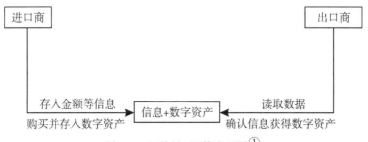

图 4.4 区块链+汇款流程图①

区块链技术的分布式、数据不可篡改的特点，可以很好地匹配国际贸易参与者们对于增信的需求，能够加快处理国际贸易结算业务的速度，降低交易成本，从而从整体上优化结算流程。

**(二)区块链+托收**

在区块链托收方式下，进出口双方的商业单据和金融单据都可以被嵌入到可编程的智能合约里，使得这些信息具备了不可被篡改的属性，从而提升数据的可靠性。

详细流程就是由委托人(一般是出口商)先购买数字货币，和进口商签约后在区块链技术公司的协助下创建托收区块链，将托收金额、进口商等信息写入智能合约中，同时将原来商业单据上的信息通过信息化手段转化为数字资产以便在区块链上传递。这些智能合约都能够以区块的方式存入托收主链，然后在区块链网络中从收款端被传递到付款端。出口商接受主链信息并在验证无误之后，即可进行数字货币的支付，完成交易。

区块链托收方式一方面通过简化交易流程，加快了业务速度；另一方面将商业信用转化为数字货币，使得交易信息更加高效、透明，能够减少在交易流

---

① 张鹏(2017).区块链技术对商业银行传统贸易结算方式的影响研究，博士学位论文．北京：对外经济贸易大学．

程的各个环节中的商业欺诈和违约操作。图 4.5 展示了具体流程。

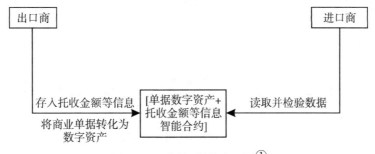

图 4.5　区块链+托收流程图[①]

### (三)区块链+信用证

在进行国际贸易结算时，最常用的是利用信用证进行结算，它使得交易双方的资金负担比较平衡，但是它具有两个十分严重的缺点。

一是，业务处理效率低下。信用证涉及的当事人和环节繁多，主要包含五方当事人和十一个环节，导致业务处理十分耗时，效率低下。

二是，容易产生商业欺诈。单证是具有自足性的文件，银行只对相关单据进行处理而不进行审核。此外，单据以纸质的形式在不同国家的银行间流转，交易双方要承担很高的单据被篡改和遗失的风险。

采用区块链技术可以规避这两个缺点。进出口双方加入共同的区块链信用证平台后，信用证一经开立，其信息就将被转化为数字资产的形式被存储到智能合约中。该合约以区块的形式写入信用证主链，出口商需要在网络中登记该交易所涉及到的单据的相关信息。此外，交易的各个环节中所涉及的各个公司所产生的一系列单据信息，都会被通过分布式记账的方式记录下来，写入该交易链条中。进口商收到货物，并进行确认后，系统检验单据信息，进行数字货币的偿付。出口商发货后，利用区块链网络可以实时跟进货物流转情况，如果出现问题可以直接问责。区块链信用证结算的优势在于简化了交易流程从而将交易时间缩小一个数量级，并且能够实时跟踪交易，提升交易的安全性。图 4.6 展示了具体流程。

---

① 张鹏(2017).区块链技术对商业银行传统贸易结算方式的影响研究，博士学位论文．北京：对外经济贸易大学．

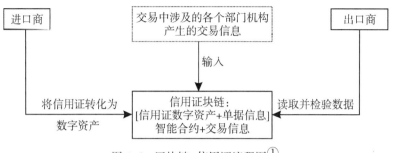

图4.6　区块链+信用证流程图①

# 第三节　国际贸易结算运用区块链技术的优缺点分析

## 一、传统的国际贸易结算与"区块链+国际贸易结算"对比分析

如下表所示，通过传统国际贸易结算与"区块链+国际贸易结算"在流程上的对比分析，我们可以看出区块链技术所具有的特征正好可以解决传统国际贸易结算所具备的问题。

第一，在传统国际贸易结算的发起方面，传统模式更强调手工发起、人工操作，过分地强调人的主观性。而基于区块链技术的国际贸易结算更强调基于智能合约系统自动发起，减少人为操作，进而减少人工出错率。

第二，在国际贸易结算前的验证和审批方面，传统的国际贸易结算方式是人工验证和审批，需要公证、律师等多方参与，并且相关信息不公开、不透明，可能存在欺诈骗局等，同时整个阶段所耗时间也较长。而区块链技术能够快速实时验证，无需较长时间等待，信息安全可靠、公开透明，具有一定的反欺诈作用，且无需第三方参与，结算方便、时效性强。

第三，在合同签订方面，传统的国际贸易结算是纸质合同，从而导致了合同的传送成本偏高及合同损坏、丢失等现象的发生。而区块链技术采用智能合约、系统兼容、自动记账，全自动在链上完成一系列的流程，相对来说有一定的优势。

---

① 张鹏(2017). 区块链技术对商业银行传统贸易结算方式的影响研究，博士学位论文．北京：对外经济贸易大学．

第四，在贸易结算处理方面，传统的贸易结算方式主要采用手工处理，从而导致存在结算时滞、系统失误等问题。区块链技术的跨系统信息实时同步解决了结算时滞的问题，并最小化系统无误、降低了系统失误的概率，其记录永久且不可篡改保证了信息的准确性。随着进出口商对贸易结算处理的要求提高，选择流程简化、高效便捷、资金安全、智能触发的结算方式已是大势所趋，见表4.1。①

表4.1　**传统国际贸易结算与"区块链+国际贸易结算"的对比分析(自制)**

| 国际贸易结算的主要环节 | 贸易结算的发起 | 贸易结算前验证/审批 | 合同签订 | 贸易结算处理 |
|---|---|---|---|---|
| 传统贸易结算流程 | 手工发起人工操作 | 人工验证/审批信息不公开/透明多方介入操作耗时长 | 纸质合同 | 结算时滞系统失误/不兼容手工处理 |
| 区块链+国际贸易结算流程 | 智能合约自动促发 | 快速实时验证与审批信息完全可靠无需第三方参与 | 智能合约系统兼容自动记账 | 跨系统信息实时同步最小化系统无误记录永久且不可篡改 |

## 二、区块链技术与信用证的互补性

区块链技术所具备的特征在很大程度上能够解决传统贸易结算所存在的问题，同时传统贸易结算和区块链技术也存在一定的互补性，具体以区块链和信用证的互补性为例。信用证和支付宝具有一定的相似性。两者的共同点都是选择引入第三方机构进行资金"间接交易"，通过将资金转向第三方机构暂时保管来保证交易双方的利益。

与信用证不同的是，支付宝在付款时一般是要求全额付款。对信用证来说，进口商在开立信用证时往往只需要先向开证行支付一定的保证金即可。可见，与支付宝不同的是，信用证更强调的是三方参与者的信用。因此，如何解

---

① 张鹏(2017). 区块链技术对商业银行传统贸易结算方式的影响研究，博士学位论文．北京：对外经济贸易大学．

决信用证的信用问题是决定信用证使用效果的关键因素。区块链技术的可追溯、不可篡改特征，可以保证上链之后信息的准确追溯和不可篡改，从而帮助开证行、承兑行与出口商三方解决信用问题并建立信任机制。虽然区块链技术只能保证上链后的信息真实性，并不能保证上链前的信息真实性，但是在信用证交易中并不存在该问题。相对于单货不符的问题，信用证更强调的是单单相符、单证相符。只要双方单单一致、单证一致，且单据直接无矛盾造假等问题，进口商便可以拿到相应的货款。单货不符的现象一般在海关检查等都会得到规避。

总的来说，区块链技术所具备的不可篡改、可溯源的优点正好可以弥补信用证无法完全保证开证行、承兑行与出口商三方信用的缺点，而信用证的单单相符、单证相符以及对单货相符的强制性控制的优点正好可以弥补区块链技术运用在绝大多数传统业务中"无法保证数据源头造假"的缺点。可见，区块链技术与信用证之间的互补性较强，因此，信用证结算与区块链技术的结算都能够相应的弥补双方的缺点。

## 三、传统贸易结算运用区块链技术的 SWOT 分析

### (一) 传统贸易结算运用区块链技术的优势

区块链技术在传统贸易结算运用是具有一定的优势的，其优势可以归纳为提高业务效率、降低交易成本、减少业务出错率、增强风险控制能力四个方面。我们具体来分析一下这四个方面的内在动因。

1. 提高效率

第一，区块链技术采取的是端对端的贸易结算，很大程度上能够减少中间不必要的环节，加快了流程处理速度和减少了文件的周转时间，从而一定程度上提高了结算效率。以跨境支付速度显著性提高为例，在传统的国际贸易结算中，跨境支付往往需要 2—6 个工作日才能完成，但是基于区块链技术下跨境结算只需要 8 秒，从原来最短的 2 个工作日到现在的只需 8 秒，这是在结算速度上一次质的提高。

第二，基于区块链技术的国际贸易结算方式无需第三方机构做信用背书。

第三，基于区块链技术的贸易结算方式用计算机智能合约代替了纸质版合约，将电子文件整合在一个平台上，减少了合约传送过程的时间损耗，提高了业务效率。

## 2. 降低成本

第一，区块链账本的共同维护特性要求所有贸易结算参与方都通过分布式的记账系统分享文件和交易，简化相关部门的工作并降低了相关成本。

第二，区块链技术的端对端交易模式，降低了流程冗长造成的中间成本，预计将降低每笔贸易结算成本的40%。[①]

## 3. 降低出错率

第一，基于区块链技术的国际贸易结算能进行实时交易验证，降低了人工手动操作的出错率。

第二，传统模式人工对账需要至少24小时才能查询，而区块链技术全程信息可实时查询，全天服务无时间限制，自动对账。任何改动都会迅速反映到每个节点的账本上，便于各方实时掌握数据、监控和及时反映数据情况。

## 4. 增强风险控制能力

第一，区块链的非对称加密算法较大程度上保证了交易的安全性。

第二，分布式账本降低了提单操作风险，合同执行的预定条件和不可撤销性降低了交易对手风险。

第三，由于数据的及时同步共享，双方都能够更好地掌握货物情况。

### (二) 传统贸易结算运用区块链技术的机遇

区块链技术用于国际贸易结算的机遇方面主要可归纳出三点。

第一，为了防止故障等意外风险造成数据丢失，金融行业往往会花费大量的成本降低系统故障带来的风险，而区块链技术由于记账的分布性，使得备份成本降低，减少风险。

第二，在传统常规模式中，贸易结算等业务都是由一个中心系统来完成的，从而导致工作量大且效率低。区块链技术提供了一个可信的点对点交易方式，减少中心化节点的工作。双方交易不需要通过第三方，减少了中间环节带来的效率损失。

第三，小型企业往往存在贷前信息虚假和贷后风控难等问题，而区块链技术能做到技术征信，降低贷前征信成本和加强贷后风控能力。[②]

---

[①]　张鹏(2017). 区块链技术对商业银行传统贸易结算方式的影响研究，博士学位论文. 北京：对外经济贸易大学.

[②]　李丽琼(2017). 探讨区块链技术冲击信用证商业银行的应对与管理，博士学位论文. 昆明：云南财经大学.

可见，区块链技术能为传统贸易结算带来更短的结算周期、更低的结算费用、更高的结算效率及更低的风险。

### (三)传统贸易结算运用区块链技术的威胁

一方面，基于区块链技术的贸易结算将建立起高信用生态系统，从而弱化银行的结算职能，并对传统银行的概念造成一定的冲击。传统银行的核心功能是结算与账户管理，而区块链技术将颠覆银行的账户管理职能，从而导致全能性银行的消失，并促进组合式或功能式银行的出现。

另一方面，区块链技术相关的行业标准还未达成共识。区块链技术的发展需要进行流程体系初始化及相关基础设施建设，将耗费较多资源成本。对此，各国政府支持度尚未可知。[1]

### (四)传统贸易结算运用区块链技术的挑战

传统贸易结算运用区块链技术的挑战主要有两个方面。

一方面，基于区块链技术的国际贸易结算体系所需区块容量和确认存在问题。

另一方面，区块链技术所能带来的实际利益难以计量。如果大规模运用区块链技术，政府和社会需要重新构建许多的基础设施，所需成本相对较大。高成本，但是收益未知。因此，相对于传统模式而言，许多银行除非迫不得已才会采用区块链技术，否者绝大部分银行依旧会倾向于追求安全、稳健的运营。

最后，基于区块链技术的国际贸易结算还存在监管和法律问题，往往实际情况是立法滞后于实践，从而缺乏了相关规范性准则对基于区块链技术进行的活动的约束，并可能带来如洗钱等安全问题。

## 第四节　区块链技术在贸易结算中的案例分析与未来展望

下面我们将通过两个区块链技术在实际的贸易结算中应用的案例来进行更进一步的分析。

---

[1]　张鹏(2017).区块链技术对商业银行传统贸易结算方式的影响研究，博士学位论文.北京：对外经济贸易大学.

## 一、日本瑞穗银行

2017年，日本瑞穗银行与R3合作，运用Corda平台来实现贸易结算中的存证和效率问题。① Corda是一款分布式平台账本。它引入了公证人机制，同时允许特权机关介入。在这个平台上，只有交易相关方才能读写，但同时也给予监管机构一定的特权。它结合了中心化和区块链防篡改的特性，在一定程度上解决了信用证发放时间慢、透明度低、易丢失的问题。

## 二、国内信用征信信息传输系统(BCLC)

2017年7月，中信银行与民生银行联手打造了以区块链技术为支撑的国内信用征信信息传输系统(BCLC)。② 这项技术以Hyperledger平台为基础而开发，改变了中国商业银行传统信用证业务模式。

该系统推出之后，信用证的开立、通知、交单、承兑报文、付款报文等各个环节均可通过该系统实施。这种操作相比于以往的传统信用证业务具有如下特点：

第一，该系统缩短了信用证及其单据的传输时间。运用该系统后，报文传输时间可达秒级，提高了信用证业务处理效率；

第二，信用证业务全流程更加清晰透明可追踪，而且每个节点都能看到整个信用证业务额度办理流程和主要信息；

第三，该系统利用区块链的防篡改特性，避免商业欺诈的发生，提高业务安全性；

第四，该系统由于属于中国国内自主开发系统，可支持中文报文，在国内信用证结算中取代SWIFT系统，实现自主安全可控的国内信用证交换体系。

## 三、案例小结

综合上面两个案例，我们可以看出，区块链技术对国际贸易结算业务具有积极作用。首先，根据区块链的目标特性，国际贸易结算业务的安全性可以得

---

① 日本金融机构成功测试Corda区块链技术原型．［检索时间：2019.06.01］．https：//www. ccvalue. cn/article/78813. html.

② 中信银行半年报：金融科技成新动力 加速创建互金生态圈．［检索时间：2019.06.01］． http：//www. citicbank. com/about/companynews/banknew/topic/management/201709/t20170906_364272. html.

到保证。其次，区块链技术基于互联网，具有电子业务的优点——效率高。同时，电子凭证几乎不会被无意损毁。最后，由于区块链不可篡改，交易相关方可以对全流程实时监控，解决了传统中心化结构不透明的问题。

# 第五章

## 区块链技术与知识产权保护

## 第一节　新希望还是新困境——互联网与知识产权保护

知识产权作为一种无形资产，具有相对权利与绝对权利双重属性。知识产权的二重性表明，它是一种垄断权，具有排他性，是一种绝对权利；但它又是一种相对的权利，为协作共赢留下了空间。① 因此，知识产权在理论和实践上始终存在着自由共享和权利限制的矛盾。在实践中人们往往只能看到知识产权二重性的一面，导致知识产权要么被束之高阁，难以产生经济价值，要么被肆意盗用，打击创新积极性。

自互联网出现以来，知识产权保护就出现了所谓的"数字困境②"。"数字困境"是指随着互联网的发展使盗版变得越来越容易，权利人的利益越来越容易遭到侵犯。在计算机记录文字之前，受限于技术手段，大规模的文字复制是难以实现的。但是，随着互联网技术的发展，信息传播的途径得到了极大的丰富，传输速度实现了指数提高，对于知识产权的数字版本侵权行为的数量与侵权带来的损失也急剧增加。

因此，基于对数字版权的重视，各方积极地利用互联网技术来开发知识产权数字版本的保护技术。数字版权保护（Digital Right Management，DRM）是对网络中传播的数字化产品进行产权保护，是保护互联网条件下出版的数字作品的主要手段，通过控制数字内容的使用和传播，以实现数字内容的版权保护。同时，对数字版权的保护需要可靠的法律基础。截至 2019 年 6 月 1 日，针对此类网络虚拟财产的属性发展出的学说主要有知识产权说、无形财产说、新型财产权类型说、无权说和债券说等。同时，基于不同的产权类型也形成了多种

---

① 龚雪(2018). 区块链数字版权保护技术应用前景分析. 传播与版权，7，182-184.
② 王晓红(2015). 论我国数字版权保护. 山东理工大学学报(社会科学版)，5，64-68.

DRM 保护系统。

虽然不同的 DRM 保护系统在所侧重的保护对象、支持的商业模式和采用的技术方面不尽相同，但是它们的核心思想是相同的，都是通过使用数字许可证来保护数字内容的版权。用户得到数字内容后，必须获得相应的数字许可证才可以使用该内容。

区块链技术作为一项特别的互联网加密技术，既能够实现数据自由传输，又能够实现随时校验。这两大特点使其成为知识产权保护中特别有效的一种工具，其应用形式主要包括两种：数字版权保护和泛 IP（Intellectual Property）产业运营。

## 一、数字版权保护

在数字版权领域，区块链的应用已经呈现出图片、音乐及视频版权保护多面开花之势。

在图片版权保护领域，美国纽约一家名为 Mediachain Labs 的公司（2017 年 4 月 26 日被 Spotify 收购），在 2016 年开发了一项以区块链技术为依托的元数据协议。① 该公司将这一协议应用于数字图片的版权保护，包括对新作品的版权认定、版权所有者的加密签名等。截至 2016 年 12 月 31 日，现代艺术博物馆（MoMA）、盖蒂图片社（Getty Images）、美国数字公共图书馆（DPLA）均是其用户。②

在音乐版权保护领域，英国音乐家伊莫金·希普（Imogen Heap）在 2015 年就开始利用区块链技术为其单曲发行的"公平贸易"开辟战场，内容涉及歌曲的报酬、收费以及分配，她曾经这样评论区块链技术："区块链犹如灯塔一般记录我的歌曲中的所有"。③

在影视版权保护和其他软件著作权保护领域，从 P2P 信息传播竞争时代开始，迅雷和快播都在信息传播和用户拓展方面做出了努力，然而缺乏版权保护的信息传递方式使得"赢家"迅雷难以有效盈利，"输家"快播 CEO 王欣锒铛

---

① Spotify acquires blockchain startup mediachain. ［Retrieved on 2019. 06. 01］. https：// www. coindesk. com/spotify-acquires-blockchain-startup-mediachain.

② Mediachain labs launches blockchain-based content attribution engine. ［Retrieved on 2019. 06. 01 ］. https：//bitcoinmagazine. com/articles/mediachain-labs-launches-blockchain-based-content-attribution-engine-1477498201.

③ Mycelia official website. ［Retrieved on 2019. 06. 01］. http：//myceliaformusic. org/ team/.

入狱。随着区块链技术的成熟，迅雷将目光投到了基于区块链的版权保护与分享产业，更是在2018年进一步涉足区块链云计算的技术底层，开始提供基础云计算服务。①

## 二、泛IP产业运营

除了某一种特定产品的著作权或专利权，知识产权开始逐渐发展成为一种包含技术、法律、经济、文化的综合性信息资源。具有明确的价值导向和消费属性极强的IP②（以下均指知识产权）从"知识产权"概念中被独立出来，单独形成一个经济概念乃至产业。这一现象深层原因是其背后文化生产的结构转型，IP这一极具创新的话语概念是对长期以来互联网产业和传统版权产业关于"效率优先"和"许可优先"争论的积极回应。

IP版权的保护与授权具有重要的文化和经济意义。

从文化层面来看，版权虽然属于私权，但是不同于一般私权。它能够激发文化生产者的创造积极性，是文化繁荣的制度设计。③从经济层面来看，随着大众流行文化的助推、资本市场的介入以及商业化的运作，IP还表现为一种文化产业领域热门的商业模式。它将优质内容资源作为入口集聚受众，形成情感众筹，进而利用粉丝经济实现情感的货币变现。④显而易见，IP的授权与运营对于我国版权产业的繁荣，扭转我国内容原创力的漠视化倾向和增强我国版权对外输出以及彰显国家和民族的文化软实力具有重要战略意义。据《2018网络版权产业发展年度报告》显示，我国版权产业的行业增加值已达60810.92亿元，占全国GDP比重为7.35%。其中核心版权产业行业增加值为38155.90亿元，占全国GDP比重4.61%，比上年提高0.03个百分点。网络版权产业用户规模不断扩大，网络版权产业增长较快。截至2018年12月，网络新闻、网络视频、网络音乐、网络游戏和网络文学的用户规模分别为6.75亿、6.12亿、5.76亿、4.84亿和4.32亿，使用率均超过50%，其中网络新闻网民使用比例超过80%，网络版权产业市场规模高达7400亿元。网络版权产业已成为

---

① 迅雷将星域CDN升级为星域云，同时发布迅雷链开放平台.［检索时间：2019.06.01］. tech. qq. com/a/20180516/030158. htm. 2018. 5. 16.

② 此处指intellectual property，即知识产权.

③ 齐崇文（2017）. 论公共文化服务中数字版权的实现. 出版科学，5，15-18.

④ 陈维超（2017）. IP热背景下版权经营的变革与创新. 科技与出版，9，71-75.

推动版权经济高质量发展的重要引擎，为网络版权保护工作带来新气象。①

接下来，本节将以音乐版权为例，介绍区块链技术在数字版权保护方面的应用。

## 第二节 区块链技术与音乐产权保护

### 一、行业综述

自 2015 年国家版权局颁布"最严版权令"以来，国内的音乐版权环境得到改善，促进了平台间转授权业务的开展，然而独家版权仍是平台吸引流量的重要因素。

国内独家音乐版权分布状况如表 5.1 所示，② 大音乐平台瓜分音乐版权，数字音乐行业呈现不健康的行业马太效应。腾讯音乐娱乐集团拥有市场上 90% 以上的音乐版权，旗下的 QQ 音乐、酷狗音乐和酷我音乐三大音乐平台在 2017 年音乐 APP 下载量中占 52.2%，③ 逐步形成垄断趋势。阿里音乐集团的歌曲量在整体版权音乐中的比例低于 20%，而网易云音乐曲库规模不占优势，其大部分版权是通过转授权从腾讯音乐娱乐集团等处获得。

大部分唱片公司在与音乐平台签订独家版权协议时声明平台应当遵守转授权机制，但音乐平台为提升竞争力恶性竞价，以版权保护之名行行业垄断性竞争之实，使得转授权机制失效。

由于存在平台中间商，用户购买音乐作品所付出的六成以上费用都流向了中间平台。考虑到唱片公司从音乐收益收取相应比例收益，音乐人在这条产业链的尾端能获得的利润有限。中国音乐人的主体收益不容乐观，与美国音乐人相比为 1∶11，远低于中美人均 GDP 之比 1∶7.09，④ 可以看出中国音乐人在音乐收入方面受到侵害。相同情况还发生在歌手、制作人等幕后音乐人身上，

---

① 2018 年中国网络版权保护年度报告．［检索时间：2019.06.01］．http：//www.ca-ict.ac.cn.

② 2016 年中国在线音乐行业研究报告．［检索时间：2019.06.01］．http：//www.199it.com/archives/496992.html.

③ 2018 年第一季度中国数字音乐市场及发展趋势分析．［检索时间：2019.06.01］．http：//www.askci.com/news/chanye/20180418/172008121751.shtml.

④ 国民经济核算数据文件（2016）．［检索时间：2019.06.01］．https：//www.shihang.org.

中小音乐人创作环境艰难，常因为无法维持生活而放弃创作。

表 5.1　　　　　　　　　　　音乐版权分布状况

| 公司 | 音乐平台 | 独家版权 |
| --- | --- | --- |
| 腾讯音乐娱乐集团 | 酷狗音乐<br>酷我音乐<br>QQ 音乐 | 索尼、华纳、环球、华谊、YG、CJ、中国唱片公司、杰威尔音乐、太合麦田、福茂唱片、英皇唱片、乐华娱乐、《中国新歌声》、《我是歌手 3、4》、《蒙面歌王 1、2》等 |
| 阿里音乐 | 虾米音乐<br>阿里星球<br>天天动听 | 滚石唱片、寰亚音乐、华研国际、相信音乐、风潮音乐、贝塔斯音乐、韩国 SM 等 |
| 网易 | 网易云音乐 | 日本爱贝克斯、《2017 快男》、《我想和你唱（第二季）》、《2017 跨界歌王》等 |
| 太和音乐集团 | 百度音乐 | 海蝶音乐、大石版权、含音量、京文唱片、The Orchard 等 |

## 二、区块链+音乐

### （一）区块链+音乐的优点

1. 避免音乐人收入被分流

如上文所述，在传统的音乐产业链中，音乐人获利很好。但是在区块链+音乐中，依靠区块的不可篡改性，音乐自上传时就被打上时间戳以及特征识别点，音乐人自我持有版权，无需依附任何音乐平台和版权代理商。这样可以精简版权的利益相关机构，减少音乐人的收入分流。基于音乐人与用户签订的智能合约，用户付费即时通过智能合约进行分配，分配模式呈辐射状，各收益方获得收益的地位平等，减少了层层分配带来的时间浪费以及收入数据不公正透明的问题。在削弱了版权配置中间商的地位后，音乐人的版权收入预期会得到提升，从而改善音乐人的音乐收入分配情况。

2. 解决音乐版权垄断问题

国内音乐版权三家独大，大型音乐平台瓜分音乐版权，反映出来的是音乐平台高度中心化的问题。区块链+音乐通过引入区块链模式，可以实现 P2P 音乐传播。版权的所有者为音乐人和唱片公司，音乐资源可在不同平台间自由投放，其配置不受音乐平台干预，而由音乐人和听众双方形成的市场自发决定。区块链+音乐在新模式中只为音乐人和听众提供集聚的平台，类似于社交软件的运行模式，不参与音乐人与听众之间的音乐交易。音乐传播范围可能更广、受众更多，用户的付费意愿也可能更高，多方面增强了音乐版权的综合效益。

3. 解决盗版侵权问题

在区块链技术下，我们或许可以创造一种编码解码机制，将每一首上传到区块链音乐平台上的歌曲加以一定的编码，然后将在区块链上面的这些歌曲进行版权登记，这些版权永久存在且不可被篡改，并且使得该歌曲只能在区块链上的解码播放器中播放。任何从该编码器中移除的内容或者未经过特定编码的内容均无法被播放器所读取，使得盗版音乐即使被分享和下载，也无法在用户端中使用。

**(二)区块链+音乐的平台模式**

1. 技术

(1)区块链技术

基于区块链+音乐的优点，我们尝试提出一个区块链音乐平台的基础架构。这个平台以区块链技术作为底层技术，结合诸如星际文件系统之类的技术，在版权归属、收入分配等方面都有别于传统的音乐平台。平台的基础架构如图 5.1 所示。①

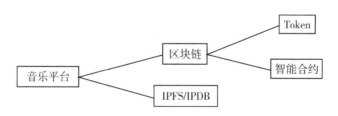

图 5.1　区块链音乐平台的基础架构(自制)

区块链技术是其与传统平台的关键差别之处。我们倾向于将平台建立在现有的区块链平台上，而不是自己去搭建支链并进行管理，原因如下：第一，我们可以利用成熟区块链平台现有的信任基础，包括节点、算力等；第二，音乐

---

① IPFS 全称为 InterPlanetary File System，中文翻译为星际文件系统．
IPDB 全称为 InterPlanetary Database，中文翻译为星际数据库．

平台的重点在于面对艺术家和用户，而非区块链底层技术；第三，区块链平台提供了较多的接口，利用已有区块链平台，公司仍有很大的操作空间，包括发行代币、编写智能合约等。综上所述，选取现有的区块链平台是一项成本低廉、损失很小的选择。

传统虚拟货币的存储对于新手来说存在一定的门槛。鉴于音乐平台的易用性，我们选择在音乐平台账号内嵌入一个虚拟代币的钱包，这样不仅交易方便，与账号绑定，并且代币不再易失，能够与平台真正结合起来。代币的获取可以通过大型虚拟货币交易网站获得，区块链音乐平台可以在后期考虑和这些平台进行合作或者自己提供币币交换或法币购买代币的渠道。

智能合约是放置在区块链上、满足一定条件便自动执行的代码，其使用可以降低平台的运营成本。智能合约的主要功能是完成收入的分配以及歌曲内容分发的任务。当用户购买某首歌曲之后，平台将从用户绑定的钱包里扣除相应的代币，并且按照事先设置的比例转入艺术家的钱包。这一切都是通过智能合约完成的。当然，智能合约的编写和执行需要付出一部分手续费，这也会从支付的金额里扣除。当完成支付之后，智能合约将会调用文件系统中存储的歌曲，将之传输给用户听取和下载。

（2）IPFS/IPDB

IPFS（InterPlanetary File System）全称为星际文件系统。IPDB（InterPlanetary Database）是与之类似的数据库系统，其主要功能是将文件分散加密之后存储在不同的计算机上。这与区块链的分布式和加密性十分契合，并且经典的区块链技术尽管具有较好的分布式存储、安全的特点，但大批量的存取却是一个瓶颈所在，而 IPDB 的出现是使得区块链技术落地的方法之一。

音乐平台需要在短时间捏进行大量的文件传输和交易，但是区块链技术无法满足这一需求，因为截至 2019 年 6 月 1 日，区块链技术下每秒的交易数量仍然是极其有限的（如比特链：7 笔/秒；以太坊：20 笔左右/秒）。[1] 这样的速度是无法满足大量用户的使用传输的。倘若将音乐文件存储在 IPFS 或 IPDB 内，区块链更多地是记录 IPFS 或 IPDB 中的链接（Link）和时间戳（Timestamp），用户与区块链之间来往的是精简的交易信息以及资金流的传输。当记录完成之后，由区块链上的智能合约对文件系统进行查询和操作，使得音乐流能够实现快速地传输。此时，区块链起到的更多是控制和映射的作用。

---

①　比特币系统为什么每秒只能处理 7 笔交易 . ［检索时间：2019.06.01］. https：//
blog. csdn. net/LiuyangRiver/article/details/83659333.

## 2. 平台架构

音乐人发布音乐作品时，定价直接上传到前面所述的 IPFS 或 IPDB 上，同时受到区块链的映射以及控制。通过区块链的分布式特点，各个节点的用户可以查看这些作品并进行试听。具体的试听长度由各个音乐人在上传之时确定。由于音乐人可能无法准确把握市场动向，从而无法给出最合适的定价，平台可以提供一个定价参考。该模型通过权衡该音乐人的知名度、以往作品的流通度、当前音乐市场的热度以及音乐的试听量，给出一个价位供音乐人参考。

用户购买音乐人作品时，用户支付费用的记录被储存在区块链上，而因为第三方的缺席，除了很少比例的区块链平台手续费之外，音乐人可以获得很高比例的收益。音乐人可以根据之前达成的智能合约，获取大部分用户支付的费用，从而解决繁琐的利益分配问题。

## 三、PeerTracks 案例分析

我们在此选取了一家区块链公司 PeerTracks，作为我们分析的案例。

### (一)概况及发展历程

PeerTracks 是一家音乐区块链公司，由 CédricCobban 于 2014 年创立，主要目的是改变数字音乐行业的制作、发行和消费周期，实现点对点音乐发掘服务。2014 年，PeerTracks 平台建立音乐版税的追踪支付系统，并开始为流媒体音乐平台提供服务。2016 年，PeerTracks 平台与开放式账本平台 OpenLedger 合作，建立 MUSE 区块链平台，并基于该平台提供独立化数字货币 XSD 和音乐人币的发行和交易服务。[1]

### (二)PeerTracks 的平台运营模式

图 5.2 展示了 PeerTracks 的平台运营模式。使用 PeerTracks 平台的用户主要分为两类：第一类是数字服务提供商(DSP)，通过与 PeerTracks 平台连接实现音乐版权的跟踪支付；第二类是音乐人和听众，音乐人可以通过在 PeerTracks 平台发布音乐作品，音乐人和听众通过支付音乐人币和 XSD 货币进行欣赏音乐作品。

以下将对 PeerTracks 经营模式中的关键环节加以分析。首先是声誉功能。

---

① 比特股 Music 和 PeerTracks 非技术性白皮书．[检索时间：2019.06.01]．http：//btsabc. org/forum. php？ mod＝viewthread&tid＝48.

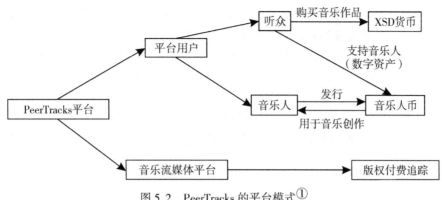

图 5.2　PeerTracks 的平台模式①

PeerTracks 平台为版权所有者提供一个生态系统，平台作为总账本，实现对元数据实时监控，包括音乐人登录权限管理门户音乐元数据的更新。通过声誉的保障机制对上传作品用户的身份进行筛选，具有一定的声誉分数的上传者账户才能实现音乐作品的上传，保证 PeerTracks 平台作品质量。用户的信誉分数作为平台的流通货币，与用户其他社交媒体的好友数和账户的 XSD 金额相关，以体现账户合法性和活跃程度。PeerTracks 使用自己构建的区块链 SounDAC，以自己开发的区块链中的代币计价，不存在密码学货币的波动性问题，保障PeerTracks 平台安全代币交易。

　　PeerTracks 平台在声誉机制的基础上实现社交化的服务，促进听众和音乐人的双向互动。用户通过支付 XSD 支持某个音乐作品，以提高所支持音乐作品的排名。平台通过区块链记录音乐家或音乐作品支持者的信息，包括支持者的数量、XSD 支付情况等数据。在获取用户数据的基础上，音乐人通过向他们的支持者提供特权的方式，实现音乐人和听众间的价值交互。

　　PeerTracks 平台试图通过音乐人币的流通实现艺术家和用户之间更加直接的互动。艺术家可以发放代表自己的音乐人币，并出售给粉丝来获得继续创作音乐的资金。音乐人币形式类似于一种限量的数字代币，并且销售音乐人币带来的收入会全部流向音乐人，以实现支持者对音乐人的资助。音乐人币可能存在升值空间，作为物质激励，以便发挥粉丝经济的作用，促进支持者进一步分享和推广音乐。因此，代币升值的预期将粉丝支持的力量变现，实现音乐人和

①　PeerTracks official website.［Retrieved on 2019.06.01］. https：//peertracks.com.

支持者利益方向的统一以期实现双赢。

其次是 PeerTracks 平台对音乐流媒体平台采取的版权跟踪机制。音乐流媒体平台(DSP)通过与 PeerTracks 平台对接，播放与智能合约相关的音乐，并向 PeerTracks 平台报告播放的音乐流，从而 PeerTracks 实现向音乐版权持有者发送版权费的结果。PeerTracks 平台采取与 YouTube 相似的方式，通过对用户进行提问的调查方式，确保流媒体平台不会支付版税(版税被音乐版权持有者支付)。同时该功能在 PeerTracks 平台具有一定可行性，设定的规则使得用户拥有的 XSD 越多，被问及是否正在倾听的频率就越低。

### (三)优势与挑战

#### 1. 优势——音乐人众筹

PeerTracks 的音乐人币使音乐人获得来自音乐支持者的资金支持，实现音乐产业的众筹功能。PeerTracks 将音乐人和支持者的利益方向进行统一，支持者在看好音乐人的基础上，购买并持有该音乐人的音乐人币，音乐人币可以看作数字资产的投资，并存在升值空间。为扩大音乐人的知名度，支持者因为潜在的收益回报而更加积极的宣传音乐人的相关作品。音乐人币的循环流通实现音乐人发展状况的跟进，促进音乐人和支持者之间的良性互动。

#### 2. 挑战

PeerTracks 平台的音乐人目标对象是签约音乐人和未签约音乐人。在技术实现上，该平台通过应用比特股 Music 区块链技术降低平台运营成本，使得更多音乐收益流向音乐人。但对音乐人而言，从传统音乐流媒体渠道得到的低佣金率要远比使用智能合约的高佣金率更有吸引力。以 iTunes 为例，通过 iTunes 得到 1000 美元中 10% 的回报要超过通过缺少足够用户量的智能合约交易而得到 1 美元中的 90%。低上传成本作为 PeerTracks 的优势，能促进音乐人上传作品，但不能实现长期的黏性。音乐作品是实现平台自我循环的主要构成要素，PeerTracks 需要更加关注音乐人的活跃度和用户黏性。截至 2019 年 6 月 1 日，这一状况依然未得到改善。①

#### 3. 总结

区块链音乐平台优势在于建立自主合理的数字音乐生态系统，通过改变平台的盈利模式，消除不必要的中间环节和媒介，从而赋予音乐人和歌迷更多利益。但是，截至 2019 年 6 月 1 日，如何改进平台功能吸引更多用户加入才是

---

① 　PeerTracks official website. ［Retrieved on 2019. 06. 01］. https：//peertracks.com.

当务之急。

# 第三节　本　章　小　结

截至 2019 年 6 月 1 日，应用区块链技术进行知识产权保护的机构依旧是以传统模式为主，主要原因是区块链技术难度较大，依靠个人或者小众的力量难以实现。但是由于传统机构在知识产权保护上存在确权时间长、取证难等遗留问题，我们认为未来会有越来越多的相关区块链技术公司涌现。

从传统模式到新兴区块链模式的过渡需要一个逐渐的过程。在此过程中，区块链技术的应用也存在着一些问题。[1]

首先，我国著作权法保护的主题是作品本身。法院通常通过传统方式判断作品的独创性，如是否作者独立创作、作品是否抄袭、思想观念是否不同、是否有最低程度的创造性等。但是区块链技术并不能通过上述方法有效判别作品的原创性，因为区块链技术将每一个作品和哈希值一一对应。只要作品稍作修改，哈希值就会不同，而这在传统意义上并不是创新作品。因此，区块链判断作品原创性还有待提高。

其次，区块链很难监控侵权行为的发生，它只会记录侵权的行为，但不会主动通知被侵权人，所以并不能加快权利人的知情速度。此外，区块链技术尚未成熟，还没有形成统一的行业标准和法律保护体系。各技术平台的水平、认定标准等都不完全相同，使得其间会产生一部分认证隔阂，不能兼容操作。法律体系也没有完善，衡量标准也不统一。这些都是传统模式转向新型模式需要考虑到的问题。

音乐产权保护作为知识产权保护的一个方面，也存在着一些从传统转向新型的问题，[2] 例如如何让习惯于免费听歌的网络用户对版权费用付费、已经上传的作品怎么进行保护等问题。但是总体来讲，使用了区块链技术的产权保护可以给音乐人带来更高的收益。

尽管区块链技术还有一些待解决的问题，但是无论如何，区块链的优点依旧是不可替代的，所以这些困难并不会阻碍区块链技术的发展，区块链技术依旧是知识产权保护的未来。

---

[1]　毛宁 & 张小红(2019). 基于区块链技术的网络版权保护. 图书馆论坛，8，1-6.

[2]　孟奇勋 & 李靖(2018). 区块链视角下音乐版权保护路径变革研究. 科技与法律，6，17-24.

# 第六章

## 互联网公益众筹平台比较探究

——以腾讯公益和轻松筹为例(含区块链应用尝试)

## 第一节　公益众筹背景研究

### 一、研究意义与背景

众筹翻译自国外 Crowd Funding 一词，即大众筹资或群众筹资。它被用来支持各种活动，包含灾害重建、民间集资、竞选活动、创业募资、艺术创作、自由软件、设计发明、科学研究以及公共专案等。现代众筹则是指通过互联网方式发布筹款项目并募集资金。相对于传统的融资方式，众筹更为开放，项目的商业价值也不再是获得资金的唯一标准。只要是网友喜欢的项目，都可以通过众筹方式获得项目启动的第一笔资金。这为更多小本经营或创作的人提供了各种可能。众筹的运作主要有债券、股权、回报与捐赠这四种模式，一般来说商业众筹会以债券、股权和其他有形回报的形式返还给众筹的投资者，而公益众筹则多是无偿捐赠的形式，或是精神返还(如感谢信等)。我国公益众筹已发展出成型的模式，例如腾讯公益平台、新浪微公益平台等网站依托社交媒体平台支持在线公益活动，任何机构和个体用户都可以发布、传播求助信息，也可以参加众筹资助活动。而腾讯公益平台是其中一个发展历史较长、内容较丰富同时运作也较为成熟的公益众筹平台，为我国公益众筹行业的研究提供了比较丰富的数据和案例支持。同时，本章旨在通过对腾讯公益平台和后起之秀——轻松筹公益平台的分析探究发掘截至 2019 年 6 月 1 日以前的行业的规律和特性，同时通过对比发现公益平台发展过程中存在的不足之处，为公益众筹行业的日后发展提供些许参考。

### 二、公益众筹概念

众筹公益是指以众筹为基础，个人或者公益机构组织等在互联网众筹平台上发起的公益项目筹款活动，旨在吸引出资者对其项目进行资金支持。① 公益众筹的项目主要分为两大类。一类是由民政部批准的，持有法人登记证书、公开募捐资格证书，具备向公众募集资金资质的公募基金会发起的公益项目；类是由个人发起的个人救助项目。个人项目只能在后台发起，转发至朋友圈自行筹款。②

O2O 即 Online To Offline，是指将线下的商务机会与互联网结合，让互联网成为线下交易的前台。截至 2019 年 6 月 1 日，互联网包括移动端的发展，使得"公益大众化的梦想"得以实现。传统的线下公益模式只能是小众的边缘行业，通过慈善组织、基金会救助贫困人口。限于地域、信息、用户等传播因素，参与者少，筹集资金进展缓慢。但随着传统行业的互联网化，以及 BAT 等互联网巨头的崛起，网络公益众筹满足了巨大的社会需求，直接打通捐助者与贫困人群的沟通障碍，动员更多的社会力量，快速并且大规模地解决公益问题，给传统公益事业带来颠覆和新生。

### 三、公益众筹的特点

和过去的慈善救助相比，网络公益众筹实现了低门槛，打破了时空以及人与人之间的限制。捐款也不再局限于机构和组织，移动端操作变得十分轻松和便捷，个人和企业也可以发起公益项目。移动支付的灵活性，再加上庞大的用户群，使得"小额捐款"发挥了巨大作用，各类群体广泛参与，捐款总额不断上升，公益不再是有钱人的特权，人人都可以做慈善。另外互联网的信息公开透明，公益众筹平台对于发起人信息、目标金额、项目进展都有严格的规范，让捐助者明确了解捐款的去向，并直接监督款项使用，最大程度保证将款项用到真正需要的地方。社交媒体的参与使公益众筹传播快、效率高、影响广。一个项目的时间非常短，朋友圈微博等新媒体平台的助力也加速筹款进度。为了达到全网快速传播的目的，对项目的故事性有非常高的要求，这也催生了微信捐步、益行等吸引眼球的公益形式。

互联网广泛发展后，众筹成为项目融资的一个好的融资渠道。在公益方面，众筹更是发挥了积极作用。其主要原因在于互联网较低的搜索成本使得投

---

① 互联网+公益开启全民公益时代．［检索时间：2019.06.01］．http：//www. sohu. com/a/76363553_161623.

② 慈善众筹涉嫌"诈骗"无人监管捐助人可以去立案．［检索时间：2019.06.01］．ht-tp：//www. sohu. com/a/121655370_185494.

资者和项目发起人的匹配更加高效；其次由于投资者众多，每个人只需投入一小部分资金，风险分散使得投资众筹项目变得经济可行；最后，互联网较低的沟通成本使得遥远的投资者能够更好地对所投资项目进行信息收集和过程监督，同时众筹融资过程的项目发布、信息沟通、交易执行等环节都在互联网上进行，提高了执行效率。而基于社交网络的众筹相对于传统融资方式的突出优势就是低成本：低启动成本、低营销成本、低交易成本，募资者和出资者通过进度更新和反馈机制频繁进行交互，提高了投融资双方的沟通和交易效率。①

## 四、公益众筹的一般运作模式

图6.1是公益众筹的基本流程，可见公益众筹运作需要筹资方、众筹平台、出资人三方，包括提交项目、审核、募捐、拨款、结项等步骤。

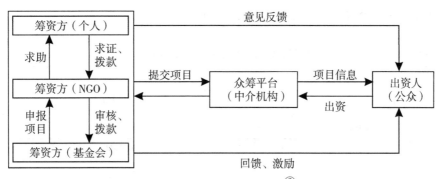

图6.1 公益众筹基本流程②

筹资方也称发起方，公益众筹的发起者既有基金会，又有注册机构、民间组织、个人等等，具有多样性和丰富性。个人和机构也可以通过向更大的发起方求助以获得帮助，个人提交真实可靠的资料进行实名认证，公益机构提交所需机构资料完成注册。它们提交的公益项目类别包括助学、助老、助残、关爱留守儿童、环保等等公益的方方面面，涵盖种类多，涉及范围大。

当项目筹资方向众筹平台提交项目后，由众筹平台对项目进行其合法合理

---

① 陆松新(2015). 互联网金融与众筹的兴起. 农村金融研究，1，25-29.
② 荀爱萍 & 田江(2016). 影响公益众筹中项目筹款能力的一些相关因素——以众筹网为例. 物流工程与管理，10，139-142.

性审核，并最后给筹款成功的项目拨款。截至 2019 年 6 月 1 日，国内比较大的公益众筹平台有腾讯公益、众筹网、轻松筹、米公益、易宝公益圈、新浪微公益、泉公益、点赞网、路人甲、广益联募、公益宝、新公益、百度公益、积善之家、新华公益服务平台等。一般而言，众筹平台只是中介平台，无须从事公益的资质。

出资人一般是公众，当众筹平台审核好项目之后会在平台上展示这些项目，向出资人募捐，而出资人在了解项目信息后就可能给项目出资捐助。另外，出资人还可跨过众筹平台直接给筹资方提供意见反馈，帮助它们做得更好，而筹资方会相应地给出资人回馈，例如感恩贺卡、捐助证书等。

### 五、我国公益众筹发展历史

我国公益众筹的发展历史不长，2011 年是我国公益众筹发展的起点。至 2019 年 6 月 1 日不到十年的时间内，我国公益众筹逐渐发展，初步成熟。我国规模较大的公益众筹平台发展历史如表 6.1 所示。

表 6.1　　　　　　　　　**我国公益众筹平台发展历史（自制）**

| 上线时间 | 平台名称 |
| --- | --- |
| 2011. 7 | 点名时间 |
| 2011. 9 | 追梦网 |
| 2013. 2 | 众筹网 |
| 2013. 7 | 创意鼓 |
| 2013. 10 | 中国梦网 |
| 2013. 12 | 海星愿 |
| 2014. 3 | 积善之家 |
| 2014. 4 | 新公益 |
| 2014. 7 | 京东众筹 |
| 2014. 9 | 轻松筹 |
| 2015. 4 | 苏宁众筹 |
| 2015. 6 | 移动未来 |
| 2016. 8 | 水滴筹 |

　　据人创咨询最新统计，2018 年上半年共有公益型众筹项目 7879 个，其中有 2947 个项目仍在众筹中，56 个项目已失败，已成功项目为 4876 个。2018 年上半年，公益众筹成功项目总融资额约为 1.86 亿元，总参与人次约为 889.78 万人次。与去年同期相比，2018 年上半年公益众筹成功项目数同比增长 9.23%，成功项目的实际总融资额同比增长 16.80%，但是总参与人次同比下降 44.34%，见图 6.2。①

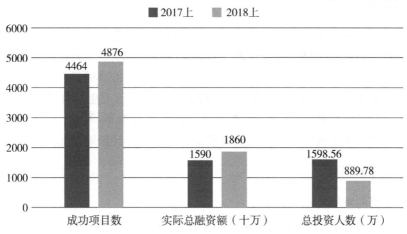

图 6.2　公益众筹 2018 上半年与去年同期对比图（自制）

## 第二节　轻松筹与腾讯公益介绍

### 一、轻松筹

#### (一)简介

　　轻松筹，是于 2014 年 9 月 19 日由北京轻松筹网络科技有限公司率先推出的互联网私人公益项目申请平台，其将目标聚焦在公众健康保障领域，各功能板块均与大众健康相关。为了更利于轻松筹自身的发展，轻松筹在 2017 年引

---

　　①　2019 年 6 月中国众筹行业月报．［检索时间：2019.06.01］．http：//www. zhongchoujia. com/data/32132. html.

入了区块链技术。①

轻松筹的主要优势在于界面设计相对简单、功能相对完善、性能相对可靠。对于新用户来说，这便于建立对众筹功能的快速认知——发起众筹的操作相对简单，有助于让用户理解"众筹"这一种模式及手段，并且众筹过程不受限于某个特定的品牌。基于互联网社交平台的快速传播，轻松筹便于通过众筹空间拓展业务。

### (二) 业务范围

轻松筹的业务主要集中在三部分——轻松互助、大病救助和轻松 e 宝，分别对应着事前互助项目、事发救助项目和互联网保险项目。轻松筹平台在三大项目的相互支撑下，业务运营情况相对良好。事前互助项目，以"平时助一人，难时亿人助"为主题，实质上是一种公益基金监管卫生合作机制；事发救助项目，则是轻松筹首创的借助强社交关系的救助众筹模式；互联网保险项目，则是轻松筹实现用户流量变现的主要过程，也是轻松筹平台主要的业务。

### (三) 发展历程

轻松筹的发展历程大致如下：

2014 年 9 月，基于社交圈的、面向广大网民日常生活的"轻松筹"上线；

2014 年 11 月，北京轻松筹网络科技有限公司凭借其基于社交圈的轻众筹模式快速发展，获得 IDG 1500 万 A 轮投资；

2015 年 3 月，北京轻松筹网络科技有限公司获得唯品会联合创始人吴彬和同道资本的 A+投资；

2015 年 5 月，轻松筹在国际互联网大会 GMIC 上获得"最具创新企业奖"；

2015 年 12 月，轻松筹用户超过 1000 万，日均注册用户超过 10 万；

2016 年 1 月，北京轻松筹网络科技有限公司获得来自美国的 B 轮投资；

2016 年 2 月，中国红十字基金会携手轻松筹成立"中国红十字基金会-轻松筹微基金"；

2016 年 9 月，轻松筹成为民政部指定的慈善组织互联网公开募捐信息平台；

2016 年 9 月，轻松筹两周年之际，于腾讯合作伙伴大会开放之夜获得"腾

---

① 走过三年　轻松筹聚焦国民健康保障领域. [检索时间：2019.06.01]. http：//finance. ifeng. com/a/20170920/15684299_0. shtml.

飞奖";

2016 年 10 月，轻松筹注册用户超过 1 亿人；

2016 年 11 月，轻松筹获得"德勤·明日之星奖"；

2016 年 12 月，轻松筹获得公益时报"2016 中国企业社会责任卓越奖"；

2016 年 12 月，轻松筹获得公益时报"2016 年度中国公益企业"；

2017 年 1 月，轻松筹获得胡润中国新金融 50 强 & 胡润中国最具社会责任新金融企业；

2017 年 1 月，轻松筹获得腾讯应用宝"2016 年度星 APP 十大新锐奖"；

2017 年 6 月，轻松筹 3.0 版本全新上线，并引进区块链等新技术。①

## 二、腾讯公益

### (一) 简介

腾讯公益依托于腾讯公益基金会，是一个垂直型的公益众筹平台。2007 年 6 月，腾讯公司倡导并发起了中国互联网第一家在民政部注册的全国性非公募基金会——腾讯基金会。

### (二) 业务范围

腾讯公益是一家主要通过互联网开展业务的公司。腾讯基金会的主要公益项目包含了人人公益——月捐、低门槛众筹——乐捐、行为公益——益行家、机构赋能——微爱 4 项。

### (三) 发展历程

腾讯公益的发展历程大致如下：

1998 年 11 月，腾讯公司成立，是中国最大的互联网综合服务提供商之一，也是中国服务用户最多的互联网企业之一；

2007 年 5 月，腾讯的网络捐款平台上线；

2007 年 6 月，腾讯公益基金会成立；

2008 年，512 汶川地震网络捐款超过 2000 万；

2009 年 6 月，"腾讯筑梦乡村项目"启动；

---

① 轻松筹官网最新发展历程只显示到了 2017 年 6 月。通过网络查询，2019 年 6 月 1 日，轻松筹依然在运营。

2013年1月，平台捐赠总额突破一个亿；

2014年11月，"为村"移动互联网村计划出炉；

2015年，腾讯公司提出"互联网+公益"概念，平台升级为公益系统连接器；同年，"益行家"上线，"99公益日"项目开始推行；

2016年，腾讯领跑中国首届互联网公益峰会；

2017年，腾讯透明度组件发布。①

## 第三节　轻松筹与腾讯公益业务项目对比

虽然腾讯公益和轻松筹都提供大病公益众筹服务，但概括而言，腾讯公益是一个提供众筹服务的公益平台，而轻松筹则是一个提供互联网保险和公益众筹服务的公司。

腾讯公益的业务项目主要是带有公益性质的项目，例如大病公益众筹的"乐捐"，还有"月捐"、"微爱"等涵盖教育、扶贫、救灾等领域的公益项目；而轻松筹除了"大病救助"带有公益性质之外，"轻松互助"和"轻松e保"都是具有盈利性质的互联网保险业务。在轻松筹最初推出"大病救助"业务时，手续费是2%并不是当下（2019年6月1日）所宣传的0手续费。依靠着"大病救助"业务积累的初始用户，轻松筹在2016年4月和2016年12月分别推出"轻松互助"和"轻松e保"并取得成功。随着互联网保险业务带给轻松筹的利润，轻松筹已不需要"大病救助"项目去实现盈利，因此"大病救助"项目转变为一个纯粹的公益项目，手续费被取消，见表6.2。

表6.2　　　　　　　　**轻松筹与腾讯公益业务项目对比图（自制）**

| 业务项目 | 腾讯公益 | 轻松筹 |
|---|---|---|
| 大病公益众筹 | 乐捐 | 大病救助 |
| 健康互助基金 | — | 轻松互助 |
| 互联网保险 | — | 轻松e保 |
| 行为公益 | 益行家 | — |
| 教育、扶贫、救灾等公益项目 | 月捐、微爱、筑梦新乡村、筑德基金、腾讯立体救灾、新年新衣 | — |

---

① 腾讯公益官网最新发展历程只显示到了2017年。通过网络查询，2019年6月1日，腾讯公益依然在运营。

从公益项目的类型来对比，相对于轻松筹，腾讯公益提供的公益项目更多，所覆盖的范围更广，包括扶贫、教育、救灾、环保与社会救助等多个方面。除去二者都包含的大病众筹，轻松筹则只提供关于个人健康的互助基金与互联网保险。

从公益项目持续时间长短来看，腾讯包含月捐等可以让用户长期稳定参与公益的项目，而轻松筹没有此类项目。

## 一、轻松筹业务项目

### (一) 大病救助项目

轻松筹将社交的强关系运用到大病筹款中，为求助者提供透明、便捷的筹款渠道。轻松筹通过大数据和人工智能的加持加快审核环节的速度，并用人机协作的方式让公益项目更加高效透明。要寻求帮助的大病患者，可通过轻松筹APP发起大病求助项目。截至2018年9月，轻松筹体系在全球183个国家和地区的用户总数已经冲破5.5亿，共帮助超过253万个家庭，筹集善款总额超过255亿。①

### (二) 轻松互助项目

轻松互助项目是一种抱团取暖的健康互助机制。用户健康时预存10元加入互助，成为互助会员。如有会员生病，则其他会员在互助金中均摊医疗费，帮助生病的用户支付部分费用，即一人患病，众人均摊救助金。加入互助计划的人群覆盖了各个年龄段，出生28天—17周岁的用户可以加入"少儿健康互助行动"，18—50周岁的用户可以加入"微爱大病互助行动"，51—65周岁的用户可以加入"老年关爱互助行动"，还有为轻疾人群服务的病友防癌互助行动。病友防癌互助行动规定患有乙肝、糖尿病、高血压等60种特定疾病的人群也可加入该互助计划，最高可获得10万元的互助金。除此之外，轻松互助还上线了企业版，即"企业互助"。企业互助是一种全新的员工福利形式，方便企业帮助其员工及家属批量管理员工健康情况。

### (三) 轻松 e 保项目

轻松 e 保项目是轻松筹旗下的互联网保险销售平台，是轻松筹平台的重要

---

① 轻松筹官网.［检索时间：2019.06.01］. https：//www.qschou.com.

业务。在轻松筹平台通过大病救助和轻松互助积累大量客户和知名度后，保险销售业务将这些用户流量顺利转为为销售额。轻松筹平台将保险具象化为保障卡和防护徽章，通过集齐徽章的形式进行产品促销。轻松筹平台先后与国内多家专业保险公司达成合作，取得了单款保险产品购买转化率达13%，单月规模保费突破3亿的成绩。①

## 二、腾讯公益业务项目

### 1. 乐捐项目

乐捐项目是腾讯公益推出的公益项目自助平台，包括发起、捐赠、互动与监督等功能。它提供"网友在网络上发起公益项目、审核、在线筹款、项目反馈、公众监督等'一站式'服务"。个人用户可以在该平台上选择自己喜欢的公益项目并自主选择金额进行捐款。项目结束后，由发起方、执行方和公募机构负责提供项目结项报告，面对所有爱心用户反馈款项使用细节和执行结果，进行结项汇报。此过程对所有爱心用户全程公开，接受爱心用户的监督。

### 2. 月捐项目

腾讯"月捐计划"（简称月捐）是腾讯公益面向个人用户推出的新型网络公益方式，该计划倡导爱心人士，通过每月小额捐款的形式，长期关注和支持公益项目。

同时，腾讯旗下的财付通推出每月从财付通账户自动捐款服务。爱心人士通过签署财付通委托扣款协议书，就可以每月定期定额向自己关注的公益项目自动捐款。用户可以自主选择自己喜欢的公益项目并决定金额。

### 3. 微爱项目

腾讯微爱是腾讯公益慈善基金会面向公益组织发展的立体成长体系，其核心机制是：腾讯基金会通过微爱开放平台，提供资金、资源、资讯的全方位支持，促进民间公益组织、优秀企业、公益领袖、爱心网友、社会志愿者的正向互动，推动中国公益事业的发展。用户可以提交公益项目的申请，通过申请的项目则可以得到资金等帮助。

### 4. 益行家项目

益行家项目是由腾讯公益慈善基金会发起并主办的，号召公众通过线上公

---

① 轻松筹官网．［检索时间：2019.06.01］．https：//www.qschou.com．

益捐赠，参与线下徒步行走的大型年度品牌公益项目。腾讯公益利用其传播与号召能力，寻找企业提供捐助资金，同时鼓励用户通过运动捐步的形式（主要通过微信运动和 QQ 运动实现），将这些资金以用户个人的名义捐赠给公益项目。将用户的运动数据转化为公益步数，打破了传统募捐的形式，开拓了互联网公益众筹的思路——"行为公益"。①

5. 其他项目

腾讯公益还包含腾讯立体救灾、筑德基金、筑梦新乡村。腾讯立体救灾可以使网民直接为灾区捐款。筑德基金则旨在弘扬社会正义，倡导社会良好风气，同时为"受到意外伤害或损失的人提供必要的道义援助"，为见义勇为者提供鼓励和保障。举例来说，其捐助了最美教师张丽莉、车轮下勇救女童的李舒舒等人。筑梦新乡村是腾讯公益利用网络资源、平台优势、媒体号召力及影响力，以城市文化的善意输入和乡村价值的有效输出为原则，探索实践互联网企业助力西部乡村教育、文化、环保、经济发展的新模式。

# 第四节　公益众筹平台运作模式对比

## 一、公益众筹项目涉及的主体

互联网公益众筹平台的运作模式主要体现为筹资方（项目发起人）、众筹平台与出资方三类主体在公益众筹项目全流程中的角色以及互动关系，尤其关注平台在该流程的各个环节中发挥的作用。根据公益众筹平台在众筹过程中的参与深度，我国公益众筹平台的模式可以分为自助模式、纯中介模式与混合模式。本节将从三类主体、公益众筹平台在各环节发挥的作用、公益众筹项目的传播途径三方面对轻松筹和腾讯公益两个平台进行对比分析。

首先是筹资方、众筹平台与出资方三类主体的差别。本节根据轻松筹《个人求助服务协议》、腾讯公益官网公布的捐款流程，以流程图的形式展示三者在众筹项目中的角色差异，见图 6.4、图 6.5。②

---

① 腾讯公益官网．［检索时间：2019.06.01］．https：//gongyi.qq.com.

② 乐捐流程详细介绍．［检索时间：2019.06.01］．https：//gongyi.qq.com/succor/flow.htm.

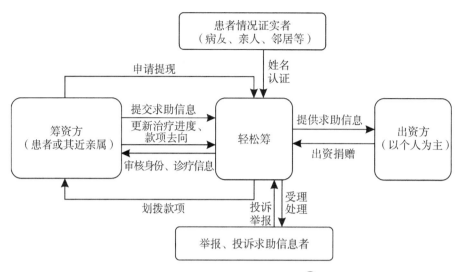

图 6.3　轻松筹众筹项目流程图①

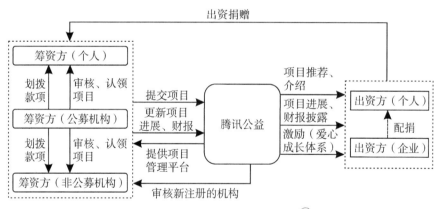

图 6.4　腾讯公益众筹项目流程图②

　　轻松筹的主要众筹项目属于大病救助项目，其发起方一般为个人(是急需疾病救助的患者本人或其近亲属)，特殊情况下可委托第三人(仅限于自然人

　　①　轻松筹官网．[检索时间：2019.06.01]．https：//www.qschou.com.
　　②　腾讯公益官网．[检索时间：2019.06.01]．https：//gongyi.qq.com.

发起），平台为其提供求助信息发布的技术服务。出资方也以个人为主，其捐赠方式以捐赠钱款为主，此外还有新开通的捐步方式，捐赠者在"走路行善"小程序上可以通过行走兑换爱心券并赠送给筹资方，筹资方在捐款提现时将会获得相应的现金补贴。筹资方和出资方两端通过轻松筹平台连接起来。除了筹资方和出资方以外，轻松筹还引入了包括患者病友、亲人、邻居等在内的患者情况证实者和对求助项目信息举报、投诉者这两类主体，以增强出资方对众筹项目真实性的信任度，并加强对项目信息的管理。

与轻松筹以个人大病救助项目为主的特点不同，腾讯公益的众筹项目涵盖疾病救助、扶贫救灾、教育助学、自然保护四个大类，此外还有传统文化、文物保护、社区公益、社会创新、心理陪护、平等就业等多种类型。在这一基础上，腾讯公益众筹项目的筹资方也具有多样性，包括个人、非公募机构和公募机构三种。截至 2018 年 12 月 31 日，累计共有 362 家公募慈善组织在腾讯公益平台注册，其中 2018 年新增注册 76 家，累计共有 9706 个非公募慈善组织、爱心企业、民办非企业、社会团体等进行平台注册，其中 2018 年新增注册 1615 家。① 由于根据《慈善法》的规定，"不具有公开募捐资格的组织或者个人，不能公开募捐"，所以需要公募机构接收善款，与非公募组织和个人合作，开展公益项目。具体的模式是个人和非公募机构提交众筹项目后，由具备资格的公募机构对项目进行审核并认领符合条件的项目，由其接受筹得的资金；在募款完成后，项目发起方与公募机构签订项目协议，然后公募机构将款项划拨给个人或非公募机构。同时，公募机构本身也可以发起众筹项目向公众募款，由自身接收善款并执行项目。在出资方方面，可以分为个人和企业两类，个人可以通过月捐、乐捐等不同的产品形式参与捐赠，除了钱款捐赠以外，还可以通过运动捐步、全民爱公益等小程序捐赠行走步数、游戏积分；企业则通过直接向项目捐款或配捐等方式参与公益项目。

## 二、公益众筹平台的作用

在公益众筹项目过程中，轻松筹和腾讯公益两个平台在各个环节中发挥的作用也不一样。本节将公益众筹项目划分为项目发起、审核、募款、拨款、执

① 腾讯公益网络捐赠平台 2018 年全年运营报告.［检索时间：2019.06.01］. https://mp. weixin. qq. com/s/igoc0g209jqyMZqXvT1kNQ.

行五个环节，探讨各环节中众筹平台发挥的作用。

在项目发起环节，轻松筹要求筹资方按照平台要求提供真实、详尽及合法的求助人和发起人的信息、亲属关系证明等，同时从项目发起环节起平台就会提供全程1V1客服指导，帮助筹资方解决问题。腾讯公益对于新进入平台的筹资方，要求个人筹资方进行实名认证，公募机构和非公募机构则要经过5个工作日的注册审核，才能够在平台上提交项目申请，同时要求筹资方在提交项目申请时按照平台要求提供相关材料。

在审核环节，轻松筹平台参与程度更深。轻松筹平台组建了专门的审核团队对筹资方的信息材料进行审核，工作人员会要求筹资方提供必需的证明材料，同时如果平台收到权利人主张上传内容侵权的通知，平台会进行判断并进行删除、屏蔽或断开链接等措施。与之相比，腾讯公益并不直接参与对众筹项目申请的审核，非公募机构或个人机构发布的项目由公募机构审核项目真实性、项目设计和可执行性等后，确认是否支持，腾讯公益相当于只提供了一个供筹资方发起项目并寻求公募机构支持的平台。

在募款环节，轻松筹和腾讯公益都具有相似的中介作用，将筹资方提交的项目信息在平台上提供给出资方，并为众筹项目信息在社交网络中传播提供媒介。此外，平台还要求筹资方在平台上更新项目进度等信息，供出资了解众筹项目的最新进展。轻松筹平台向出资方提供的项目信息内容包括项目详情、资料证明(患者证明、诊断证明、收款人证明等资料，同时还有家庭经济、房产、车辆、保险状况等新增补充说明，以及发起人承诺书)、与患者具有社会关系或亲属关系的个人对项目情况是否属实的实名证明、项目进度(患者状况)、筹款记录与进度。同时轻松筹平台还会对个人求助项目受到的举报或投诉启动投诉处理机制，根据调查审核情况对项目进行处理。而腾讯公益平台提供的项目信息相比来说更加详细，以"免费午餐小善大爱"项目为例，平台展示了个人捐赠与企业配捐的金额、项目介绍、项目发起方/执行方和接受善款的公益机构的信息、财务披露信息，其中财务披露信息包括社会总募款金额、善款支出金额(管理费用、项目执行成本、项目直接支出三类)、项目支出明细，并展示财务披露频次。募款环节涉及项目透明度建设这一关键，轻松筹平台通过"阳光链"加强项目管理，这将在后面的部分详细讨论，而腾讯公益平台则通过透明度建设组件披露各项目的募捐金额、支出数据与对应的财务明细报告、项目阶段性执行报告等，同时对应该披露的内容和频次做出了明确的规定，以供出资方及时获取项目进展相关信息。此外，腾讯公益还通过建立爱心成长体系，以爱心积分的方式回报出资方，以激励用户持续参与公益项目。

在拨款环节上，轻松筹与腾讯公益两个平台的角色有很大的差异。轻松筹平台作为钱款从出资方流向筹资方的中介，捐款款项会从出资人的银行账户或支付账户中划拨至平台账户，再由筹资方向平台申请提现。筹资方提现前平台还会审核项目内容，审核未通过前不得提现，在对求助事项审核结束后，平台根据审核结果进行资金划拨，划拨到求助人或发起人指定的收款账户。而腾讯公益平台则体现出纯信息中介的特征，出资方捐赠的善款直接存入负责接收善款的公募机构账户，钱款流动不涉及众筹平台。如果是个人或非公募机构的项目，在募款完成后，执行方须填写由所支持的公募机构提供的项目协议，公募机构在收到执行方寄回的项目协议后，在其公示的时间内向发起方拨款。

在执行环节上，腾讯公益要求项目完成募款后，由项目执行方按照公示的项目方案进行执行，并及时更新项目进展；项目执行结束后，由发起方、执行方和公募机构负责提供项目结项报告，面对所有爱心用户反馈款项使用细节和执行结果，进行结项汇报，一次性补充披露财务信息（包括募捐收入、花费金额、财务明细报告），接受所有爱心用户的监督。而轻松筹平台相对而言对执行信息披露的强制性要求更少，且规范性更弱。

## 三、众筹项目的传播途径

在公益众筹中，互联网平台最关键的作用体现在帮助众筹项目及其背后的筹资方与出资方实现匹配，以减少线下筹款寻找出资方与扩大影响范围的难度。因此，本节还从平台如何推动公益众筹项目与出资方的匹配这一方面对比轻松筹与腾讯公益的运作模式。轻松筹众筹项目的扩展对以微信为代表的社交网络依赖程度很高，而腾讯公益平台也充分利用微信、QQ 等社交网络平台的优势助力公益众筹，但两者利用社交网络的方向存在差异。

轻松筹平台具有强社交属性，基于微信尤其是微信群和朋友圈，以熟人社交推动众筹项目传播给出资方，充分利用社交链的作用。基于熟人社交的众筹模式一方面能够减少潜在出资方对众筹项目信息真实性的怀疑，并通过社会关系增强出资方的捐赠倾向，另一方面依靠社交加强对项目信息的审核，如举报功能的设置，可以通过对筹资方有了解的人帮助平台审核项目信息。

腾讯公益对其自身具有的社交网络优势的利用则更多体现在扩大项目传播范围、增加用户入口等方面，致力于将公益融入用户的日常生活。比如借助微信运动、QQ 运动的大平台流量，推出捐赠行走步数、游戏积分等行为公益项目；微信钱包中可直接点击"腾讯公益"板块，了解众多公益项目；还有与腾讯其他产品的结合，如微信的"为盲胞读书"、QQ 邮箱的"暖灯行动"、手机QQ 的"全城助力"等，实现腾讯内部的联动效应。① 同时腾讯公益也基于社交属性利用信任与连接这两个公益众筹的关键，推出"一起捐"功能，依托亲缘、地缘等社群优势，也借助微信分享的社交链传播公益项目。

## 第五节　区块链技术应用对比

随着网络的普及，慈善事业也逐渐步入互联网时代，热心群众可以随时随地获取救助信息，挑选救助对象，便捷地完成捐款，以献出自己的爱心。互联网使得公益众筹项目信息传播迅速、筹款周期变短、受众群体增加，但是同时，社会对于互联网公益众筹的监管也提出了更高要求。

信息公开透明是网络慈善事业的关键。2019 年 1 月 22 日，国家网信办在《"爱在指尖"规范透明 网络公益让爱放心传递》指出，大数据、区块链等技术的进一步推广应用，让公益机构建立起端到端、全过程、可执行、可监控、可评估的公益解决体系，使公益捐赠全流程透明度最大化，让每一份捐赠真实可查，从技术上让每个公益组织和项目实现在线化、数据化、透明化，继而重建公益指标。②

区块链技术在公益领域的应用，使公益行业的透明公开程度产生了质的飞跃。区块链作为一个分布式账本，具有分布式、信息溯源且不可篡改等特点，大大加强了公益众筹领域的公信力和透明度，给公益众筹带来了新的发展。

---

① 腾讯公益网络捐赠平台 2018 年全年运营报告 .［检索时间：2019.06.01］.https：//mp. weixin. qq. com/s/igoc0g209jqyMZqXvT1kNQ.

② 张磊磊(2019). 网信办：区块链可使公益捐赠全流程更透明 . 金融科技时代, 2,89-91.

## 一、区块链技术在公益众筹平台上的作用

### (一)运行效率和交易性能提高

互联网的加入，使公益众筹平台的捐款数额得到持续且较快速度地增加，越来越多的用户会选择互联网的方式进行资金筹集和捐助，这给公益众筹平台的计算效率带来了挑战。区块链是一个分布式共享账本，可以同时通过无数个节点进行信息的录入和传递，并且这些节点会按照公益众筹平台预设的运行规范和协议进行信息的生成和更新，在保证信息和数据畅通的同时，运行效率和交易性能也得到显著地提升。

公益众筹平台、筹资方和募捐方在同一个智能合约下，可以简化公益项目的执行流程，比如善款的筹集和发放，善款流通的记录等，节省了监管成本，缩短了审查流程，使项目的发起和实施的效率得到显著的提升。

### (二)建立各方信用关系

捐赠过程中可能会出现受捐方的骗捐问题和捐赠方的诈捐问题，前者通过伪造个人信息、身体状况、家庭情况等，骗取捐赠方的捐赠；后者则利用善款流通的不透明性以较小的成本骗取社会的称赞或者关注，但不捐赠或者少捐赠。区块链技术信息不可篡改的特点可以避免这一情形发生。

首先，通过身份认证信息系统验证受捐方和捐赠方的真实身份，永久记录且不可篡改。如果发现某方的个人信息等有造假的情况，这个情况将永久记录在这一方身上，拉入黑名单，此方将不能合法参与公益众筹的任何环节。区块链技术的这一特性，使得信息的造假面临巨大的信用风险和压力，从而将诈骗者排除在链之外，使资金流向更需要帮助的人。

### (三)分布式建立公开透明可追溯的系统

区块链上所有节点的信息都是对全链其他节点开放的，随时可以对每一笔捐助进行查询和追溯。在区块链上，用户可以查询每一位受捐者的个人信息、受捐进度、健康状况、钱款使用情况等以及每一位捐助者的捐赠次数、捐赠额度、善款流向等。

如果公益众筹平台有一个明确的智能合约，区块链技术将捐赠的各个流程

全部记录上链，利用区块链的分布式、信息溯源且不可篡改等特点，可以有效减少捐赠款项的用途和去处不明的情况，降低纠纷和提高效率。

## 二、轻松筹的区块链应用——阳光链

### (一)阳光链简介

阳光链的全称是阳光公益联盟链，这是轻松筹首次将区块链运用到中国公益众筹领域。阳光链通过无数个节点使得各方的信息永久记录且不可篡改，受捐方可以按照公益众筹平台的要求进行资金的筹集，且在筹资完成后需要说明钱款的流向，捐赠方可以通过阳光链上的信息随时查询善款流向。

由图6.5可知，阳光链本质上是项目实施人、项目发起人、捐赠人和公益众筹平台的联盟链，只针对加入阳光链的群体，成为节点需要满足一定的要求，并且是只有部分节点可以用来记账，别的节点起查询作用但是不能记账。阳光联盟链的节点为项目实施人(公益组织、医院和合作单位)及轻松筹平台，项目发起人和捐赠人并不参与记账，这和普通公众认知里的区块链技术有一点出入。阳光链上主要存储的是资金的使用情况，需要项目发起人在上面进行资金使用情况公示，然后捐赠人能够通过阳光链查询到资金的流向，进行善款溯源。

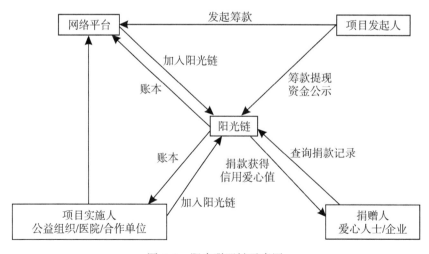

图6.5　阳光联盟链示意图

### (二)阳光链的优势

基于区块链技术的特点,阳光链主要有以下四点优势:

(1)阳光联盟链通过区块链技术有效地提高了运行效率和交易性能,在出现大病求助时可以实现向所有接入节点发送信息的功能。

(2)项目发起人筹款对象多样化,项目发起人通过项目发起,向所有节点发送项目信息,能够利用轻松筹平台迅速完成筹款,效率远高于传统的、单一的筹款方式。

(3)项目完成后,项目发起人必须按要求在阳光链上公示善款的使用情况,轻松筹平台和公益组织参与记账,每一笔善款都有迹可循。因为信息无法篡改,善款流向具有较高的透明度,更容易获得社会大众的信任,降低骗捐的风险。

(4)捐赠人也能在阳光链上查询捐款记录,并通过捐款获得信用爱心值,未捐赠人获得捐款的激励,捐赠人获得继续捐款的激励。

### (三)阳光链的缺陷

根据阳光链各方参与度来看,阳光链依然存在着一些难以解决的问题。虽然阳光链是一个区块链,能够监督阳光链上每一笔善款的流向,具有较高的透明度,但是区块链技术的本身是没有解决最开始上链信息的真假的,所以登记进区块链的善款流向等信息的公示有造假的可能。

阳光链可在一定程度上降低骗捐和诈捐风险,但是却是无法根除的。究其根本原因,还是输入信息的人的问题。

## 三、腾讯公益的区块链应用——公益寻人链

### (一)公益寻人链简介

公益寻人链是腾讯将区块链技术应用到寻人领域的产物。腾讯通过区块链技术将不同的公益平台连接起来,建立寻人信息的分布式共享账本,实现寻人信息在多个平台同时发布,打破了各大平台的信息壁垒,见图6.6。

传统意义上的寻人启事需要在不同的寻人平台逐一进行信息登记审核,需

图 6.6  公益寻人链示意图①

要花费大量的时间成本。公益寻人链建立后，在链中的所有寻人平台可以同步寻人信息，实现多平台寻人信息的实时更新。公益寻人链通过区块链技术将有效的寻人信息发布渠道连接起来，降低了信息成本，由独立运营变为多点联动，实现 1+1>2 的效果，提高了寻人信息的流通效率。

**（二）公益寻人链的优势**

基于区块链技术的特点，公益寻人链主要有以下三点优势：

1. 寻人的家长只需在公益寻人链中的任一寻人平台发布寻人信息，各个公益平台之间就能互相连接，实时寻人信息的同步，节省了大部分花在信息登记、审核上的时间。

2. 当孩子被找到后，找回信息会实时同步到"公益寻人链"的各大寻人平台，相应的信息位也可以马上更替新的寻人信息，避免了社会公益资源的浪费，提高了社会公益资源的有效利用率。

3. 一个公益平台的加入，可以实现信息效率成倍的增长，可以在第一时

---

① 腾讯公益用十年时间，画出寻找失踪儿童的中国样本. ［检索时间：2019.06.01］. http：//tech. chinadaily. com. cn/a/201905/16/WS5cdcc256a310e7f8b157cfaa. html.

间让更多的人来帮助寻找孩子。

### (三)公益寻人链的现有缺陷

公益寻人链是一种不完全的区块链，其信息共享只体现在公益平台之间，寻人者和社会公益资源在链中的存在感较低，社会公众对寻人平台的审核标准和寻人效率的监督不存在激励。另外，在公益平台之间实现信息共享的同时，各家平台仍然能够保持各自数据的独立性和筛选审核的自主性，这势必会降低寻人平台的审核标准，一定程度上造成社会公益资源的浪费。

# 第六节　本　章　小　结

## 一、公益众筹的优势

对比传统的公益形式，公益众筹的优势使得这一新兴事物具有良好的发展前景。

### (一)项目多样，更具吸引力

对比传统的公益形式，公益众筹不再限于由单位、慈善机构这样的组织发起，扩展到了有创意、爱好公益的社会公众，每个人都可以提出自己的想法，描述想法的可行性，并在大家的资助下付诸实践。发起项目门槛的降低使得公益慈善项目更加平民化，也更能发掘出一些大机构注意不到却亟待解决的项目。这样的变化使得项目更新颖、内容更丰富，公众也可以根据自己的喜好进行选择。

### (二)程序透明，关注度更高

过去对于民众而言，我国的公益慈善往往就是将钱投入募捐箱，之后的流程大多数人就不得而知，这样的形式下公众往往没有捐款的积极性。而公益众筹在执行过程中，支持者们可以看到活动的具体进程，了解资金的走向。透明化的流程让人感觉到不同于传统捐款的独特体验与帮助他人的成就感、幸福感，比起单纯地募捐显得更有纪念意义。长此以往，这会吸引更多的人参与，关注度更广，导致很多之前靠慈善机构无法实现的项目在公益众筹的帮助下被提上日程。

### (三) 效率高，项目进展更迅速

众筹的规定时间往往是一个月甚至更短，在这样短的时间内，高效的宣传与资金的筹集显得十分可贵。高效的特点使得资金筹集更有意义，对于项目经费的估值也更加合理。大多数人更倾向于短期内能够看到成效的投资方式，其中比较突出的例子是 2014 年在众筹网上仅一个月就成功募集了 32 万资金的《革命金融展》主题展览。这个展览通过公益众筹，受到金融界专业人士的支持，也吸引了不少社会公众参与，成功展现了公益众筹的优势与深刻意义。

### 二、公益众筹的不足

公益众筹的快速发展是国内经济增长带来的崭新成果，互联网金融的引进促进了其飞速兴旺。但是对比国外较为健康完善的公益众筹，在国内公益众筹因为刚刚兴起而带来的繁荣现象背后，还存在着诸多的问题，必须及早加以引导。

尽管公益众筹在我国发展势头良好，成功的例子也层出不穷，但是不难发现，各种问题还是时有出现的。对比国外，国内的公益众筹显得规模较小，底气不足。这些限制公益众筹进一步发展的问题亟待解决，大体可归集以下三点：

### (一) 法律方面的缺失

2012 年 4 月 5 日，美国总统奥巴马签订正式签署 JOBS(Jumpstart Our Business Startups Act)法案，其中的第三部分对众筹融资模式做出了规定，这对于美国众筹融资的发展具有重要的意义。我国 2014 年 12 月 18 日公布了《私募股权众筹融资管理办法(试行)(征求意见稿)》，对于股权众筹做出了一定的规范，大大完善了股权众筹的审核与信息披露，但国内股权众筹仍面临着与诸多法律相冲突的严峻现状。例如根据我国《合伙企业法》规定，合伙企业不能向社会募集股份；根据《公司法》规定，有限责任公司由五十个以下股东出资设立，这种要求与众筹广泛募集的特点不相适应；而刑法中规定的关于非法集资的内容也与众筹有所关联。截至 2019 年 6 月 1 日，试行的规定还处于摸索阶段，难以使人心悦诚服，而公益众筹是否会涉及非法集资，发起人辨识平台运营是否合法显得尤为重要。至于募捐形式的公益众筹，相对而言可能涉及的法律问题就是发起者会否以公益为幌子集资，涉及诈骗等刑事问题。

### (二) 监管不足

截至 2019 年 6 月 1 日，公益众筹中，发起人和平台这两个关键的角色都处于零监管的状态。在这样的情况下，支持者难免会产生疑虑。而缺乏监管导致的漏洞显然给了不法分子很大的可乘之机，最大程度的透明化还有待实现。因此公益众筹面临着规范化的问题，究竟是政府接手具体的监督管辖还是靠社会公众或是媒体舆论来监督，仍然值得考量。监管主要应考虑三个方面。首先，关于资金调度的监管，公益众筹中的资金调动是经平台直接转给发起人或应当经专人审核甚至代为保管更为稳妥呢？其次，截至 2019 年 6 月 1 日，国内新注册的网络融资平台犹如雨后春笋，但往往又是昙花一现。最后，项目的具体实施情况、公益资金的落实，都是通过图片、视频等形式展示给支持者的，具体的流程缺乏监控。

### (三) 项目设计的问题

公益众筹拼的不仅仅是善心和问题的紧急，更有项目的吸引力。越是引人瞩目的设计，成功率就越高，好的故事和方案会为项目增加成功的筹码。然而国内项目的设计开展相对单一，没有好的设计来吸引眼球是制约发展的因素之一。此外，国内公益众筹发展也受到其他一些因素的影响，比如国内慈善公益近些年来不断曝出的负面消息，就使得很多人越发不信任国内的公益行动。国内的经济水平依旧比较低下，人们刚刚开始将视线转移到这类自主发起的公益行为上，尚处于试水阶段。

第七章

网络互助的运营模式与风险分析

网络互助可以被视为原始保险形态与互联网的一种结合。网络互助会员能够利用互联网的便利性，通过特定协议承诺承担彼此的风险与损失。本章以水滴互助为例，先对新兴并不断发展的网络互助行业进行介绍和分析，然后分析网络互助的运营模式，对比水滴互助与其余网络互助的差别、网络互助行业与传统的保险行业的差别，以及网络互助模式的亮点与不足之处，最后对网络互助的未来发展做展望。

## 第一节　网络互助行业概况

### 一、网络互助简介

网络互助是原始保险形态与互联网的一种结合。面临同样风险、具有共同要求的人利用互联网的信息撮合功能，自愿组织起来成为会员，通过协议，在特定的网络平台上预先交付风险补偿金。风险事件发生后，会员共同分担风险损失。例如，一家网络互助平台吸纳了 300 万会员，每个会员在平台上预存了 10 块钱，此时平台的资金池中就有了累计 3000 万元的互助金额，当其中一个会员患病了需要 30 万元救助时，通过线上线下的审核后，平台便会从每个会员的账户中扣除 1 角钱，达到互助目的。

### 二、网络互助发展历程

在 2011 年成立的抗癌公社迈出了中国网络互助实践的第一步，此后三年也仅有这一家公司在互助领域发展。

2014 年，e 互助的成立重新让这一领域进入大众视野。

2016 年，各方资本进入网络互助领域，国内涌现大量的网络互助平台，原有的互助平台也获得大量融资，会员人数和互助案例迅速增加。

2016 年年底，中国保险监督管理委员会开始加大对互助平台的整治监管。

2017 年年初，保监会发布《关于开展以网络互助计划形式非法从事保险业务专项整治工作的通知》，此后 75 家知名的平台中有 12 家停止运营，三分之一的互助平台因保监会的严厉监管而宣布关停。

截至 2019 年 6 月 1 日，国内仅剩下水滴互助、轻松互助、量子公社以及康爱公社等十几家网络互助平台。

截至 2019 年 6 月 1 日，国内违法违规、规模过小以及技术不成熟的网络互助平台基本退出市场，网络互助正在逐渐形成几大平台良性竞争的市场环境，而且这些网络互助平台的基本框架大体相同，仅在互助产品的定制方式、资金存管、资金划拨以及会员收费等具体细节上存在差异。

# 第二节　水滴互助概况

本节以水滴互助为例来介绍中国网络互助行业的发展状况。

## 一、水滴互助简介

水滴互助是由北京纵情向前科技有限公司（水滴公司）开发的一个网络互帮互助社群。在该社群里，所有会员一起互帮互助，共同抵御癌症和意外等风险。水滴公司旗下共有三款产品——水滴互助、水滴筹和水滴保。

水滴互助于 2016 年 5 月由水滴公司创立，并获得来自 IDG 资本、高榕资本、腾讯、美团、点亮投资、真格基金的 5000 万元天使轮融资。

2017 年 8 月，获得 1.6 亿元 A 轮融资。

2019 年 3 月，完成 B 轮融资，总融资金额近 5 亿元人民币。

截至 2019 年 6 月 1 日，该平台运营有少儿健康、中青年抗癌、中老年抗癌、综合意外、大爱等五项普通互助计划，以及一项会员专享百万终身抗癌互助计划。其中，少儿健康互助计划是针对出生后 28 天—17 周岁未成年人的白血病、癌症等八十种大病；中青年抗癌计划针对 18—50 周岁和 51—65 周岁用户的胃癌、肝癌等各种癌症；中老年抗癌计划分别针对 51—65 周岁用户的胃癌、肝癌等各种癌症；综合意外互助计划针对 1—65 周岁用户的意外身故和意外伤残。以上四项互助均要求用户身体健康，并通过 180 天的等待期，前两项互助计划最多获得 30 万互助金，后两项则为 10 万。另外，大爱互助是针对首次患癌的已患病人群，最高获捐 10 万元；会员专享百万终身抗癌计划则是针对 28 天—50 周岁用户的癌症，最高互助金额为 150 万。

截至 2019 年 6 月 1 日，水滴互助已经拥有会员数79433300人，已划拨互助余额542410476元，已完成互助人次2832人，累计剩余互助金531178925元。①

## 二、水滴互助商业模式

2016年，保监会曾发文称网络互助平台并不具备保险经营资质及相应风险控制能力，其资金风险、道德风险和经营风险难以管控，对于非法或变相从事保险业务的平台将予以查处。② 而打开水滴互助的网站，页面上明显写着水滴互助不是保险，而是会员之间互帮互助的公益社群。③

为了实现由公益向商业的有效转化，有效开展保险分销业务，2016年9月底，水滴互助收购保多多保险经纪公司，并完成工商变更，并于2017年5月，取得了保险经纪牌照，并开发了水滴公司旗下另一款产品——水滴保。水滴保作为水滴平台下属的保险特卖平台，是水滴公司与中国平安、泰康在线、众安保险等多家保险公司合作的一款保险分销产品，通过在水滴互助和水滴筹等应用场景中推广水滴保险业务，水滴公司可以从中收取一定的利差进而实现商业化。

关于水滴公司的商业模式，水滴公司创始人沈鹏称之为"天平模式"——一端公益，一端商业。在公司的产品线中，一端是水滴互助、水滴筹这两条公益产品线，另一端是水滴保、水滴健康等商业产品线。尽管水滴保和水滴筹都不收取任何手续费和服务费，但是水滴保和水滴健康等产品都是市场价，有20%—40%的利润空间。通过借助水滴互助和水滴筹等公益产品的传播路径和应用场景，来分销水滴保险和水滴健康等商业产品。

## 三、水滴互助互助模式

水滴互助的基本模式是：会员以较低的费用门槛申请加入互助计划，通过等待期后正式获得互助资格。互助会员拥有的权利是，当其符合互助条件时，可以向水滴平台申请互助款项。水滴互助委托第三方专业评估机构核实事件真

---

① 水滴互助官网．［检索时间：2019.06.01］．https：//www. shuidihuzhu. com/? channel = sdhzbdss_pc.

② 保监会有关部门负责人就网络互助平台有关问题答记者问．［检索时间：2019.06.01］. http：//bxjg. circ. gov. cn/web/site0/tab5207/info4048925. htm.

③ 水滴互助官网．［检索时间：2019.06.01］．https：//www. shuidihuzhu. com/? channel = sdhzbdss_pc.

实性，并向全平台公示。公示无异议后，互助金划拨至申请人的个人账户。会员义务则是，当产生互助款划拨时，互助平台将会向每个会员账户平摊互助款。会员需要保持账户余额不低于 1 元以保持互助资格。此外，会员也可以灵活退出计划。

在资金管理方面，平台方聚集的资金则全部存入广发银行的北京水滴汇聚公益基金会账户。相应账户的资金，包括其产生的利息，全部用于相应计划的救助、因救助产生的相关费用和必要的第三方服务费用。

## 第三节　我国网络互助平台的对比

本节选取主要研究对象水滴互助平台和网络互助行业内成立最早的康爱公社（原"抗癌公社"）、规模仅次于水滴互助的 e 互助以及与水滴互助同期上线的轻松互助四大网络互助平台进行平台基本情况与互助模式的比较分析。

### 一、网络互助平台基本情况比较分析

四大网络互助平台基本情况对比包括成立（上线）时间、所属公司、用户规模、累计互助人数、累计互助金额、平均受助金额和互助计划数等，对比情况如表 7.1 所示：

表 7.1　　截至 2019 年 6 月 1 日四大网络互助平台基本情况（自制）[①]

| 互助平台 | 成立（上线）时间 | 所属公司 | 用户规模（人） | 累计互助人数（人） | 累计互助金额（元） | 平均受助金额（元） | 互助计划数或社群数（个） |
|---|---|---|---|---|---|---|---|
| 水滴互助 | 2016 年 5 月 | 北京纵情向前科技有限公司 | 超过 7900 万 | 2832 | 5.4 亿 | 19.1 万 | 6 |
| 轻松互助 | 2016 年 4 月 | 北京轻松筹网络科技有限公司 | 超过 6000 万 | 1306 | 2.7 亿 | 20.6 万 | 5 |

① 数据来源：各互助平台的微信公众号。另注：轻松互助用户规模无法获得实时数据，官方网站公布的数据为截至 2018 年 12 月的数据；其他平台数据均为截至 2019 年 6 月 1 日官方实时公布的数据。

续表

| 互助平台 | 成立(上线)时间 | 所属公司 | 用户规模（人） | 累计互助人数（人） | 累计互助金额（元） | 平均受助金额（元） | 互助计划数或社群数（个） |
|---|---|---|---|---|---|---|---|
| e互助 | 2014年7月 | 深圳点燎信息科技有限公司 | 超过341万 | 2491 | 4.2亿 | 16.9万 | 4 |
| 康爱公社 | 2011年5月 | 上海众保网络科技有限公司 | 超过193万 | 601 | 0.70亿 | 11.6万 | 23 |

可以看到，截至2019年6月1日，其中最晚成立的水滴互助的用户总数最高，已经超过7900万成员，轻松互助次之，前两者与e互助和康爱公社之间的规模有数量级的差别。在累计互助人数方面也是水滴互助案例最多，e互助居于第二，轻松互助位于第三，康爱公社最少。在累计互助金额方面亦是如此(同互助人数)。粗略计算受助者平均获助金额，轻松互助最高，约为20.6万元，而后依次是水滴互助、e互助和康爱公社。在互助计划方面，水滴互助、轻松互助和e互助计划类型相似，数目接近，康爱公社互助计划类型较多，划分较为详细，覆盖范围较广。

## 二、四大网络互助平台互助模式比较分析

我们主要从四大网络互助平台加入条件、互助流程、退出机制、资金托管、案件审核、推广依托平台、互助计划和公示信息等方面进行对比分析，如下表所示。

表7.2    截至2019年6月1日四大网络互助平台互助模式对比（自制）

| 互助平台 | 水滴互助 | 轻松互助 | e互助 | 康爱公社 |
|---|---|---|---|---|
| 加入条件 | 预存9元或10元加入计划，等待期180天 | 预存10元，等待期为180天和360天 | 预存30元，等待期为180天 | 无需预存互助金，等待期为365天 |
| 互助流程 | 提供资料，申请互助→平台和第三方机构审核→互助事件公示→银行或基金会划款 | | | |

续表

| 互助平台 | 水滴互助 | 轻松互助 | e 互助 | 康爱公社 |
|---|---|---|---|---|
| 退出机制 | 会员可自愿退出互助计划，账户余额扣除管理费/手续费后返还；用户账户余额低于规定金额或不足参与均摊，暂时失去会员资格，限定时间内充值重获受助资格；会员违反或不接受规则，被视为退出互助 | | | |
| 资金托管 | 未使用的互助金交由第三方机构(基金会/银行)独立管理 | | | |
| 案件审核 | 平台初步审核+第三方机构审核(+专家审定) | | | |
| 推广依托平台 | 微信公众号、官方网站、APP | | 微信公众号、官方网站 | |
| 互助计划 | 大病互助(少儿、中青年、老年)+意外互助+轻疾互助+百万大病互助 | | 大病互助+意外互助 | 23 个互助社 |
| 信息公示 | ①日常实时数据<br>②互助事件<br>③划款公示<br>④资金公示 | ①日常实时数据<br>②互助事件<br>③划款公示 | ①日常实时数据<br>②互助事件<br>③季度运营报告 | ①日常实时数据<br>②互助事件<br>③汇款公示<br>④运营报告 |

　　总体而言，四大网络互助平台的互助框架从加入条件到信息公示等方面都大同小异，不存在本质区别。同期上线的水滴互助和轻松互助具有更多共同点，康爱公社互助社群的细分化和个体化可能代表着未来网络互助发展的重要方向。

## 第四节　以水滴互助为代表的网络互助与传统相互保险对比

　　根据 2015 年中国保监会《相互保险组织监管试行办法》对相互保险的定义：相互保险是具有同质风险保障需求的单位或个人，通过订立合同成为会员，并交纳保费形成互助基金，由该基金对合同约定的事故发生所造成的损失承担赔偿责任，或者当被保险人死亡、伤残、疾病或者达到合同约定的年龄、期限等条件时承担给付保证金责任的保险活动。

　　网络互助源于原始保险形态与互联网的结合，与相互保险一样都具有"会员互帮互助"的性质，因此两者具有相似性，但网络互助平台在产品性质、业务模式、会员权利、定价方式与兑付刚性、资金所有权和管理模式以及商业盈利模式等方面与相互保险存在着差异，下面就这些差异进行分析。

## 一、产品性质

相互保险作为保险的一种特殊类型，具有保险的一些特性，主要形式包括相互保险社、保险合作社、交互保险社和相互保险公司等，其中相互保险公司最为成熟。相互保险的商业性特征明显，而网络互助平台更像是会员之间互帮互助的公益社群，互助计划具有非营利的特点，以公益为基本属性。

## 二、业务模式

在业务模式上，相互保险公司的相互保险业务模式为投保人先缴纳保费或者是购买相关保险产品成为公司会员，一旦出现疾病或意外，相互保险公司按照合同对投保人进行赔付，而且相互保险的组织与经营较简单，主要以地区范围或职业类别来进行业务划分，通常设立专职或兼职秘书作为业务负责人，社员共担所有保险赔偿款及管理支出。水滴互助的业务模式则是用户通过预存互助金加入某项互助计划，经过审核后，获得会员资格。用户在意外事件发生后提交受助申请并通过审核公示后，基于平台订立的规则，获得来自所有参与者均摊的受助者救助金。

## 三、会员权利

根据《相互保险组织监管试行办法》第 15 条规定，相互保险会员具有以下权利：参与会员代表大会并享有表决权、选举权、被选举权和参与组织民主管理的权利，按照章程规定和会员(代表)大会决议分享盈余的权利，按照合同约定享受组织提供的保险及相关服务的权利，对组织工作的批评建议权及监督权，查阅组织章程、会员(代表)大会记录、董(理)事会决议、监事会决议、财务会计报告和会计账簿的权利等。根据几大互助平台的会员公约，网络互助平台会员享有以下权利：浏览互助平台公布的互助计划及平台活动信息的权利，参与平台发起的各种互助计划或平台活动的权利，申请退出本人加入或代加入的互助计划的权利，了解与质疑互助事件真实性的权利，对互助计划的批评权、建议权和监督权等。总体而言，网络互助会员参与组织管理和内部决议的权利小于相互保险会员，而且不具备获取盈余的权利，但网络互助会员具有随时退出互助计划和互助平台的自由。

## 四、定价方式与兑付刚性

相互保险的定价方式是基于精算的前付费方式，其在事件发生后进行理赔的方式和传统保险没有差别，而网络互助平台各项互助计划的定价方式是在事件发生后基于事件的审核和统计上的后付费方式，更多依靠参与者的人数分摊风险，在风险划分上与相互保险存在差异。① 此外，互助平台设立了不同的互助计划，针对不同年龄和重症类型，互助金额有一定差别，反映不同人群面临的风险，但对于同一类别中的不同会员可能存在具体不同的风险，平台在互助金额方面并没有明确的技术性核算方法，整体定价方式较为粗糙。

相应的两者的兑付刚性自然也存在差异：相互保险中投保人拥有稳定的保险预期，而水滴互助则没有。互助会员不能通过交纳更多互助金获得更多保障，每位互助会员获得未来支付和保障的权益也不确定。

## 五、资金所有权与管理模式

在相互保险中，投保人通常需要根据订立的合同定期缴纳足额保费形成互助基金，当保险事故发生后由该基金进行赔付。在合同规定保险期间内，会员不能单方面退出相互保险计划并取回保费，除非发生合同约定的特殊情况。可见，在会员缴纳保费参与保险后，保费的所有权即由投保人转移到相互保险组织并形成了固定的资金池。此外，在资金管理方面，根据《相互保险组织监管试行办法》的规定，② 出于保障互助资金安全、降低经营风险的目的，保监会出台的相关规定对相互保险公司的投资范围作出了限制，只允许其进行低风险投资。相互保险公司的确具有使用互助资金进行一定的投资，获取收益并将该收益用于事故赔付和公司日常运营的权利，即相互保险公司可以合法合规地使用资金池中的互助资金进行投资并获益。

网络互助平台并不形成与相互保险类似的资金池，会员预存的互助金完全交给第三方(银行或基金会)进行管理，维持公司日常运营的资金并不与互助资金发生关联，因此网络互助平台并非资金的实际所有者。此外，会员可以随时退出互助计划或社群，在扣除一定管理费或手续费后可将预存的互助金取

---

① 相互保险、保险互助、互助计划有何不同．［检索时间：2019.06.01］．http：//www.xinhuanet.com//local/2017-04/27/c_129577386.htm.

② 《相互保险组织监管试行办法》第29条的规定："相互保险组织的资金应实行全托管制度。相互保险组织应在保证资金安全性的前提下，按照中国保监会有关规定进行资金运用。其中，专业性、区域性相互保险组织实行自行投资的，其资金运用限于下列形式：(一)银行存款；(二)国债及其他中国保监会认可的低风险固定收益类产品；(三)经中国保监会批准的其他形式。专业性、区域性相互保险组织委托经中国保监会认可的专业投资机构进行投资的不受上述形式限制。

回，不受限于固定的保险期间。在资金管理方面，由于互助金的所有权仍属于会员个人且会员预存的互助金交由第三方机构进行管理，公司不能使用互助资金获得投资收益，互助资金存储于银行产生的利息也只能用于后续的互助事件。因此，相互保险与网络互助在互助资金所有权和资金的管理模式上存在较为明显的差异。

## 六、商业盈利模式

相互保险公司可以依靠利差、① 费差、② 事故差、③ 退保费差④等几项差额来盈利，而水滴互助则是依靠公益产品线用户流量来分销母公司的其他商业产品（如水滴保、水滴健康等）来获取商业利润，水滴互助的盈利模式前面已有介绍，不再赘述。

# 第五节　水滴互助亮点分析

## 一、对用户而言，加入门槛低，花费低

传统商业保险一般都有着上百元的年保费门槛，而消费者仅需 9 元或 10 元就可以成为水滴互助会员，而且互助会员可以随时退出并取回余额。这大大降低了用户加入互助平台的门槛。

此外，在费用方面，与传统商业保险相比，水滴互助不赚"死差、利差、费差"。不赚"死差、费差"实现了让利给用户，进而降低了用户的均摊费用；不赚利差则保障了用户资金的安全性，使用户的资金可以随时返还给用户。截至 2019 年 6 月 1 日，平台预测，少儿健康互助计划年均需花费 30 元，中青年抗癌计划每年需花费 30 元，中老年抗癌计划每年需花费 350 元，综合意外计划每年需花费 30 元。与下表的商业保险相比，水滴互助的花费更低。⑤

---

① 保单规定利息和实际投资差额。

② 保单定价时预估的手续费管理费等支出并在此基础上预留一定利润的定价费用率与公司经营中实际支出的费用率之间的差别。

③ 赔付事件预估发生率和实际发生率差距造成的差额。

④ 寿险企业用户提前退保形成的利润。

⑤ 水滴互助官网．［检索时间：2019.06.01］．https：//www.shuidihuzhu.com/？channel＝sdhzbdss_pc.

表 7.3　　　　　　　　　**截至 2019 年 6 月 1 日各类重大疾病保险对比**[①]

| 保险品种 | 投保年龄 | 续保年龄 | 每年保费 | 重疾保额 | 重疾种类 | 轻症保额 | 轻症给付 | 轻症种类 | 等待期 |
|---|---|---|---|---|---|---|---|---|---|
| 众安成人重大疾病尊享版 | 18—45 岁 | 45 岁 | 133 | 5 万 | 40 | 5000 | 1 次 | 原位癌 | 90 天 |
| 弘康小白成人健康重疾险 | 17—40 岁 | 40 岁 | 360 | 24 万 | 65 | 6 万 | 1 次 | 15 | 90 天 |
| 太平一年期重疾保险 | 6 月—55 岁 | 55 岁 | 441 | 30 万 | 35 | — | — | — | 90 天 |
| 平安一年期重大疾病保险 | 18—50 岁 | 60 岁 | 780 | 20 万 | 30 | | | | 90 天 |
| 众安成年人重大疾病保险计划四 | 18—45 岁 | 45 岁 | 795 | 30 万 | 40 | 3 万 | 1 次 | 原位癌 | 90 天 |
| 新华 i 相依 | 30 天—60 岁 | 66 岁 | 900 | 50 万 | 40 | | | | 90 天 |
| 大都会放心派意外及重疾险 10 份 | 18—50 岁 | 65 岁 | 957 | 30 万 | 50 | 6 万 | 1 次 | 20 | 90 天 |
| 安联乐享人生个人保障计划青年版 1-2 类计划二 | 18—35 岁 | 35 岁 | 980 | 20 万 | 40 | — | — | — | 90 天 |

## 二、对互助平台而言，获客成本低，流量大

水滴互助基于互联网快速扩张的背景，通过大量的基数对风险事件做一个响应和分摊，其深谙互联网用户流量盘活逻辑，通过返现方式获客，邀请一个

----

① 44 款成人重疾保险深度对比．［检索时间：2019.06.01］．http：∥www. myzaker. com∕article∕589a9e8a1bc8e0f3740000f6∕．

好友加入可以获得 5 元互助金(仅能用户充值互助金，不能返现)奖励。其次水滴互助借助微信平台和水滴公司旗下的水滴筹等做推广，获客成本低，影响范围广，尤其影响居住在三四线城镇和乡村的居民。微信平台对于水滴筹和水滴筹自身的推广使得这些人有了更多接触水滴互助的机会，进而促使他们加入门槛较低的水滴互助。

采访中据水滴互助创始人沈鹏称，水滴互助的获客成本低至 2 元，① 而传统的保险公司获客成本在 10—15 元，相比之下水滴互助的获客成本极大减少，降低了其运营成本。截至 2019 年 6 月 1 日水滴互助已经超过 7900 万流量。这使得水滴筹公司能够在互助场景中分销保险产品，存在很大的盈利空间。

### 三、对社会而言，具有公益性和透明性

相对于传统保险，水滴互助更像是会员之间互帮互助的公益社群。客观而言，水滴互助既不是保险，也不是纯公益，而是兼具了两者的特性。

在财务管理方面，水滴互助每周会定期公示一次累计互助金额和剩余互助金额，且在给需要互助金的患者划拨互助金前，相应的患病会员资料公示，划款后有相应的资金使用情况公示。互助资金的公开透明赋予了用户对自己互助金的知情权，有助于提升平台的信任度和口碑。

## 第六节　互助平台基本情况对比及水滴互助运营能力分析

通过对多家互助平台进行对比，本节最终选择最具有代表性的四家互助平台，分别是康爱公社、轻松互助、e 助以及水滴互助。本节将对四大互助平台的基本情况分别进行横向和纵向的对比。

### 一、四大网络互助平台基本情况比较分析

本节针对四大平台的成立(上线)时间、所属公司、用户规模、累计互助人数、累计互助金额、平均受助金额，分别统计了截至 2018 年 4 月和 2019 年 4 月的两组数据，整理的结果如表 7.4、表 7.5 所示：

---

① 获客成本飙升的时代，沈鹏的"水滴互助"只需要 2 元．［检索时间：2019.06.01］．http：//www.sohu.com/a/111742710_313468.

表 7.4　　　　　　截至 2018 年 4 月四大互助平台对比 ( 自制 )

| 互助平台 | 成立(上线)时间 | 所属公司 | 用户规模（人） | 累计互助人数(人) | 累计互助金额(元) | 平均受助金额(元) |
|---|---|---|---|---|---|---|
| 水滴互助 | 2016 年 5 月 | 北京纵情向前科技有限公司 | 3556 万 | 763 | 0.93 亿 | 12.2 万 |
| 轻松互助 | 2016 年 4 月 | 北京轻松筹网络科技有限公司 | 超过 4000 万 | 728 | 1.58 亿 | 21.7 万 |
| e 互助 | 2014 年 7 月 | 深圳点燃信息科技有限公司 | 314 万 | 1059 | 1.64 亿 | 15.5 万 |
| 康爱公社 | 2011 年 5 月 | 上海众保网络科技有限公司 | 168 万 | 601 | 0.70 亿 | 11.6 万 |

表 7.5　　　　　　截至 2019 年 4 月四大互助平台对比 ( 自制 )

| 互助平台 | 成立(上线)时间 | 所属公司 | 用户规模（人） | 累计互助人数(人) | 累计互助金额(元) | 平均受助金额(元) |
|---|---|---|---|---|---|---|
| 水滴互助 | 2016 年 5 月 | 北京纵情向前科技有限公司 | 7878 万+121% | 2832+217% | 3.91 亿 | 13.8 万 |
| 轻松互助 | 2016 年 4 月 | 北京轻松筹网络科技有限公司 | 约 6000 万+50% | 2156+196% | 4.17 亿 | 19.34 万 |
| e 互助 | 2014 年 7 月 | 深圳点燃信息科技有限公司 | 345 万+9.87% | 2311+118% | 3.99 亿 | 17.29 万 |
| 康爱公社 | 2011 年 5 月 | 上海众保网络科技有限公司 | 190 万+13.1% | 1498+149% | 1.48 亿 | 9.88 万 |

　　首先进行横向对比。虽然康爱公社是最早成立的互助平台，但 2018 年的统计数据显示轻松互助以超过 4000 万的用户位居行业首位，其次是水滴互助，拥有 3556 万用户，而 e 互助和康爱公社的用户人数与水滴互助和轻松互助相差了一个数量级，用户规模明显小于前两名互助平台。从互助人数来说，e 互助累计互助人数最多，之后依次是水滴互助、轻松互助和康爱公社。e 互助救

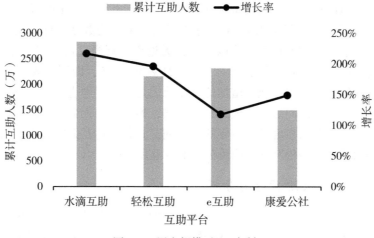

图 7.1　用户规模对比(自制)

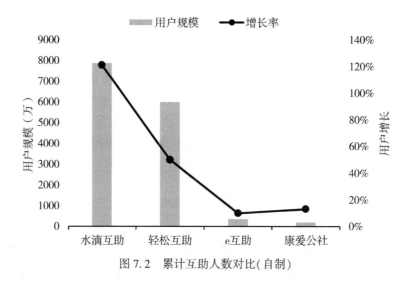

图 7.2　累计互助人数对比(自制)

助人数最多的可能原因是 e 互助成立较早，所以用户具备互助资格人数较多，康爱公社虽然成立较早，但是一方面互助平台起步运营模式不够成熟，另一方面康爱公社互助的病例跨度不及其他互助平台，针对用户少，所以累计互助人数并不太高。就互助总金额和单人互助平均金额来讲，e 互助和轻松互助都位居一、二名，水滴互助第三，康爱公社最末。e 互助和轻松互助总互助金额比较接近，但由于轻松互助累计的总互助人数较少，所以单人获得的救助额度较高。

再进行纵向对比，即比较每家互助平台在 2018 年一年中的成长。上面几个图表中不仅展示了截至 2019 年 4 月 4 家互助平台的数据统计，还在数据的下方给出了这一年的增长率。可以看出，无论用户规模，还是累计互助人数，水滴互助都居行业首位，增长率分别为 121% 和 217%，即用户规模和累计互助人数都已经翻番，用户规模增加的主要原因是水滴互助进行了大量宣传，降低了用户准入门槛，同时运营模式日趋成熟，累计互助人数快速增长的原因则是以前加入的大量用户度过了一年的等待期，具备申请互助的资格。增速紧随其后的公司依次是轻松互助、康爱公社和 e 互助。

## 二、水滴互助运营能力分析

本节首先介绍水滴互助平台为用户划分的不同互助计划，之后分析水滴互助的会员人数变化，然后考虑可能会影响水滴互助的运营能力的因素，并且将这些因素提取出来并进行简单分析，最后给出对水滴互助运营的总体评价。

### (一)互助计划介绍

不同的互助计划对应不同年龄段或者不同患病的人群，用户可以自主选择最适合自己的互助计划，截至 2019 年 4 月 18 日，水滴互助共设置了 6 个互助计划，分别是中青年抗癌计划、中老年抗癌计划、综合意外互助计划、少儿健康互助、百万终身抗癌互助计划和大爱互助计划，拥有会员 7879 万，总计为 1832 名患病会员分摊了 4.28 亿元的健康互助金。本节给出了截至 2018 年 4 月和截至 2019 年 4 月各互助计划的百分比构成，具体如表 7.6、表 7.7 所示。

表 7.6　　　　　　　**2018 年 4 月互助计划组成(自制)**

| 项目 | 中青年健康互助计划 | 少儿健康互助计划 | 中老年健康互助计划 | 综合意外互助计划 |
|---|---|---|---|---|
| 2018 年 4 月占比 | 68% | 15% | 14% | 3% |

表 7.7　　　　　　　**2019 年 4 月互助计划组成(自制)**

| 项目 | 中青年抗癌互助计划 | 少儿健康互助计划 | 中老年抗癌互助计划 | 百万终身抗癌互助计划 | 综合意外互助计划 |
|---|---|---|---|---|---|
| 2019 年 4 月占比 | 54% | 20% | 14% | 10% | 2% |

通过对比，我们可以看出少儿健康互助计划所占比例有所上升，中青年抗癌计划和中老年抗癌计划的人数比例有所下降，综合意外互助计划所占比例均很小。为了说明比例变化对水滴互助运营的影响，本节列出了水滴互助在2019年4月对于每个互助计划的支出情况，如下所示：

百万终身抗癌互助计划：共7起事件，分摊总额85万，共3 874 337人参与，人均分摊0.22元；

中青年抗癌互助计划：共53起互助事件，分摊总额885.6万，共19 855 965人参与，人均分摊0.45元；

少儿健康互助计划：共2起互助事件，分摊总额64.8万，共7 246 474人参与，人均分摊0.09元；

中老年抗癌互助计划：共32期互助事件，分摊总额279.8万，共5 048 245人参与，人均分摊0.56元。①

通过以上数据的对比，我们可以看出中青年抗癌互助计划和中老年抗癌互助计划是人均分摊最多的两个互助计划，那么2019年这两个互助计划人员比例的下降有利于减少互助资金的开支，但必须强调的是，这里只是互助计划百分比的改变，但实际上互助总人数的增加会对互助开销的增加具有更强的促进作用，也是下面要研究的主要问题。

### (二)互助人数及互助资金

通过数据的收集，本节将水滴互助从2017年2月至2019年1月互助人数的变化以及互助资金的变化统计如图7.3所示。图中表示的是互助人数和互助资金池随时间的变化，可以看出加入互助计划的总人数和互助资金池都在稳步的提高，但是互助资金池在2018年6月之后增长速度明显放缓，反观加入互助计划的人数增长并没有出现这种减缓趋势。根据前面对水滴业务的介绍，随着加入人数的增长，如果互助支出没有增加的情况下，资金池应该随总的会员人数成比例的增长，所以面对图中互助人数与互助资金池增长速度不一致的情况，我们猜想是因为在2018年6月之后，互助资金的支出明显增多导致的。为了检测这一猜想，我们统计出了水滴互助自2017年1月至2019年4月每一期资助的人数以及支出的资金情况，如图7.4所示。

①　水滴互助公示．[检索时间：2019.06.01]．https：//www.shuidihuzhu.com/notice/helpNotice/history? channel=wx_h5_menu.

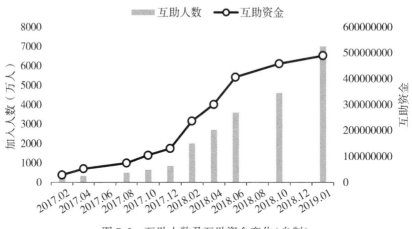

图 7.3　互助人数及互助资金变化(自制)

通过互助人数和互助金额支出可以看出，2018 年 6 月之后，每期的互助人数和互助资金支出都有明显地上涨，尤其是进入 2019 年之后，每一期的互助支出就能够达到 2500—5000 万，而资金池的总数额约 5 亿左右，这种程度的支出势必会导致资金池分摊到每个用户的金额减少。

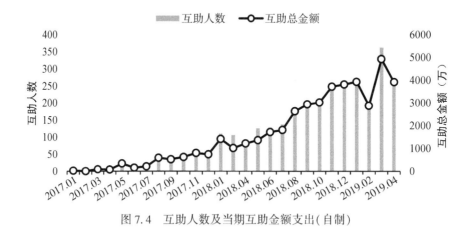

图 7.4　互助人数及当期互助金额支出(自制)

### (三) 用户组成

在介绍水滴互助的业务时已经说明，当用户最开始加入互助计划时，只有互助其他人的义务，但没有申请互助的权利，这是在一定程度上防止逆向选择的发生。用户在加入互助计划一年之后，才拥有申请互助的权利。图 7.5 给出了成员中可申请互助人数和等待期人数之间的比例，可以明显看出这个比例先下降后上升，并且越来越高。假设在患病比率不变的情况下，可申请互助人数比例的上升，会导致每期申请互助的人数增加，那么每期互助的支出也一定水涨船高。这也就解释了上一小节中为什么资金池均摊到每个会员身上的资金会下降。

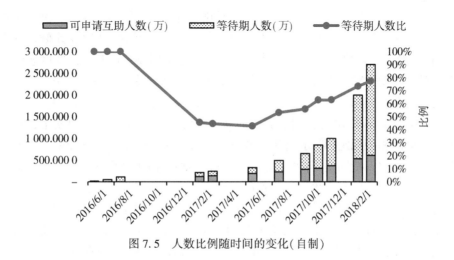

图 7.5 人数比例随时间的变化（自制）

### (四)运营情况小结

通过数据的统计和对比，我们可以得到以下结论：

水滴互助的参与人数和互助资金池自成立以来均在稳步增长，平台运营情况良好。

2018 年以来，互助计划中少儿健康互助比例增加，中青年和中老年抗癌互助计划的比例下降。

可申请互助人数与等待期人数的比例在 2017 年以来持续增长，导致每期的互助资金支出不断增加，导致互助资金的剩余均摊到个人身上不断下降，是公司持续发展的一个隐患。

# 第七节　水滴互助的风险分析

## 一、水滴互助与保险产品的区别

从以上的分析可以看出，水滴互助与保险产品，特别是相互保险，有一定的相似性。但是，二者在实际运行上有很大的区别，这主要体现在兑付承诺以及资金运作两个方面。

首先，保险产品必须有刚性赔付的承诺，即只要保险事故发生，就必须按照约定数额进行赔付，而水滴互助并没有做出类似的承诺。以"少儿健康互助计划"为例，其条款为，80 种重大疾病，最高互助金额 30 万元，低度恶性肿瘤，最高互助金额 5 万元，[①] 但这并不意味着用户如果患病一定能获得以上数目的互助金。实际上，根据每位会员每次分摊金额不多于 3 元的规则，当可参与分摊会员数小于 10 万人时，获得的互助金就会少于 30 万元。事实上，根据原保监会的相关规定，[②] 水滴互助这一类网络互助平台不得在宣传中将自身与保险公司类比，特别是不能宣称产品为刚性赔付。由于网络互助平台在运营主体、资金运作、费率定价、风险控制等诸多层面都没有像保险公司一样受到严格的监管，其互助产品并不能消除赔付风险，刚性赔付是没有支撑的。

其次，在资金运作上，根据 2015 年修正的《中华人民共和国保险法》及相关法律法规，"保险公司的资金运用限于下列形式：（一）银行存款；（二）买卖债券、股票、证券投资基金份额等有价证券；（三）投资不动产；（四）国务院规定的其他资金运用形式"，"保险公司应当按照其注册资本总额的百分之二十提取保证金"。保险公司在资金的运作上有明确的限制，而水滴互助这一类网络互助平台，则没有此类限制。因此，在监管不到位的情况下，网络互助平台可能会将其互助资金投资于较高风险的项目，甚至是直接将此项资金与日常经营资金混为一体，这就造成了潜在的风险。另外，与保险公司的资金运作方式不同，网络互助平台的资金运作方式并没有透明性的要求，这在一定程度上

---

① 水滴互助官网．［检索时间：2019.06.01］．https：//www.shuidihuzhu.com/sd/list/child？channel＝sdhzpt＿menu＿jiaruhuzhu＿shaoer&skuId＝276003955547308030&audience＝&adCreativeId＝adcre15437346381889964&adPositionId＝posad15410511054109156.

② 中国保监会关于开展以网络互助计划形式非法从事保险业务专项整治工作的通知（保监发改〔2016〕241 号）。

增加了道德风险。

综上所述，可以看到，水滴互助并不像保险一样可以被看作是无风险的。水滴互助的赔付机制是，在核查申请人的实际情况后，当可参与分担的会员人数足够时，由平台直接向申请受助者划拨资金。因此，当"事故"发生时获得赔付需要有两个条件：平台互助金资金池余额充足、平台资金流动性充足。前者涉及到的风险主要在于，如果未来的人均分摊金额出现了较大幅度的上升，可能导致会员的大规模流失，由于这里存在很大的逆向选择问题，这可能进一步推高剩余会员的分摊金额，从而形成一个恶性循环，最终使得资金池充足性受到影响。后者设计的主要风险在于，水滴互助的资金运作不透明，也没有收到相应的监管，如果因为高风险投资等原因，出现了资金损失，可能会影响其赔付能力，甚至引发用户恐慌，导致类似于"挤兑"情况的发生。以下将具体分析这两点风险。

## 二、水滴互助的资金池充足性

根据水滴互助的资金公示，绘制出其资金池余额走势图如图7.6。

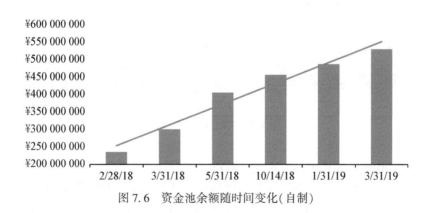

图7.6　资金池余额随时间变化（自制）

从图7.6可以看到，至2019年3月，水滴互助的资金池余额呈上升趋势，且资金余额都处于一个较高的水平。在短期内，可以认为资金池较为充足，赔付风险不大。

下面来看水滴互助资金池近期的支出情况：①

_____

①　水滴互助互助公示．［检索时间：2019.06.01］．https：//www. shuidihuzhu. com/notice/helpNotice/history？channel＝wx_h5_menu.

从图 7.7 可以看到，从 2018 年 11 月至 2019 年 6 月 1 日，水滴互助资金池的资金支出出现了较大幅度地上升，对比同期的用户数量变化可知，用户每一期所分摊的资金也出现了较人幅度地上升。根据前面的分析，水滴互助用户数量增长迅速的原因之一，在于该平台用户所需分摊的互助金较低，使得该互助计划与类似的保险产品相比更为划算。事实上，保险产品的定价是基于精算分析的事前定价，因此费率在投保时可以确定，而水滴互助用户所需分摊的金额，是在每次划拨互助金时才发生的，用户在加入互助计划时并不能十分可靠地估算未来所需分摊的金额。根据 2019 年 1 月发布的全国统计数据，[①] 2015 年共有 392 万人罹患癌症，年发病率约为 0.3%，按此发病率计算，水滴互助抗癌互助计划用户每人每年预期的分摊金额约为 800 元。[②]

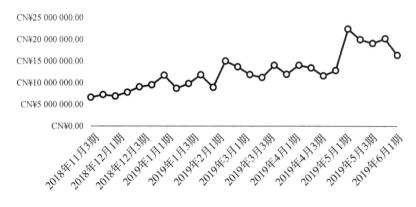

图 7.7　支出情况(自制)

截至 2019 年 6 月 1 日，水滴互助抗癌互助计划预期的人均每年分摊金额为 30 元左右，要远低于上面计算出的结果。从水滴互助的各期互助公示也可以看出，实际上产生的人均分摊金额远小于根据全国发病率计算得到的预期金

①　Chen, W., Zheng, R., Baade, P. D., Zhang, S., Zeng, H., Bray, F., Jemal, A., Yu, X. Q. and He, J. (2016), Cancer statistics in China, 2015. CA: A Cancer Journal for Clinicians, 66: 115-132. doi: 10.3322/caac. 21338.

②　此计算过程中所用的发病率数据对应的所有人群所有种类的癌症，包含范围与水滴互助抗癌计划并不完全重合；每次互助支出的金额按 30 万元计。该计算结果并不是精确结果，直接舍入到了百位。以下各处根据此发病率计算的结果也不具有较高精度，都做了舍入处理。

额，也就是说，水滴互助平台用户的患癌比例，要远小于全国平均癌症发病率。根据水滴互助 2019 年 6 月 1 期互助公示，该期内共发生 108 次受助事件，分摊人数为 3279 万人，照此计算，平台会员的年发病率约为 0.017%，不到全国发病率的十分之一。这一差别的主要原因是，水滴互助的用户数量处于扩张期，而加入互助计划有一个 180 天的等待期，这就导致新加入的用户在 180 天内不能获得互助金，但也需要参与资金的分摊，因而体现为全平台的发病率较低。

可以预期，未来随着水滴互助用户数量逐渐趋于稳定，处于等待期的用户数量逐渐减少，平台会员中的年发病人数比例会趋近于全国平均水平，需要分摊的互助金也会大幅上升，带来巨大的资金压力。做一个简单的计算，如果 2019 年 6 月的 3279 万名用户都不处在等待期，且发病率与全国水平一致，每次互助金额均为 30 万元，则一周的互助金支出就可达到 5 亿元。在这种情况下，水滴互助的资金池充裕度并不高，有可能出现无法支付互助金的赔付风险。

当水滴互助用户发病率逐渐升高时，直接体现为每个用户的分摊金额上升，而根据之前的计算，每人每年所需分摊的金额可能会达到数百元。此时，水滴互助与商业保险相比的费率优势不明显，对用户的吸引力将会下降。水滴互助的退出机制允许用户随时选择退出互助计划，因此，当用户因为费率上升而选择退出时，存在较为严重的逆向选择问题，患病风险较低的用户更倾向于退出（在加入互助计划时，180 天的等待期在很大程度上缓解了逆向选择问题）。这可能导致平台用户的发病比例进一步升高，进一步的推高人均分摊费用，造成一个恶性循环，使得大量用户退出，大幅度降低平台资金池的充足度，导致平台的赔付能力下降，形成较大的赔付风险。

### 三、水滴互助的资金运作透明度

水滴互助的资金池运作透明度较低，并且其资金运作没有受到硬性的监管规定，这可能意味着潜在的资金运作风险。水滴互助官方宣传中提到，"互助资金由平安银行存管，由银行按存管协议要求管理，专款专用"；在 2019 年 3 月 31 日发布的资金公示中，[①] 平台出示了平安银行开具的《单位存款证明书》，显示截至 2019 年 3 月 31 日 23 时 59 分 59 秒，北京水滴互联有限公司活期存款余额

---

① 水滴互助公众号．[检索时间：2019.06.01]．https://mp.weixin.qq.com/s/xkuOet-wDM6dMYu8WvpnbNA.

为人民币531 178 925.73元(此数目即为当期公示的互助金余额)。该公示还显示2019年2月1日至3月31日,账户结息共人民币1 740 880.84元,根据我国通行的存贷款结息制度,每季度最后一月的20日为结息日,若按照期末余额为基数,可计算得出该账户的年利率为1.31%,而平安银行同期的人民币公司活期存款挂牌利率为0.3%。这一差异说明,水滴互助的资金并不是以活期存款的形式进行运作,而可能是投资于利率较高,但流动性较差,风险较高的资产。水滴互助出示的存款证明并不能证明其资金运作的安全性,因为该证明仅代表某一特定时间点的存款余额,并不反映一个时间段内的资金动向。事实上,上面指出的利率差异,也表明在公示对应的时间段内,对应的资金并非一直以活期存款的形式存在,这一活期存款背后的资金运作,反而是存疑的。

水滴互助声称资金运作是基于与平安银行签订的存管协议,但却未见该协议内容的公示,也未见平台关于资金具体用途的公示。水滴互助的资金运作透明度不足,同时也没有受到政府的监管,其资金运作的安全性与稳健性并没有得到保证。如果出现了投资亏损、流动性不足等情况,有可能严重的影响平台的资金充足度,甚至造成用户的恐慌和大规模退出,以至于影响平台的赔付能力。

## 第八节　水滴互助运营的未来预期

通过以上分析,我们认为,截至2019年6月1日,平台低廉的年均花费得益于较高的等待期人数比及较低的平台会员发病率,前者意味着很高比例的会员只承担均摊义务,但尚不能行使申请互助的权利,后者意味着水滴互助的一些条款可能限制了高发病率人群的参与。我们将会针对等待期会员比例下降及平台会员发病率上升的两种假设对水滴互助会员未来的年均花费进行分析。

### 一、等待期会员比例降低

按照当前(2019年6月1日)水滴互助会员的平均发病率、人均获赔金额,我们假设在等待期会员比例为零,计算在这种情况下的人均分摊费用:

表7.8                    未来预测1

| 计划 | 发病率 | 人均互助金(元) | 人均费用(元) |
| --- | --- | --- | --- |
| 少儿 | 0.002 5% | 299 843.67 | 7.63 |
| 中青年 | 0.013 9% | 160 590.28 | 22.26 |

续表

| 计划 | 发病率 | 人均互助金(元) | 人均费用(元) |
|------|--------|----------------|--------------|
| 中老年 | 0.038 8% | 78 911.85 | 30.65 |
| 综合意外 | 0.104 9% | 46 250.00 | 48.50 |

注:【计算公式:人均费用=患病率 * 人均互助金,下同】

可以看出在等待期会员比例为零时,人均分摊费用有一定上升,但依然低于预期分摊费用,因此在这种情况下的人均分摊费用可以被大多数用户接受。

## 二、平台会员发病率上升

按照当前(2019 年 6 月 1 日)水滴互助的人均获赔金额与全国平均发病率计算人均分摊费用:

表 7.9　　　　　　　　　　　　　　**未来预测 2**

| 计划 | 发病率 | 人均互助金(元) | 人均费用(元) |
|------|--------|----------------|--------------|
| 少儿 | 0.010% | 299 843.67 | 29.98 |
| 中青年 | 0.200% | 160 590.28 | 321.18 |
| 中老年 | 0.600% | 78 911.85 | 473.47 |
| 综合意外 | 2.000% | 46 250.00 | 925.00 |

在全国平均发病率下,会员需要承担的人均费用远超预计金额,且接近同类型商业保险的费用。由此可见水滴互助要想维持当前较低的人均费用,就必须通过更严格的会员资格审核、受助资格审核程序来维持低于全国平均值的会员发病率。

## 三、水滴互助母公司运营的未来预期

水滴互助具有非营利的特性,但其母公司的运营依然需要支付人工成本等运营成本来维持水滴互助的运营。

2017 年 5 月,水滴互助所在的水滴公司表示其通过收购具有保险经纪业务许可证的保多多保险经纪公司获得了保险经纪业务许可证,消除了因缺少牌照涉及的金融隐患,为水滴互助母公司开拓后续业务提供了可能性。

　　截至 2019 年 6 月 1 日，水滴公司主要业务包括水滴互助、水滴筹、水滴保险三大业务群，其中水滴保险为盈利项目，水滴互助、水滴筹带来的流量可以为水滴公司的水滴保险业务带来收益，用以维持水滴互助、水滴筹项目的运行。

# 第八章

## 互联网融资租赁的成败分析
——以汽车行业为例

互联网融资租赁是新兴的领域，吸引了许多投资者和传统融资租赁从业者的目光。本章从理论层面出发，首先分析传统的融资租赁行业的特点，随后引出互联网融资租赁相较于传统融资租赁的优势和特点，进而由理论过渡到应用层面，以互联网融资租赁在汽车行业的运用为切入点，通过易鑫集团和普资华企"一成一败"两个案例，来揭示互联网融资租赁行业存在的问题和发展前景。案例分析结果表明，风险控制将成为整个行业发展的核心问题。本章在此基础上对互联网融资租赁行业的发展进行了展望。

## 第一节　互联网融资的概念和汽车融资

### 一、传统的融资租赁

融资租赁是指出租人根据承租人对租赁物件的具体要求和对供应商的选择，提供资金购买租赁物，再出租给承租人使用，承租人向出租人分期支付租金，在租赁期内所有租赁物的所有权属于出租人，而承租人拥有租赁物的使用权。[1] 截至 2019 年 6 月 1 日，融资租赁已发展出多种类型，主要有直接租赁、售后回租等，此外还衍生出杠杆融资租赁、委托融资租赁和项目融资租赁等其他方式。[2]

直接融资租赁的业务模式中包括承租人、出租人和供应商三方。出租方一般为融资租赁公司，他们与承租方签订租赁合同，并根据承租人的要求向供应商购买租赁物，然后提供给承租人并定期收取相应的租金，承租方享有使用权而所有权归出租方。

售后回租的业务模式则主要包括承租方和出租方，承租方先将租赁物出售

---

① Bower R. S. (1973). Issues in Lease Financing. *Financial Management*, 2(4), 25-34.
② 史燕平(2005). 融资租赁原理与实务. 对外经贸大学出版社.

给出租方，然后以租赁的形式重新获得使用权以进行正常的生产经营活动，但所有权已归属出租方。

自 20 世纪八十年代起，中国开始出现融资租赁的模式。至 21 世纪初，我国的融资租赁行业开始大规模增长。经过 10 年高速发展，融资租赁行业的扩张速度逐渐趋于稳定。截至 2018 年 6 月 1 日，我国的融资租赁企业总数超过 10000 家，总注册资金达 32763 亿元。①

## 二、互联网融资的定义和模式

互联网融资租赁主要是指利用互联网的信息服务特点，借助线上平台为承租人提供金融服务，为资产和租赁流程提供保障。简而言之，互联网融资是互联网和融资租赁相互融合的产物。根据互联网参与过程的不同，互联网融资可分为债券转让和线上众筹两种模式。

### （一）债权转让模式

债权转让是指将债权人的债权转让给第三方，从而转让债权关系，使第三方成为新的债权人。当债权转让行为出现在互联网平台上时，就表现为融资公司先进行贷款，然后在互联网平台上进行筹款。

### （二）线上众筹模式

与债权转让的模式不同，线上众筹是指融资租赁公司先在互联网平台上进行筹款，然后再进行债权租赁行为。投资人可以借助互联网平台，了解投资项目的细节，根据自己的个人偏好选择投资资金的数目。这种众筹在前、转让在后的方式一般归为线上众筹的模式。

根据让互联网参与程度的不同，互联网融资可分为简单参与和深度融合两种模式。②

### （一）简单参与模式

简单参与是指一种线上和线下分割融合的模式，融资租赁公司将部分租赁业务和环节借助互联网平台来实现，其余业务仍然以线下平台为主。线上平台经常出现的业务包括融资租赁项目展示、线上风控审批和企业洽谈等。

---

① 陈岳虹(2018). 互联网融资租赁若干问题研究. 中国经贸导刊(中)，32，45-66.
② 陈岳虹(2018). 互联网融资租赁若干问题研究. 中国经贸导刊(中)，32，45-66.

互联网平台有助于拓宽融资的来源和渠道，促进整个融资租赁行业的扩大和发展。

### (二)深度融合模式

深度融合模式则是指利用互联网和大数据技术，将融资租赁和互联网深度结合，包括和设备供应商合作、通过融资租赁促进产品销售、对租赁资产进行大数据统计分析。设备出租方可以利用互联网平台的特点，对设备产品的数据信息进行统计，一方面便于管理租赁设备，另一方面可以改善产品销售状况。

### 三、汽车融资租赁

#### (一)互联网汽车融资的概念

汽车融资租赁作为融资租赁领域的一部分，也具备了融资租赁业务的基本特性，同时在结合了汽车消费特点的基础上，汽车融资租赁在其业务方式、租金计算和相关条款等方面构成其特有的业务形式。由于这种特有的融资租赁形式，汽车融资租赁成为互联网融资租赁行业的主要表现形式之一。

汽车融资租赁交易过程中，消费者或承租方要向经销商或出租方支付合约中规定的租金，如果承租方所支付的费用已经等于或超过汽车本身的市场价值，依照合同承租方将有权获得该汽车的所有权。如果承租方在租赁期到期时，已付租金的总和尚未超过汽车市场价值，承租方可以选择补足合同中事先约定的相应余额后获得该汽车的所有权，如果该汽车变卖的现值高于合同约定的余额，承租方可以选择出售其租赁的汽车，并向出租方付清余额，由此通过差价获利，此外也可以选择将汽车返还出租方，可能需要支付由于超行驶里程或由于较严重磨损产生的额外费用。由于汽车融资租赁在租赁期满后无需发生购买或继续折现来运作资金等特点，其相比于汽车经营租赁，更具备一定金融属性，而在这个过程中，汽车只是资金运作的阶段性载体。

#### (二)互联网汽车融资的主要方式

截至 2019 年 6 月 1 日，汽车融资租赁的业务方式主要有直接融资租赁、售后回租方式和委托租赁方式，其表现方式如下图。其中委托租赁业务模式主要为：租赁公司接受委托人(包括汽车厂商或经销商等)的委托，将车辆以融资租赁的形式出租给委托方的客户，即承租方，而作为受托人，租赁公司代委托方向承租人收取租金以及缴纳相关税费，租赁公司在整个过程中只收取手续费。在委托租赁期间，汽车的所有权归属委托人，租赁公司不必承担租赁物的相关风险，同时由于融资租赁业务的特性，在符合相关法律法规的情况下，委托租赁方式还可以为委托人减免一定的税费。

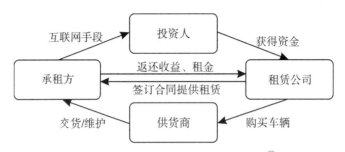

图 8.1 互联网汽车行业租赁基本模式①

### (三)互联网汽车融资的作用

汽车融资租赁的主要作用在于帮助汽车厂商或经销商融资与促销，并且通过对汽车所有权和使用权的分离，分散了业务风险，也降低了融资成本或交易成本。出租方不仅享有债权，同时还保有物权，若同时结合了担保公司或供应商的信用叠加，那么资金安全将有更高程度的保证。从承租人角度来说，这可以解决因购置车辆产生的资金短缺或周转不畅等问题，尤其对于经济能力欠佳的普通工薪阶层，汽车金融的发展能在一定程度上够缓解其经济压力，而对于商用车机构，如物流公司和共享汽车企业等，大量购置汽车会使其在短时间内承受巨大的资金压力，而汽车融资租赁业务能够帮助其维持稳定的现金流。对于供货方来说，通过汽车融资租赁可以开拓市场，也有助于回收资金，同时还可能减少销售汽车产生的应收账款，降低风险。②

---

① 互联网汽车融资租赁业务模式分析．[检索时间：2019.06.01]．https：//wenku. baidu.com/view/4fecd6151fb91a37f111f18583d049649a660e79.html.

② 陆晓龙(2014)．汽车融资租赁业务模式与信用风险管理．上海汽车，7，30-33.

## 第二节　互联网汽车租赁实例——易鑫集团

### 一、易鑫集团发展历史

易鑫集团(以下简称易鑫)于2014年8月宣布独立运营,在此之前隶属于易车网旗下的汽车金融事业部,2017年11月16日上午在香港联交所挂牌交易。从独立之后到上市之前,易鑫总共经历了三轮融资。

2015年2月,易鑫完成了腾讯、京东和易车网的25亿元A轮融资。

2016年10月,易鑫完成了35亿元B轮融资,股东增加了百度。

2017年5月,易鑫完成了腾讯、易车、东方资产和顺丰创始人王卫的近40亿元C轮融资。

### 二、股权结构

易鑫的招股资料显示,截至2017年11月16日上市之前,易车网合计持有易鑫51.63%的股份,腾讯直接持股24.31%(直接加间接共持股约33%),京东持股3.51%,东方资产具有国资背景,持股1.12%。① 由此可以看出,在上市之前,易鑫的最大股东是易车网,其次是腾讯。易鑫集团上市后,易车和腾讯仍是易鑫的最大股东。互联网巨头"BTJ"(百度、腾讯、京东)和易车网一起合力为易鑫提供数据支持。

### 三、商业模式

截至2019年6月1日,易鑫集团的业务主要由两部分——交易平台业务和自营融资业务组成。交易平台业务包括贷款促成服务和广告与其他服务两种。前者收入主要来自于消费者贷款购买汽车时支付的服务费;后者收入主要是向在平台投放广告的汽车制造商、汽车经销商、汽车融资合作伙伴及保险公司收取的广告费,向汽车经销商收取有关推广服务的服务费。自营融资业务包括融资租赁服务和其他自营服务两种。前者主要是给消费者提供购车贷款,从中赚取利息收入;后者主要是给消费者提供租车服务,从中赚取租赁费以及给

---

① 一图看懂腾讯的"干儿子"易鑫集团. [检索时间:2019.06.01]. https://m.zhitongcaijing.com/content/detail/89339.html.

汽车经销商提供网络销售渠道，并从中赚取渠道费用。①

## 四、易鑫车贷介绍

易鑫集团的经济增长引擎主要来源于其汽车金融产品，易鑫车贷则是其旗下的一个汽车金融产品平台之一。易鑫车贷提供的汽车金融产品有新车贷款、二手车贷款以及融合型汽车融资租赁服务这几大类。

### (一)多方交易关系

易鑫车贷和多方之间的交易关系可以用图 8.2 表示，其交易模式较为简单:

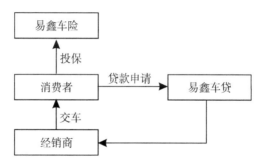

图 8.2　易鑫车贷与多方的交易关系示意图(自制)

消费者有购买汽车意愿的时候可在易鑫车贷这一平台上发起贷款申请。在贷款申请这一环节，消费者可以选择自己喜欢的汽车金融产品，主要分为两类购车贷款和其经营租赁产品"开走吧"，在完成贷款申请后，易鑫车贷会为消费者选择就近的经销商进行交车，消费者同样可以选择在易鑫车贷的平台上投保车险。截至 2019 年 6 月 1 日，易鑫自营平台上的车险都由第三方提供。

### (二)易鑫车贷主要业务

易鑫车贷主要由两大业务构成，分别是融资租赁业务和经营租赁。从图

---

① 易鑫集团官网．[检索时间：2019.06.01]．http：//www.yixincars.com/sim/About.html.

8.3 可以看出自 2015 年易鑫车贷成立以来，其主要的业务增长点就在融资租赁业务上。尽管经营租赁的增长率更快，但是融资租赁仍然是公司截至 2019 年 6 月 1 日主要的盈利点。

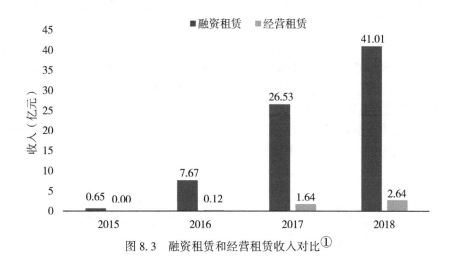

图 8.3 融资租赁和经营租赁收入对比①

易鑫的融资租赁产品主要是新车和二手车贷款，同时也经营租赁产品"开走吧"。关于融资租赁和经营租赁的区别主要如表 8.1 所示：

表 8.1 融资租赁及经营租赁的区别②

| 业务分类 | 角色 | 收入来源 |
|---|---|---|
| 融资租赁 | 购车者-购车融资租赁<br>车主-抵押融资<br>汽车经销商-库存融资 | 分期付款<br>赚取利息收入 |
| 经营租赁 | 通过个人合约购买及传统租赁服务向消费者提供经营租赁服务 | 租金付款赚取租金收入 |

① 数据来源于易鑫 2018 年年报.

② 融资租赁、经营租赁和分期贷款之间有什么区别？［检索时间：2019.06.01］. https：//www.sohu.com/a/143344263_618580.

易鑫的融资租赁模式简单来说是一种"以租代购"来产生收益的模式。①易鑫根据消费者在平台上选定的对车辆的特定要求，直接向经销商购买车辆，将符合消费者预期的车辆租给消费者使用。消费者需要分期向易鑫支付租金，在合同约定的租赁期内，车辆所有权属于易鑫所有，消费者只拥有使用权。在完成了融资租赁合同中规定的条款后，车辆的所有权有两种方式得以延续。第一种是消费者可以选择按照车辆残值购买获得其所有权，第二种是消费者选择放弃，车辆被易鑫收回。收回的车辆有两种去路，一种是作为二手车在易鑫车贷的二手车贷款中作为商品交易，另一种是流入易鑫车贷的经营租赁产品"开走吧"中作为商品进行交易。

易鑫的购车融资租赁可以分为两种模式，一种是直租，一种是回租。易鑫以回租模式为主，其回租业务模式如下：

图 8.4 回租业务模式(自制)

在回租性质的融资租赁中，消费者利用易鑫车贷提供的融资，从合作经销商处购入汽车，将汽车所有权转让给易鑫，易鑫将汽车回租给消费者，按月收取租金，消费者保留使用权。回租的车牌属于消费者个人。但是在回租模式中，易鑫不会帮助消费者去获取车牌，消费者需要自己进行摇号获取车牌。

易鑫以直租模式为辅，其直租业务模式如图 8.5 所示：

直租指易鑫按照消费者在车贷平台上提出的购车需求，②向就近的合作经销商购入汽车，上易鑫的牌照，然后出租给消费者按月收取租金。在租赁合同存续期间，车辆所有权和车牌均属于易鑫集团，这里的车牌属于融资租赁公司车牌。在合同存续结束后，如果消费者想要继续拥有车辆，并且以残值或者差价的方式购买车辆时，需要去车管所办理相关的手续进行车牌方面的交接工作。

---

① 易鑫凭什么只用 4 年就打造"汽车金融第一股"．[检索时间：2019.06.01]．http：//biz. jrj. com. cn/2017/11/17071123400756. shtml.

② 易鑫凭什么只用 4 年就打造"汽车金融第一股"．[检索时间：2019.06.01]．http：//biz. jrj. com. cn/2017/11/17071123400756. shtm.

图 8.5　直租业务模式(自制)

表 8.2 说明了易鑫车贷回租和直租的不同：

表 8.2　　　　　　　　　　**直租和回租的比较(自制)**

|  | 直租 | 回租 |
|---|---|---|
| 使用权 | 消费者 | 消费者 |
| 汽车所有权 | 易鑫车贷 | 从经销商转让给消费者，从消费者转让给易鑫车贷 |
| 车牌 | 易鑫车贷 | 消费者 |

从上表可以看出，回租与直租不同的地方在于汽车所有权的归属和车牌的获取方式。在回租模式中，消费者在和易鑫车贷签约之前暂时取得汽车所有权，签约后消费者以易鑫车贷为受益人抵押汽车，抵押将于合同存续结束后解除，车牌所有人是消费者个人。而直租模式中，车牌所有人首先是易鑫，并且汽车所有权一直属于易鑫车贷。

回租的模式有利于易鑫在按月获取少量车牌的限牌城市快速扩张，这是由于易鑫不仅在做平台业务，易鑫还拥有实体店，线下和线上业务的统一有利于其打响知名度从而扩张。另外易鑫在回租模式中不负责取得车牌，这有助于规避挂靠风险，降低了消费者扣押车牌的风险。

### (三)产品线①

易鑫车贷的产品线主要分为新车贷款、二手车贷款和经营租赁产品"开走吧"，产品间的关系如图 8.6。消费者购车融资服务的期限介于 12 个月—60 个

---

① 易鑫集团招股说明书.

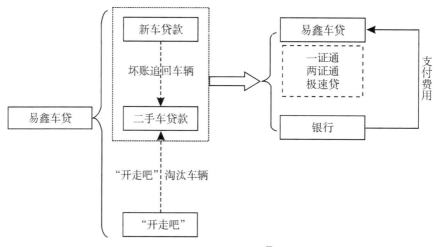

图 8.6　产品线简介①

月之间。购车融资服务的代表性产品线包括一证通、两证通、鑫动融以及极速贷等。一证通和两证通的主要区别在于初步评估所需要的文件数目不同。一证通要求消费者出具身份证即可，而两证通则需要消费者出具身份证以及一份额外文件，包括但不限于银行结账单、房地产权证明或者其他证书。两证通产品线的产品信用额度更高、利率更低、首付款比例更低。极速贷要求消费者出具中国身份证，专门为合格的消费者做出快速信贷审核，首付款高于一证通和两证通。"开走吧"则是一种具备购买选择权的混合经营租赁。消费者在首个 12个月需要按照月份支付租金，在 12 个月过后可以选择一次性付清购买汽车的费用、将经营租赁转为三年期的融资租赁、退回原有车辆、再次支付首付租用新车、终止合同。

五、风险控制

风险控制历来是互联网金融行业的重中之重，直接关系到该公司能否在激烈的竞争中生存并发展壮大。易鑫集团的融资租赁产品虽然仅仅经历了较短的发展历程，但仍然建立起了较为完善的风控体系。

---

① 易鑫金融官网．［检索时间：2019.06.01］．https：//www.daikuan.com.

### (一)主要风险

#### 1. 信用风险

信用风险是指借款者无法偿还贷款的风险。[①] 如前面所述，易鑫集团通过自营融资租赁业务收取利息，同时也作为中介机构提供与第三方贷款机构如平安银行的贷款促成服务。

从消费者体验来看，选择自营融资租赁业务与第三方贷款业务差别不大，但是却能享受更低的月费率、更简单的审批材料和更快的审批时间，这也是易鑫车贷迅速扩张的重要原因。下表是易鑫自营融资业务与第三方贷款业务月费率的对比情况。

表 8.3　截至 2019 年 6 月 1 日自营融资业务与第三方贷款业务月费率对比[②]

| 名称 | 需要材料 | 月费率 | | |
| --- | --- | --- | --- | --- |
| | | 12 期 | 24 期 | 36 期 |
| 一证通 | 身份证 | 0.55% | 0.54% | 0.54% |
| 名称 | 需要材料 | 月费率 | | |
| | | 12 期 | 24 期 | 36 期 |
| 两证通 | 身份证<br>其他证明[③] | 0.50% | 0.49% | 0.49% |
| 平安银行<br>车贷 | 身份证<br>驾驶证<br>户口本<br>银行流水 | 1.16% | 1.16% | 1.16% |

---

① 格伦·哈伯德 & 安东尼·P·奥布赖恩(2014). 货币金融学(第 2 版). 北京：清华大学出版社.

② 数据来源于易鑫车贷 APP。

③ 除身份证外，以下条件满足一个即可：a. 信用卡或贷款的单笔授信在 2 万以上(除农贷)；征信内显示房贷在换，且还款良好；b. 流水可覆盖月供金额；c. 有本地房产或父母有本地房产；d. 有教师、医生、警察、注会等职业资格证书。

2. 流动性风险

流动性风险是指企业通过出售资产或以合理成本融资，但是金融机构可能无法满足其现金需求的可能性。① 因此，流动性风险关乎易鑫车贷业务的可持续经营能力问题。

自营融资业务需要大量的现金。截至 2019 年 6 月 1 日，除港股上市以外，易鑫集团以债务性融资为主，同时包括资产证券化和从银行等金融机构借款。需要特别指出的是，易鑫集团所采用的资产证券化模式是将自营融资业务所产生的应收融资租赁贷款作为底层资产建立信托计划，向投资者发行优先债权，并以自有资金购买次级债券。因此，如果底层资产出现违约问题，次级债券持有人承担全部损失，并赔偿优先级的本金、利息缺口。由此可知，易鑫车贷业务产生的流动性隐患十分严重。

3. 残值风险

残值是决定融资租赁公司盈利水平和风险管理的关键。易鑫融资租赁业务的收入是易鑫集团总收入的重要部分。截至 2018 年 12 月 31 日，易鑫所提供的融资租赁中共有应收融资租赁款净额 41.01 亿元人民币。汽车抵押品的剩余价值的大幅减少会降低易鑫应收融资租赁贷款的可收回程度，对经营业绩有重大不利影响。易鑫应建立残值管理意识，以应对残值所带来的风险。

图 8.7　融资租赁业务收入占总收入比例②

---

① 格伦·哈伯德 & 安东尼·P·奥布赖恩(2014). 货币金融学(第 2 版). 北京：清华大学出版社.

② 数据来源于易鑫 2018 年年报.

　　在制定合同残值时，易鑫可以通过进一步加强对租赁车辆状况的监控，收集详尽的相关数据，培养专业的线下评估团队，建立专业的残值评测模型，使得设定的合同残值接近远期二手车市值。易鑫的残值评估由旗下的二手车服务平台精真估完成。截至 2019 年 6 月 1 日，精真估与易鑫资本、北京现代、瓜子二手车、58 二手车等 100 多个平台达成合作关系并拥有中国汽车流通协会的合作支持，可以获得大量的真实交易数据支持。精真估已拥有超过 1000 万条二手车交易数据，覆盖超过 6 万种车型，同时精真估是美国最大的二手车辅助定价平台 KBB 在中国的唯一战略合作伙伴，依靠与 KBB 的紧密合作，可以获得相关的技术支持和算法经验，甚至利用 KBB 的成熟的数据模型建立适合中国市场的智能估价系统。

　　通过和 KBB 的对比，可以发现易鑫旗下的精真估与 KBB 有着很多相似之处，比如同样背靠大型的汽车服务公司并依靠估值模式+分析师的估值模式。但因为中国二手车市场不成熟和自身成立时间较短的原因，精真估的现有数据较少且缺乏完善的估值标准，除了通过继续在正常运营中收集累计有效数据，精真估可以进一步发展、扩大线下评估团队，以使得评估更加适应区域与车型复杂度更高的中国市场。

表 8.4　　　　　　　　　　　　　　**KBB 与精真估简介**[①]

|  | 精真估 | KBB |
|---|---|---|
| 历史 | 创立于 2014 年 | 创立于 1926 年 |
| 母公司 | 由易车网孵化，现于易鑫集团旗下 | 全美最大汽车服务公司 COX 集团 |
| 市场地位 | 中国汽车估值市场头部玩家 | 占美国汽车估值市场 60%以上 |
| 估值标准 | 试图完善市场的估值标准 | 拥有成熟完善的估值标准 |
| 估值模式 | 估值模型+分析师的双重校准模式 | 估值模型+分析师的双重校准模式 |
| 线下 | 拥有覆盖 100 多个城市，500 多人的专业评估团队 | 无 |
| 数据量 | 超过 1000 万个交易数据 | 超过 2 亿个观察数据，每周分析超过 10 万个交易数据 |

　　① KBB 官方网站 . ［检索时间：2019.06.01］. https：//b2b. kbb. com/kbb-vehicle-values/. 精真估 CEO 周广印首揭融资 3000 万美金背后的奥秘 . ［检索时间：2019.06.01］. http：//www. cheyun. com/content/14965.

和大部分中国融资租赁公司一样，易鑫集团对融资租赁的车辆不进行驾驶里程的限制，这导致最终回收的二手车车况有很大的不同，二手车的残值存在不确定性，加剧了易鑫集团应收融资租赁贷款的可收回程度的风险。

残值风险可以降低，但仍然无法通过技术完全消除。易鑫可以通过自我保险和风险转移的方式避免残值风险所带来的负面影响。

自我保险：是指可能的损失发生前，通过作出各种资金安排，以确保损失出现后能及时获得资金以补偿损失。自我保险主要通过建立风险预留基金的方式来实现。易鑫可以通过成立风险基金，提前准备亏损储备金，减小残值亏损发生时带来的影响。

风险转移：易鑫可选择投保残值保险。残值保险通过保证妥善维护的资产在未来的日期具有特定的价值来帮助公司管理资产价值风险。这种保险保证了资产价值，是非常灵活的工具，其优点从简单的风险缓解到复杂的财务目标。在保单指定时间内，如果二手车销售所得低于资产受保残值，则残值保险保障易鑫免受残值损失。

汽车融资租赁的残值处理依托于二手车市场，在融资租赁合同到期后选择退回或置换的车辆会出售给二手车市场。而国内的二手车市场整体处于初级阶段，定价、车况评定等均无国家统一标准、准入要求缺失、市场专业性不足、信息不完全、道德风险较高，导致二手车市场的混乱，进而影响了汽车融资租赁业务的残值处理，增加了残值风险与盈利水平的波动。易鑫可以进一步发展旗下的二手车交易平台看车网与提供二手车估值的精真估。精真估为看车网的二手车定价提供可靠的估值服务，使易鑫可以更好地处理融资租赁业务带来的车辆残值。

### 4. 资产质量

易鑫集团的过往逾期率和资产质量资料未必反映未来的资产质量状况，资产质量在未来可能进一步下降。易鑫融资租赁业务经营时间有限，大部分融资租赁合约订立时间较短，未经历完整的周期。应收融资租赁款可能随着应收融资租赁贷款逐渐到期和业务量扩大而进一步恶化。同时逾期率的上升可能使得易鑫通过贷款证券化获得的资金减少，增大易鑫资金压力。

### 5. 法律责任

相比于金融贷款，易鑫会面临客户使用租赁汽车时引发的事故所带来的法律责任风险。例如，当客户使用存在设计、制造瑕疵的汽车而引发汽车事故时，易鑫需就该事故造成的损失承担所指控责任的赔偿，并可能需要召回瑕疵产品。重大产品事故以及不成功的辩护可能对易鑫集团的业务、财务状况和声誉带来重大不利影响。

6. 车辆牌照

车辆牌照注册困难，开展直租模式的融资租赁一定程度上受车辆牌照资源的限制。在限牌照的城市，业务量扩张更加困难并且经营成本也有所上升。同时到期过户操作复杂，影响了直租产品对消费者的吸引力。

### (二) 风控手段

作为互联网金融公司，易鑫集团在融资租赁业务的风险控制中，较好地运用了技术优势，建立了比较完整、高效的风控手段。

1. 风控模型

根据易鑫集团的招股说明书及其他官方资料，易鑫集团针对融资租赁业务形成了一套以大数据为核心的评分系统，并作为其核心风控模型。

该评分系统的主要运行规则包括指标体系、规则引擎和流程引擎。指标体系是指该模型进行采集和分析数据的维度，具体来看包括个人基本信息、消费信息、社交信息等等，指标体系支持多样化的数据获取方式，并能够灵活进行计算、合并等处理。规则引擎则用于衡量易鑫对于借款者具体信用要求，包括规则集、评分卡、脚本共三种类型的规则定义方式，以帮助业务人员全面地衡量客户风险。流程引擎则可以整合多个规则和规则集，以在规则之外更加灵活地控制风险决策的先后关系及执行顺序。[1]

根据该模型的评分结果，易鑫的每一笔融资租赁业务实现风险可视化，并应用于贷款在线审批、风险监控预警、风险决策支持等场景，贯穿融资租赁产品发行的前、中、后期，并通过自身风险数据的积累实现风控模型的优化升级。

2. 数据获取与处理

易鑫较强的数据分析能力和比较充分的数据来源是它风控的主要优势。

易鑫共建立了 40 多套模型，分析大量数据，包括用户个人资料、行为数据、信用数据、消费数据等等。其中部分模型与各股东共同开发，比如包括京东、百度、腾讯，[2] 这些传统互联网领军者为易鑫集团的融资租赁业务风险控制提供数据处理方式和数据来源。截至 2019 年 6 月 1 日，易鑫数据处理主要

---

① 金融科技 & 大数据产品推荐：易鑫大数据风控平台. ［检索时间：2019.06.01］. http：//www. datayuan. cn/article/13874. htm.

② 易鑫集团招股说明书.

集中于三个方面，包括反欺诈系统、信用评分系统和评估汽车剩余价值。

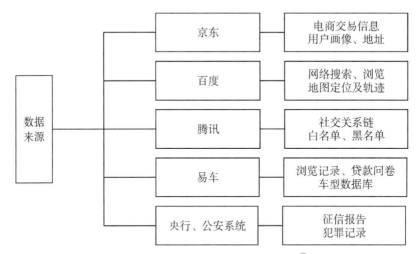

图 8.8　易鑫集团风控模型数据来源[1]

## 第三节　互联网汽车租赁实例——普资华企

将平稳运行的易鑫车贷与最终失败的普资华企相比较，我们更能从中总结一些经验教训。2013 年刚刚创立的时候，普资华企是国内首家 P2B（person to business）网贷投融资平台。但是与易鑫车贷背后依托的大数据信用管理系统相比，在风险控制上普资华企明显力不从心。一开始的新兴红利期过去之后，普资华企开始左支右绌。2016 年，普资华企开始逐步放弃受到政策扶持的 P2B 网贷投融资行业，希望能够通过汽车借贷这一新风口挽回颓势。但由于其核心问题依然没有得到解决，2018 年普资华企最终爆雷。[2]

由于普资华企的车贷业务是从网贷投融资平台转化而来，它对车贷产品的设计一开始便是对标传统的贷款业务，这一点与易鑫车贷不同。与传统的借贷业务相比，普资华企的借贷周期较长，但风险控制上却大大不如从事传统借贷

---

①　易鑫集团官网．［检索时间：2019.06.01］．http：//www.yixincars.com/sim/index.html.

②　任飞翔（2014）．P2B 网贷：点燃 2014 年金融创新之火．沪港经济，3，60-61.

业务的公司。在传统的借贷业务中，银行会托管借贷人的抵押物品，在借贷期间抵押物的所有权仍然归借贷者所有。如果借贷人无力偿还贷款，到期后银行会拍卖抵押物，以此补偿损失。但是对于普资华企而言，他们并没有抵押物可以用来管理风险。汽车的所有权归普资华企所有，但是普资华企无法用它来有效约束消费者的行为。与银行托管抵押品的严密措施相比，普资华企仅仅只能依靠 GPS 定位和监控等手段。此外，一旦消费者违约，普资华企也没有抵押物可以拍卖，只能依靠施压、催收或者漫长的法律程序进行维权。

在商业模式上，普资华企和易鑫车贷也有很大不同。转型之后的普资华企也一直保持自己 P2B 的运营模式，车贷平台其实是汽车租赁平台和互联网融资平台的融合。汽车租赁平台方面运用模式比较类似易鑫车贷的模式。平台购买汽车并拥有汽车的所有权，用户则拥有汽车使用权。以三年为期，用户租借这些汽车，期满则汽车所有权归用户所有。如果未满三年用户不再续租，则需要扣除汽车的残值额。另一方面，普资华企也提供购买汽车的融资平台。个体投资人可以将资金投放在车贷平台上用来给汽车租借用户购买汽车，并拥有租金的收益权。

与易鑫车贷相比，普资华企的购车资金并不是来自企业自有资本，而是由 P2B 网上融资而来。相应地，这种模式的风险也更大。前面已经提及对平台而言，普资华企的风险管理存在很多漏洞。它的主要物权控制手段就是 GPS 定位和监控，对用户的信用监督主要依靠中国人民银行的征信网站，将银行里普遍的审核流程缩减后在平台内部实现，但是，它甚至没有保留传统信贷中使用的抵押制度。与传统银行的借贷业务相比，它没有可靠的抵押品。与新兴的易鑫车贷相比，它没有大数据等新科技的依托，可谓前不着村，后不着店。

平台本身没有很好的风险应对能力，更没有能力保证在平台上进行投资的个体投资者的权益。首先，个体投资人无法了解和选择自己想要投资的稳妥的借贷用户。[①] 其次，平台拥有的 GPS 和监控等控制手段归平台享有，个体投资人无法对借贷用户进行监督。最后，由于网络借贷平台上的个体投资人数量众多、资金分散，借贷用户违约之后无法有效追责。使用普资华企产品的个体投资人需要承担巨大的风险。

对比两家企业，易鑫车贷成功的核心在于依托大数据实现了良好的信用监管，而普资华企失败的根源也在于此。P2B 融资模式可以扩资规模，吸纳大量的社会闲置资本。这样大的体量使得传统银行业中通过繁琐的业务流程建立起

---

①　穆一洋(2014)."这样的跨越速度是传统企业无法想象的".沪港经济，6，70-72.

来的信用管理系统不再适用，但是对于信用管理体系的需求并没有减小，甚至这种需求更加迫切。P2B 网络融资模式的成功需要新技术引导的新信用管理模式相配套。易鑫车贷与腾讯、京东、百度等互联网巨头合作，享有这些平台的海量数据对用户进行信用管理。这种新型的信用管理方式与易鑫车贷采用的互联网租车平台这种新型的经营模式是相互适应的。与之相反，普资华企并没有类似的新技术，传统的信用管理方式也不能适应互联网环境，再加上 P2B 融资模式又将个体投资人引入进来，大大提升了平台运行的风险，雪上加霜。互联网借贷平台或是租借平台的核心在于处理信用问题，它需要比传统借贷行业更加灵活、有效的信用管理系统，利用大型网络公司所拥有的海量用户数据进行大数据信用管理也许会是一个有效的解决办法。

# 第四节　本章小结

## 一、汽车互联网融资租赁行业展望

总体来讲，汽车互联网融资租赁行业整体的发展潜力还是很大的。因为与发达国家的成熟市场相比，截至 2019 年 6 月 1 日，我国的汽车金融市场渗透率仍较低，只有 30% 左右，但英美等国汽车金融渗透率都达到了 60% 以上，我国汽车金融行业还有较大的增长空间和潜力。同时，随着市场的发展，汽车互联网融资租赁方式也将更加灵活多样，为消费者提供更多的选择。最后，从监管的角度来说，我们认为随着市场的发展，未来汽车互联网金融监管力度可能加大，准入门槛可能进一步提高，业务监管可能进一步细化。

## 二、汽车互联网融资租赁的困境

虽然我们对汽车互联网融资租赁行业的未来发展前景较为看好，但截至 2019 年 6 月 1 日，该行业仍存在一定问题。首先对于一般的汽车融资租赁来说，主要存在两个问题：

一是截至 2019 年 6 月 1 日，我国汽车融资租赁的市场较小，以租代购的模式在国内并不成熟，用户的接受程度不高，市场教育仍需一段时间。

二是风险控制问题，主要包括信用风险、流动性风险、残值风险等问题。

此外，对于汽车行业的互联网融资租赁，还存在如下几个特别问题：

一是车源困局。对于汽车互联网融资租赁而言，供货关系直接影响平台的购车价格和交付时效，然而，汽车互联网融资租赁平台大多缺少在汽车行业的资源，因此可能出现主机厂对平台供货不及时的问题。

二是供应链效率较低的问题。为加强自身供应链管控，多数汽车互联网融资租赁平台都选择自建汽车仓储物流体系，但其供应链不够成熟，效率相对较低。

三是流量的聚集和引导难题。截至 2019 年 6 月 1 日，新兴的汽车互联网融资租赁平台多为初创公司，需要增加流量。无论是花费巨资购买传统流量，还是投靠巨头门下，获取巨头的流量入口，都需要支付很大成本。

四是资金难题。互联网融资租赁平台面临的最根本问题还是资金难题，平台的模式决定了其需要筹集大量资金去集采车源，但收回租金的摊还周期较长，因此平台融资效率至关重要。

### 三、我国汽车互联网融资租赁的出路

针对刚刚提到的问题，我们认为未来汽车互联网融资租赁行业可从以下几个方面进行优化：

#### (一)融入全球汽车产业价值链

截至 2019 年 6 月 1 日，企业之间的竞争已经不再局限于"点对点"的单一产品竞争，而逐步演变为企业与其所在产业链上中下游的协同关系上，尤其是在新一轮全球化浪潮下，中国企业要想求生存、谋发展，就必须设法融入全球产业链。

汽车金融是汽车全产业链的重要组成部分，它已渗透到汽车产业的各个环节。汽车金融产业链的参与主体有：零部件供应商、整车厂商、汽车经销商、消费者和金融服务提供商(商业银行、保险公司、汽车金融公司、融资租赁公司、整车厂财务公司、金融租赁公司、其他信贷公司)。①

因此，就企业自身发展而言，我国的汽车互联网金融企业有必要以全球视野和产业链整合理念进行前瞻布局，在全球汽车产业中获得更大的市场，在成为行业龙头的过程中，以自身为示范带动产业发展，助力中国汽车产业获得全球领导定位。

---

① 一文搞懂汽车金融全产业链．［检索时间：2019.06.01］．http：//baijiahao. baidu. com/s？id=1572802665408769&wfr=spider&for=pc.

### (二)政府加强行业监管

从政府角度来看，政府可以考虑推出对互联网融资租赁行业的扶持政策、做好融资租赁监管工作、设立投诉中心，为投资者和从业者的举报提供渠道、并构建互联网融资租赁信用体系。

### (三)行业参与者提高自身素质

从运营者角度来看，第一，从平台公司产业布局上，还应注重整合。一方面进行纵向整合，即对产业链纵向形态上的资源进行整理、协同、综合、系统化、集成和融合，形成对战略性资源和能力的有效控制。通过下游统筹满足用户全生命周期的汽车消费需求，同时通过上游突破，以数据资源切入汽车研发和设计，利用互联网和数字科技打通线上线下场景，双向促进和融合，为用户提供更完整、体验更好的服务。另一方面进行横向整合，即扩大产业链环节的规模，增强核心企业实力，使关键环节或主导环节更加强大，提升产业链的核心竞争力。

第二，运营平台应当加强对风险的控制，主要可采取以下几种手段：首先，要加强业务的信息披露。许多互联网融资租赁平台为了吸引投资者，随意修改收益率、违约账款等重要信息，营造出低风险高收益的假象，误导投资者进行盲目投资。因此，平台应该完善信息披露体系，杜绝任何虚假信息的发布，提供全面而完善的融资租赁公司的信息，包含承租人信息、融资租赁方的运营业绩、坏账率、租赁物的购买日期以及折旧情况。运营平台应该保证客观性，发挥好融资租赁公司和投资者的中介纽带作用。

其次，运营平台应该提高融资租赁公司的准入门槛。平台在承接新公司和新项目时，应要求融资租赁公司提供公司的财务报表、利润表、租赁合同、设备供应来源等信息。运营平台得到这些信息之后，应该借助律师事务所和咨询公司的帮助，对融资租赁公司提供的信息进行审核评估，确保其真实性和准确性，并对该融资租赁公司的行为风险进行判断，从而确定是否允许该公司进入到互联网平台。这些流程应该体系化为完整全面的操作流程，严格把关进入该平台的融资租赁公司的质量，同时也对融资租赁公司起到一定的监督作用。

之后，平台要对融资租赁物进行全面监控。以汽车融资租赁为例，平台应在汽车上安装定位系统，在汽车出租之后，汽车的位置和情况可以得到全面监视，当出现租赁违约情况，运营平台端可以立刻出面调查，与租赁者进行沟通协商、按规定出售或收回租赁物。如果汽车出现损坏，可以及时维修和替换，从而避免承租方已经支付租金却无法使用汽车服务的损失情况。

最后，平台还应该实施第三方托管。当运营平台筹集到大量资金后，很容易形成资金池。为了分离平台和资金池，使平台无法触碰资金池，应该设立第三方托管，选取具有托管资质的机构，对资金进行全程监管，防止平台挪用资金，确保平台运营的安全性，维护资金真正所属者的权益。从投资者角度，投资人应当加强风险防范意识，充分考察互联网融资租赁平台以及与其合作的融资租赁公司的资信情况，加强投资者教育，并将资金分散投资到不同的项目中。

从投资者角度来看，融资租赁的本质是出租人将标的物出租给承租人，投资人为其融资并分担风险获得收益。因此，我们从投资者角度对互联网融资租赁的发展提出建议。

首先，投资人要加强风险防范意识，充分考察互联网融资租赁平台以及与其合作的融资租赁公司的资信情况，加强投资者教育，并将资金分散投资到不同的项目中。投资人在选择投资项目之前，要认真鉴别互联网融资租赁平台的资历，并考察相应的融资租赁公司的注册资金以及营业状况，识别虚假信息，选择可靠的融资平台。并且投资者要加强自身投资教育，经常获取行业网站的投资者教育信息，并参加培训来提高自身投资水平，提高自身权益保护能力。学习相关法律法规，对融资租赁行业发展有更深刻的判断。此外，投资者选择投资项目时，不要将资金投入到很少的项目中，尽量分散投资到大量融资租赁项目中，从而降低风险。

其次，出租人应该加强防骗能力，预留风险准备金，完善融资租赁中途退出应对机制。在项目开始之前，出租人（融资租赁公司）应该提前实地考察租赁物的质量和折旧程度，切实调查供应商的企业资质，并事先询问好承租人租赁所得的设备用途。制订购买合同、租赁合同时，出租人应该谨慎签订，对条款内容进行比对，警惕承租人和供应商联合欺骗出租人的情况。融资租赁公司还要预留风险准备金。因为当承租人无法提供租金时，融资租赁公司要向互联网融资租赁平台垫付租金，为了防止融资租赁公司现金流量不足，出现无法垫付资金而导致破产的情况，融资租赁公司应该准备足够的风险准备金，从而提高资金流动性和安全性。融资租赁公司还要警惕承租者中途退出情况的发生，当承租者因为自身原因退出项目时，融资租赁公司应该及时找到下一个承租人，以接手该租赁物。或者选择将租赁物及时出售，以盘活资金，防止租赁物闲置过久的情况发生。

最后，承租人在设备验收时要查看设备情况，并按时支付租金。在租赁项目开始时，承租人应该确认好自己的设备需求，并向融资租赁公司提供具体的设备购买需求，督促融资租赁公司购买到合适的设备。在设备使用过程中，承租人应该对设备进行适当地维护，防止设备出现不必要的损坏。由于支付租金是融资项目最重要的环节，租金是否及时提供将会影响到融资租赁项目的整体运营状况，因此承租人要对自己的现金流进行合理管理，确保在租金支付日及时支付。

第九章

智能投顾模式研究及案例分析

# 第一节　智能投顾概述

## 一、分析框架

随着中国金融体制改革的不断深化，对智能投顾这一新兴金融科技模式进行一个系统、全面客观的研究显得十分必要。本章以智能投顾及其发展历史为基础，将智能投顾与传统投顾进行对比以明晰智能投顾的优点和缺点。而后，本章通过考察国外（Betterment）和国内（理财魔方、金贝塔、摩羯智投和同花顺）的智能投顾平台，详细分析已有智能投顾平台的发展历史、平台模式和平台的优劣，通过国内平台与国外平台的对比明晰中国智能投顾平台的不足之处，以便对中国智能投顾领域未来的发展有一个整体的展望。

## 二、智能投顾简介

### (一) 智能投顾的定义

智能投顾是指通过建立模型和算法，建立不同收益情况下的资产组合，再通过分析大数据，得到投资者的个人收益和风险偏好，从而进一步给出资产组合的建议，并且自动完成投资交易的一种投资顾问方式。在这个过程中，智能投顾系统时刻通过互联网关注投资市场的动态变化，在用户可以承受的风险范围内，不断调整资产组合，使之始终满足投资者的需求，并且保持在一种动态最优的状态上。

《2018 智能投顾白皮书》认为，智能投顾是基于对投资者的精准画像，通过将经典的资产配置理论、资产定价理论、行为金融理论等多种经典理论与投资实践融入人工智能深度学习算法，为投资者提供基于多元化资产的个性化、智能化、自动化和高速化的大类资产配置以及投资机会预测、投资风险预测、组合管理和风险控制等投资服务。①

　　智能投顾的投资范围涵盖股票、债券、基金、衍生品以及自然资源、房地产等。以股票资产为方向的智能投顾已经大量涌现，而随着中国金融体系的不断完善，预计投资标的包括债券、衍生品、自然资源、房地产等的智能投顾都会出现。

　　智能投顾应是侧重于智能化前端服务的智能投顾，考量的维度在于智能化的程度和诸如资产配置、基金导购、智能客服等服务的体验。除此之外，侧重于投资研究过程的后台服务则应被称为智能投研，其考量维度在于智能算法技术运用的深度和投研的业绩水平。

　　截至 2019 年 6 月 1 日，智能投顾的入口主要为部分高净值用户需要的资产配置服务，但广大中小散户对于智能化策略组合等服务的需求也至关重要。另外一方面，已有的定义集中体现了投资者"投"的一面，而对于更加专业及时的"顾"的一面体现得不够充分。例如，"顾"的一面主要有及时的投资机会预测、前瞻的投资风险预测、优化的组合管理建议和风险控制建议等。这些更加能体现出智能投顾专业上"顾"的优势，但是现阶段反映得不够完备。②

**(二) 智能投顾的分类**

　　根据人与机器参与的相对程度，智能投顾模式可以分为三类。

　　1. 机器导向

　　整个投资过程均由机器主导，从最初的投资者资产组合的建立到后续的追踪调整均无人工的直接参与。机器为主的模式也可以进一步细分，划分为资产大类配置和数据分析两大主要模式。前者是指利用模型建立最优的资产大类，一般都是追求长期稳定收益的被动投资，后者是指通过可获得的数据分析公司盈利情况，进而预测投资收益，从而进行后续投资。

　　2. 以人为主

　　智能投顾不直接参与整个投资过程，而是提供投资者创建投资组合的平

---

　　①　2018 智能投顾白皮书 提出智能投顾九大评价标准. [检索时间：2019.06.01]. http：//edu. sina. com. cn/bschool/2018-12-21/doc-ihmutuee1310573. shtml.

　　②　2018 智能投顾白皮书 提出智能投顾九大评价标准. [检索时间：2019.06.01]. http：//edu. sina. com. cn/bschool/2018-12-21/doc-ihmutuee1310573. shtml.

台。以人为主的模式也可以分为两类，划分为主题投资和跟踪投资两大模式。主题投资是在投资者有明确投资方向的前提下，结合智能投顾的模型算法给出该主题下的最优投资策略，而跟踪投资则是投资者在参考职业投资者的投资组合后，对其作出适当地变动，再交给智能投顾进行后续投资。

3. 人机结合

传统投顾和智能投顾同时存在于建立并追踪用户资产组合的过程当中。人机结合的主流模式是线上理财工具和线下投资顾问相结合，直接对用户进行筛选，对于优质客户，以人工服务为主，而对于其他客户，则通过线上理财工具来完成他们的投资过程。

## 三、智能投顾的历史

智能投顾最早起源于 2008 年经济危机中的美国。2008 年约翰·斯坦因（Jon Stein）创立了第一家智能投顾平台 Betterment，并于 2010 年正式提供产品。起初智能投顾行业的发展较慢，直到 2012 年智能投顾的管理规模依然接近零增长，但随后该行业便呈现井喷式发展。有机构预测，到 2020 年，智能投顾行业的总体管理规模将突破 2.2 万亿美元 。[1]

相比于国外发展较早、参与者众多且发展较为完善的智能投顾领域，国内的智能投顾仍然处于兴起阶段，大部分国内的智能投顾平台都难以具备国外平台的高度，而仅仅只是简单的资产配置，对资产的动态管理、实时管理、风险管控等方面都有明显不足。

## 四、智能投顾的要素

数据、投资模型及决策算法是智能投顾的关键要素。

在静态视角之下，智能投顾采集用户基本风险偏好、历史交易、价格变化数据等金融数据，并依据现代投资组合理论、资本资产定价模型等模型和算法建立投资模型，筛选投资标的。

在动态视角之下，智能投顾采集诸如统计数据、突发事件、舆论等实时数据，依据决策树、朴素贝叶斯、机器学习等算法对市场的实时变化做出相应的决策，调整用户的投资组合。

---

[1]　Robo-advisor.［Retrieved on 2019.06.01］. https：//www.wikizero.com/en/Robo-advisor.

## 五、智能投顾的评价标准①

### (一)丰富量化投资经验团队

不论 IT 技术如何先进，智能投顾的核心是策略和算法，只有两者紧密结合，才能大幅度提高策略和算法的效率和效果。截至 2019 年 6 月 1 日，这些训练机器的策略算法在金融领域的人工智能技术条件下，无疑需要一个具备长期量化投资经验和研究经验的金融工程团队。团队的核心成员至少需要 5—10 年的量化研究投资经验，需要多年优秀的公开产品管理业绩。

### (二)独具特色的核心量化技术

团队的核心量化技术能够独具特色自成一家。量化的研究方向要多，包括大盘择时、风格轮动、行业配置、主题配置、资产配置、选股策略、套利策略、对冲策略、交易策略、衍生品策略和程序化交易策略等等。团队必须在某一方面具备行业独特的领先优势和持续开发量化技术的能力。

### (三)强大的数据库

一个好的智能投顾产品离不开强大的数据库作为支撑。这些数据库不仅包括宏观经济数据库、交易数据库、一致预期数据库、用户轨迹数据库、用户交易记录、上市公司基本面数据库、基金数据库、新闻数据库，还包括深度加工的特色指标数据库，如并购重组数据库、基于交易数据衍生的各类指标数据库、市场温度数据库等等。

### (四)强大的金融工程团队

智能投顾产品的核心是算法和策略，而领先的算法和策略则需要一个具备强大金融工程研发能力的研究团队。团队成员需要具备多年的金融工程工作经验和基金管理经验，熟悉择时、选股策略、行业配置、大类资产配置等各个领域的研究，具备前瞻性的金融工程发展视野。一个强大的金融工程团队不仅需要有着强大编程能力的成员，还需要具备物理和数学等理科背景的人才。统计物理、理论物理、复杂系统理论和非线性科学等学科的诸多理论均可以通过研

---

① 2018 智能投顾白皮书 提出智能投顾九大评价标准．［检索时间：2019.06.01］．http：//edu. sina. com. cn/bschool/2018-12-21/doc-ihmutuee1310573. shtml.

究金融市场的自组织性等特性而涌现出的宏观规律性来对金融市场进行多角度深入剖析。

### (五)强大的人工智能 IT 团队

强大的智能投顾离不开一个强大的具备人工智能 IT 技术开发能力的团队。随着多层神经网络技术和机器学习技术迅猛发展,智能投顾要如何吸收这些技术用于策略的开发以及如何落地成为产品便成为一个新的关键环节。

### (六)精通业务细节的风控团队

智能投顾的风险不仅包括智能产品本身的风险,还包括产品的智能匹配风险、智能交易风险、智能平衡风险等各种与算法和 IT 技术有关的新型风险。这无疑需要一个更加精通人工智能知识和相关法律法规的风控团队。此外,由于多数智能投顾公司尚未获得牌照,如何在现行法规下合规开展对外合作,也是风控团队的重要工作。

### (七)出色的产品业绩

智能投顾作为新生事物,不管 IT 技术如何先进,也不论机器学习理论如何得到使用,最终还是以业绩为王。

### (八)广大的用户群体

用户群体是智能投顾平台的服务主体。良好的用户体验和活跃的社交平台均可以成为吸引广大用户的平台特性。用户的认可程度同样是评价一个智能投顾平台是否具有核心竞争力的重要参考指标。

### (九)丰富的产品体系

丰富的产品体系可以同时满足不同用户群体的需求,例如针对高净值人群的长期稳定收益投资组合和针对散户的低门槛投资组合等等。一个丰富的、不断更新的产品体系有助于智能投顾平台保持用户数量和质量的可持续增长。

## 六、智能投顾与传统模式的对比

### (一)智能投顾的优势

传统的投资顾问是纯人工的投资顾问,其采用一对一的形式了解客户信息，制定投资方案，并按情况调整。相比于传统投顾，智能投顾更加"智能化"，其优势主要有以下六点。

1. 覆盖客户范围广

传统投资顾问需要站在投资者的角度，帮助投资者进行符合其风险偏好特征、适应某一特定时期市场表现的投资组合管理。这些工作均需要较高的人力成本，财富管理服务也因此无形地提高了门槛，只面向高净值人士开设。而智能投顾以机器人的方式进行投资组合管理，大大节约了人力成本，降低了进入门槛，使得投资顾问不再是高净值人群的专利。以招商银行为例，其面向高净值人群的私人银行服务门槛为 1000 万元人民币，而 2016 年 12 月推出的摩羯智投服务门槛仅为 2 万元人民币，服务门槛大为降低。①

2. 效率高

传统投顾主要依据个人的知识和经验，同时结合投资者的资金规模和投资目的，为投资者提供资产配置组合，因此其在同一时刻只能为单一投资者提供服务，效率相对较低。智能投顾将理财专家的投资知识和投资经验算法化，一套系统可以同时为成千上万个需求各异的投资者提供专业化的投资服务，有着相对较高的效率。

3. 便捷性强

投资者只需要在智能投顾平台上填写相关资料，智能投顾平台便能够根据资料分析投资者的风险偏好程度，为其推荐合适的资产配置组合。在投资者完成资产配置后，智能投顾平台会跟踪投资者的资产组合，在资产组合中的某项资产偏离预定比例时，自动实现优化和平衡。此外，智能投顾能够实现 7×24 小时为投资者提供服务，投资者可以随时通过手机等移动设备了解资产组合的表现和获取投资服务，无需传统投顾服务的提前预约，还能节约花费在交通上的时间和金钱成本。

4. 管理费用少

传统投资顾问的管理费率平均在 1% 以上，而智能投顾通过人工智能节省了昂贵的人工成本，大大降低了投资理财的服务费用，将费率降低到 0.3% 左右甚至更低。这种在技术驱动下的性价比的提升，使得新中产阶级乐于选择

---

① "机器人理财"的成与败．［检索时间：2019.06.01］．http：//news.163.com/18/0130/05/D9CI358J00018AOP.html.

后者。①

5. 客观中立

不少传统投资顾问将资金投入母公司或合作机构的产品中，存在着风险过于集中的问题，且易受投资顾问个人偏好的影响。相比而言，智能投顾有着更分散的风险敞口。除了对不同市场板块的风险分散，智能投顾还追求地域、企业规模、经济类型和期限结构等类型的分散。智能投顾的投资面覆盖股票、债券、国内 ETF、海外 ETF 和 QDII 等不同领域，并通过人工智能动态地监测投资组合，持续跟踪市场变化，在偏离目标配置时再平衡。除此之外，智能投顾平台能够预先设定止盈止损点并严格执行，避免因投资者的感性而做出不理智的决策。

6. 信息透明、代理成本低

智能投顾能够比较准确了解投资者的风险偏好和收益预期，并通过后台算法自动匹配特定投资者的投资策略。高度的自动化流程使得系统的透明度大大提高，不但为中小投资者提供个性化的资产配置方案，而且通过信息的对称化和规范化给后者更多的信赖感。

资产所有权与使用权的分离会产生委托代理关系，而委托代理关系会产生代理成本。当传统投顾的个人利益与投资者的利益发生冲突时，由于业务的不透明性，少量传统投顾可能会优先考虑自身的利益。由于智能投顾需要事前披露投资标的和投资策略等信息，再加上整个资产配置过程的相对透明性，智能投顾平台能够有效避免较高代理成本的出现。

### (二) 智能投顾的劣势

任何事物均有两面性，智能投顾的劣势主要有以下五点。

1. 维护费用高

传统投顾主要依靠自身的投资知识和投资经验，对 IT 软硬件设施的要求不高，因此相应基础设施的维护费用较低。智能投顾对 IT 软硬件设施的依赖程度较高，需要专业人士对数据库和相应设施进行长期和高频的维护，需要相对较高的维护成本。

2. 同质化风险较大

不同传统投顾为投资者提供的投资建议存在较大的差异，同一个传统投顾

---

① 智能投顾能解决投资者理财痛点吗？［检索时间：2019. 06. 01］. http：//www. sohu. com/a/137149956_699971.

为不同投资者提供的投资建议也可能存在差异，传统投顾带来的同质化风险较小。但是智能投顾由于采用相同的算法，提供的建议容易趋向于同质，可能会放大市场的波动，存在着额外的风险。

3. 风险评估偏差

投资顾问服务的核心在于正确评估投资者的风险偏好程度，在此基础上为投资者提供合适的资产配置组合。智能投顾仅从几个简单的问题对投资者进行评估相对缺乏说服力，若评估存在偏差，不合适的投资组合可能会给投资者造成巨大的损失，而专业的传统投顾通过和投资者面对面的交流，可以更加全面地了解投资者，进而有利于做出正确的风险评估。

4. 不适合复杂情况

截至 2019 年 6 月 1 日，由于智能投顾发展的阶段局限性，当投资者的资产结构、交易情况和税收情况较为复杂时，已有的智能投顾很难考虑周全，提供的投资建议也不能涵盖所有账户的情况，而专业的传统投顾具有丰富的投顾经验，往往能够为投资者提供全面的投资建议。

5. 投资表现有待长时间验证

传统投顾存在的时间较久，经历过很多个经济周期，其长期的表现已经获得市场的认可。智能投顾于 2008 年金融危机后才开始出现在市场上，而真正得以推广的时间是在 2012 年，相比于传统投顾，智能投顾在市场上出现的时间较晚，未经历过整个经济周期，不能确定其整个经济周期内的综合表现。①

# 第二节　国外案例

## 一、Betterment 综述

Betterment 成立于 2010 年，截至 2019 年 6 月 1 日，其管理的资产规模已经超过 164 亿美元，是美国机器人投顾行业巨头之一。② Betterment 主要面向零售用户、机构用户及退休用户三类客户，管理的投资账户范围为传统个人退

---

① 智能投顾的 SWOT 分析．［检索时间：2019.06.01］．http：//www.nifi.org.cn/up-load/2016/11/29/14804163738564956hp.pdf.

② Betterment.［Retrieved on 2019.06.01］．https：//www.wikizero.com/en/Betterment_（company）.

休账户(IRA)①、罗斯个人退休账户(ROTH IRA)②、简易雇员退休金计划、个人投资、联合投资和信托投资。Betterment 的投资标的为 13 个交易型开放式指数基金(ETF),其中包括 6 支股票型 ETF 和 7 支债券型 ETF,通过对这两类进行组合,来达到用户的配置目标。

　　Betterment 的经营模式是先对用户的年龄、投资目标、投资期限进行详细调查,随后平台将自动返还投资者一个科学、安全、有效、长期的股票、债权配置方案。用户可以看到预期收益、风险系数、期限、投资比例等信息。用户也可以在一定的范围内依据自己风险的承受能力,调整股票和债券投资的比例,并在平台上直接进行投资交易,之后再由 Betterment 平台对账户资产进行智能化管理。据历史数据计算,Betterment 的收益率约为 4.3%,远高于 2019年美国 10 年期国债 1.5%的收益率。③

## 二、产品介绍

### (一)零售用户

Betterment 可供零售用户选择的财务目标规划有以下五个:

(1)退休:参与期限最多 50 年,股票配置比例为 56%—90%,在预定日期前将余额转移到退休收入账户。

(2)退休收入:参与期限最多 30 年,股票配置比例为 30%—56%,在预定日期前以稳定的速度撤回。

(3)安全保障:股票配置比例为 40%,在任何时间都可以变现。

(4)一般投资:股票配置比例为 55%—90%,参与期限无限制。

(5)购买大件(房产、教育及其他):参与期限最多 30 年,股票配置比例

---

①　IRA stands for Individual Retirement Account, and it's basically a savings account with big tax breaks, making it an ideal way to sock away cash for your retirement. A lot of people mistakenly think an IRA itself is an investment – but it's just the basket in which you keep stocks, bonds, mutual funds and other assets.

②　Roth IRA stands for an individual retirement account allowing a person to set aside after-tax income up to a specified amount each year. Both earnings on the account and withdrawals after age $59^{1/2}$ are tax-free. It's created in 1997 and named for Senator William Victor Roth II (1921 – 2003) of Delaware, who proposed this in Congress.

③　Betterment. [Retrieved on 2019.06.01]. https://www.wikizero.com/en/Betterment_(company).

为 5%—90%，在预定日期全部清偿。

这样的设计原理是用户所回答的风险偏好水平与达成投资目标所需要的风险水平并不相符，而且投资期限、投资目标以及资金支出计划才是资产配置需要考虑的问题。退休金等长期的投资计划可以在股票资产上进行更高比例投资，因为从长期来看股票的投资回报高于债券的投资回报。购买大件等短期的资金需求则需要投资较多收益类的债券、较少的股票来避免短期内亏损。对于没有明确目标的一般投资计划，Betterment 根据用户的年龄来配置资产投资比例，用户越年轻，投资组合可承受的风险也越高，通常这类投资组合中股票占比不低于 55%。

### (二) 机构用户

在金融科技领域整体发展放缓，同时传统金融机构技术更迭的压力下，2016 年 Betterment 开始改变单一的投资手段，增加为 B 端市场开发的新产品 Betterment for Advisor。B 端产品针对的是独立投资顾问。其产品可以代替投资顾问们做重复性的文件与报告整理工作，也给投资顾问提供包括高盛以及 Vanguard 集团的投资组合选择。独立金融顾问可以借助 B 端产品为客户建立可定制化服务。

## 三、产品优势

### (一) 收费低廉

Betterment 的收费模式具有很大亮点，一方面对账户没有最低投资金额的要求，另一方面买卖 ETF 不收取客户佣金，而是根据账户余额收取管理费，费率相对较低，为账户余额的 0.15%—0.35%。客户的投资金额越多，费用越低。如果账户存款低于 100 美元，每月额外收取 3 美元的管理费；对于账户存款低于 1 万美元的账户，每年收取 0.35% 的管理费。以上两种账户需要每月增加不低于 100 美元的投资。账户金额在 1 万至 10 万美元，每年收取 0.25% 的管理费；高于 10 万美元的账户的每年收取 0.15% 的管理费。对于这两类账户不要求每月增加投资。

### (二) 操作便捷

客户仅在平台即可完成全部交易。平台操作步骤简单，用户只需投入资金并决定股票、债券的比例。用户还可以在平台同时设立多项投资目标，而系统会在评估所有目标的前提下，给出最优化的投资组合。Betterment 的网站易用性很高，教育引导贯穿整个体验过程，客户显示界面和投资组合等网页均清晰展示。

## 四、产品劣势

相较于智能投顾，传统金融机构仍是占据市场的绝对主体，特别是高净值群体更倾向于将资产交给传统金融机构中专业的投资顾问进行管理。此外，据摩根士丹利预测，70%以上的现有金融机构已经或者即将开始更新自己的技术手段。① 由于 Betterment 创立较晚，加之高净值客户对智能投顾的信心不足，尽管其已经开发专门面向机构投资者的产品和服务，但其目标客户仍然主要是年轻一代的中产阶级群体，吸引高净值客户的能力有限。

Betterment 客户平均账户金额约为 2.7 万美元，低管理费使得每用户平均收入（ARPU）②小于 100 美元每年。为建立品牌认知，吸引更多潜在用户，Betterment 不断通过电视、广播、网站、社交平台、出租车广告等线上下渠道展开病毒式营销，据 FinaMetrica 和 Morningstar 估计，其获客成本在 310 美元到 1000 美元之间。③ 这意味着 Betterment 暂时无法覆盖获客成本，或至少需要一段时间才能收回成本。截至 2019 年 6 月 1 日，我们依然没有看到 Betterment 盈利的报道。

# 第三节　国内案例

## 一、国内智能投顾平台的分类

### （一）按照开发主体分类

1. 独立的第三方财富管理机构

---

① 被玩坏了的智能投顾，鼻祖 Betterment 这两年活的有点难 . ［检索时间：2019.06.01］. http：//www. sohu. com/a/160248439_114778.

② 每用户平均收入（Average Revenue Per User, 缩写为 ARPU）注重的是一个时间段内运营商从每个用户所得到的收益。很明显，高端的用户越多，ARPU 越高。从运营商的运营情况来看，ARPU 值越高说明运营商的收入越高。

③ 在智能投顾的蓝海里搁浅：Betterment 的启示 . ［检索时间：2019.06.01］. https：//www. weiyangx. com/230068. html.

以技术驱动的智能投顾创业公司和转型中的互联网公司为典型，例如蓝海智投、理财魔方等，其在 2015 年率先将智能投顾模式引入国内。

2. 传统金融机构

以银行、券商、基金为代表推出的智能投顾产品或线上平台，例如摩羯智投、金贝塔等等。

3. 互联网巨头

凭借流量和数字技术优势进行智能投顾业务扩张的互联网公司，例如京东智投、同花顺的 iFinD 等。

**(二) 按照业务模式分类**

1. 独立建议型

与国外 Betterment、Wealthfront 等知名平台类似，这种类型的公司通过调查问卷的方式对用户进行分析，经过计算，为用户提供满足其风险和收益要求的一系列不同配比的金融产品。该类智能投顾平台为理财用户提供建议，并代销其他机构的金融产品，平台自身并不开发金融产品。平台推荐的金融产品大多数为货币基金、债券基金、股票基金、指数基金等，有些平台还配置有股票、期权、债券和黄金等。

2. 综合理财型

这种类型的公司将智能投顾的功能整合到公司原有的运营体系当中，通过对接内部以及外部投资标的，既能更好地服务原有体系的客户，还可以吸引更多的新客户。这种模式不仅可以更好地服务投资者，还可以推动自身理财产品的销售，达到多重效果。其特点在于充分利用理财平台本身已有的客户资源优势、广泛的销售渠道优势以及多元的资产标的优势。

3. 配置咨询型

这种类型的公司通过在全球市场各类产品数据的实施抓取，统计各类金融产品的收益率数据和风险指标等信息，对市场上的各类型金融产品进行筛选和排序，结合用户的风险评测指标，帮助用户选择更为适合的金融产品组合，用户自行完成交易。该模式主要针对更为专业的个人投资者，可以提供更加丰富的数据与指标，协助这些投资者做出决策。

4. "类智投模式"

这种类型的公司多为多为以量化策略、投资名人的股票组合等为参考进行跟单操作，几乎无智能化或者是自动化的投资属性，同时也是兼具论坛性质的在线投资交流平台。我们认为这类公司并非是严格的智能投顾。①

## 二、独立建议型案例：理财魔方

### (一)公司综述

理财魔方团队成立于 2014 年 12 月，APP 于 2015 年 3 月上线。截至 2019 年 6 月 1 日，理财魔方的特色是追踪用户理财产品收益、搜索各种理财产品并对各类理财产品进行收益排行、全球资产配置、风险定制和管家服务等功能。理财魔方平台的主要收益来源于对用户资产管理收取的前端费用。以风险等级 5 为例，对于投资金额不同的客户，理财魔方会收取不同的前端费用(2000元—10 万：0.14%；10 万—410 万：0.13%；410 万—2000 万：0.10%；2000万元及以上：0.07%)。②

### (二)产品介绍

1. 智能投资管理系统

理财魔方的智能投资管理系统(智能投顾系统)通过采用数据管理、景气度分析、资金池管理、风险控制等提供资产管理服务。

2. 全球资产配置

理财魔方的投资组合通过投资全球市场来分散风险，其投资组合不仅包含中国内地市场，还涉及美国、中国香港、德国、亚太地区等多个金融市场，其投资组合涵盖了 100 多个国家和地区、10 多个行业、超过 3000 家公司，包括苹果、谷歌、奔驰、摩根大通和通用电气等全球 500 强企业。③

3. 风险控制

风险控制是理财魔方智能投顾的核心。理财魔方 APP 会对投资者进行风险测评，并通过风险测评问卷、注册信息、使用行为和交易行为对投资者的风险承受能力进行评估，为投资者计算出相应的风险等级(1—10 级)，并在投资

---

① 埃森哲：智能投顾在中国．[检索时间：2019.06.01]．http：//www.199it.com/ar-chives/738961.html.

② 理财魔方．[检索时间：2019.06.01]．http：//m.licaimofang.com/article_detail/112.

③ 你们想知道的智能投顾的问题都在这里了．[检索时间：2019.06.13]．http：//m.licaimofang.com/article_detail/98.

者使用的过程之中根据上述数据或信息的变化进行动态的优化。

理财魔方通过一个复杂的风控体系将最大回撤控制在投资者能够承受的范围之内，避免大多数投资者追涨杀跌的行为，使其坚持长期投资。

4. 管家服务

理财魔方在客户选择组合进行投资之后，进行一站式理财管家服务。该服务包括调仓服务、组合追踪分析、风险事件预警、投资策略沟通以及专属投顾服务。

## (三) 平台优势

通常理财平台偏好于从规模和用户数量下手，强调提高用户留存率，拥有更大的规模，更多的客户群体，价值就越大。然而理财魔方作为一家初创公司，无法与定位低端用户的余额宝、招财宝等公司以及定位高端用户的大型投行、高端私人财富管理理财机构竞争，因此其定位中产阶级人群。其定位的主要原因是中产阶级有钱投资，但是投资渠道少，他们需要一个科学的投资工具。

## (四) 平台劣势

1. 投资标的问题

理财魔方的投资标的大部分是公募基金，属于主动型管理基金。然而国外智能投顾的标的大部分都是 ETF，是一种被动型指数基金。选择公募基金会使投资者的申购费、赎回费以及管理费高于被动型指数基金。

2. 用户刻画不完善

理财魔方对客户的刻画只有短短 9 道题的调查问卷。这存在着两个问题，一方面是调查问卷的内容不丰富；另一方面是关于客户的数据不够。调查问卷的内容难以完全刻画客户的风险偏好，比如说问卷询问了客户的税后收入和可投资资产，但是却没有询问客户的资产负债情况，也没有询问现金流量情况，而且也没有询问客户将来的收入支出情况。如果客户现阶段收入较少，将来收入将大幅度增长，那么这是否意味着客户可以承担较高的风险呢？因此，客户的财务特征无法得到刻画，智能投顾平台得到的风险偏好数据将与客户的真实值产生偏差。

除此之外，理财魔方缺乏大数据的支撑。如果要实现对客户的专业配置，平台还需要大数据的支撑，这就需要智能投顾有很多的客户流量。而理财魔方由于仅针对中产阶级人群，其拥有的客户数量要远小于综合性平台(例如摩羯智投)。

3. 较高的调仓费用

理财魔方可以根据动态变化的市场环境,对平台用户的资产进行更新。通过一键优化功能,调整使用者资产的比例分配。然而理财魔方每一次调仓都会向平台使用者收取一定比例的调仓费用。以等级 5 为例,该投资组合平均每月调仓 1 次,每次调整仓位的比例为 30.90%,平均每次的调仓费率为 0.12%,频繁的调仓会使得理财魔方调仓费用较高。①

### 三、独立建议型案例:金贝塔

#### (一)公司综述

金贝塔是嘉实集团注资设立的网络科技公司,其核心产品是兼具社交和组合投资性能的平台——金贝塔在线。2016 年 7 月金贝塔获得蚂蚁金服的战略投资。此次战略投资不仅为平台带来了资金的注入,同时也获得了蚂蚁金服在互联网、大数据、云计算、人工智能等多方面的技术支持。

金贝塔的核心是名为"聪明的贝塔"(Smart Beta)的量化创新平台。Smart Beta 可以通过使用不同的加权方式,增强传统市场指数的风险收益比。平台主要基于高分红、高成长、高价值这三类简单策略,而中国市场的弱有效性可能会使得这三类简单策略得到更广泛的应用。因为弱有效市场会使得市场遗漏较多的有效信息,这样的市场环境也使得金贝塔的量化模型研究可能捕捉到更多获取阿尔法的机会。除了为投资者提供证券开户、个股交易、组合一键交易、投资学习课等核心服务外,金贝塔还提供大公司每日动态、股市直播、数据查询等辅助服务。

#### (二)产品介绍

Beta 指的是贝塔收益。传统指数多采用市值加权的方法,以成分股市值作为投资组合加权的依据。指数承担对应的市场或行业平均风险,获取其平均收益(Beta 收益),所以指数投资也称为被动投资。而随着指数投资的发展,人们开始对指数编制过程中成分股及权重的确认方法进行优化,一种可能跑赢传统市值加权指数的策略应运而生,即 Smart Beta。它介于传统的被动投资与主动量化投资之间,突破了传统市值加权指数的限制,为投资者提供更为灵

---

① 理财魔方官网. [检索时间:2019.06.01]. http://m.licaimofang.com/article_detail/112.

活、多样的投资组合策略。①

作为主动投资建议型投资平台，Smart Beta 彻底否定了指数投资的"唯市值论"，市值越大并不能说明投资价值越高。Smart Beta 大部分的策略采用风险因子加权的方法，主要利用现代投资组合理论中的资产定价模型。该理论认为股票收益的来源由众多风险因子所解释，比如法马-兰奇（Fama-French）三因子模型中提到的市场因子、规模因子和价值因子。因此只要将投资组合选择性地暴露在特定的风险因子下，就能获得与之相对的风险溢价。而其中采取规则化、透明化的方法，对经检验有效的风险因子进行加权就是 Smart Beta 策略的核心思想。

此外，在考察 Smart Beta 策略时，除了关注超额收益外，还需要同时关注策略风险。只有在收益风险比（夏普率）显著高于对应的指数时，才认为该策略是有效的。可见，基于因子的 Smart Beta 策略可能具有更高的投资价值，因为 Smart Beta 策略可能持续、稳定地创造出高于指数的回报水平，且可能比指数有更好的收益益风险比。

### (三) 平台优势

1. "三条腿走路"

金贝塔通过量化、分析师、草根达人三类组合展现，为投资者提供全方位的投资指导。

2. 对投资者友善度高

第一，平台的易操作性大大降低了投资者的学习难度。金贝塔研发了一键交易功能，只需点击即可完整复制整个量化组合的持仓，通过合作券商的账户进行投资。

第二，投资者准入门槛低。考虑到许多资金量较小的用户的投资门槛问题，金贝塔利用量化模型精选 2—5 只证券构建组合，将投资门槛大幅降至 400 元左右。

第三，金贝塔平台还通过生动的介绍进行投资者教育，如将股息分红比作"现金奶牛企业"定期生产的奶源，更易于投资者理解量化策略的核心所在。②

---

① 中证 500 低波 ETF. [检索时间：2019.06.13]. https：//xueqiu. com/7609098416/117544979.

② 量化投资助力普惠金融，金贝塔获商业模式创新大奖. [检索时间：2019.06.01]. http：//m. ccidnet. com/pcarticle/10214776.

此外，平台开设多种投资课程，还设计了通过购买投资课程才能解锁某一投资计划的机制。

### (四) 平台劣势

#### 1. 投资者信任度低

一方面，虽然平台实行了证券公司和"聪明的贝塔"双重认证的方式，但粉丝对于网络社交平台上的投资达人的信任程度有限。另一方面，投资达人的积极性也有待进一步地挖掘，投资英雄榜上的英雄半年更新一次状态的现象也屡见不鲜，粉丝与投资达人缺乏互动。可见，金贝塔所宣称的"社交+在线券商+炒股"中的第一环"社交"并没有真正建立起来。

金贝塔平台可以增加对投资英雄奖励的额度，激发英雄发帖的积极性，也可以开展选股直播。直播的方式不仅可以增加平台人气，同时也可以增加投资者对投资英雄的信任度。只有真正解决了投资者的信任问题，平台才会得以进一步发展。

#### 2. 支付宝用户转化难度大

金贝塔的一大亮点在于其在 A 轮融资中获得了蚂蚁金服的战略投资。早在 2015 年初，支付宝钱包 APP 就内置了股票行情，为将来推出股票交易功能做准备，此次注资金贝塔，也是蚂蚁金服试图将支付宝存量用户转化为股民的尝试。而蚂蚁金服上一次转化支付宝存量用户的尝试——推出余额宝，就取得了巨大的成功。

然而，该尝试面临的挑战要远大于当年的余额宝。首先，余额宝的成功表明支付宝的主体用户是风险厌恶型的。他们满足于每日更新的小额收益，而不愿意承担本金亏损的风险。因此，将习惯了每天有小钱赚的余额宝用户转化为动辄要承担较高市场波动的股民，改变其风险偏好相对困难。①

## 四、综合理财型案例：摩羯智投

### (一) 公司综述

摩羯智投是招商银行旗下的一款智能投顾平台，于 2016 年 12 月 6 日上线，嵌入在招商银行的 APP 中。摩羯智投主要涵盖摩羯组合、自助选基、聪

---

① 蚂蚁金服入股金贝塔，Fintech 背后网上炒股的野望. [检索时间：2019.06.01]. https：//zhuanlan. zhihu. com/p/21584256.

明定投、基金诊断等几个模块。摩羯智投虽然大量运用了人工智能技术中的机器学习算法，但并非完全依赖机器，而是通过人工与机器的智能融合方式，是智能投顾领域的一次创新尝试。

摩羯智投是一种基金组合投资服务，本身不会收取任何费用，投资者的服务费用主要产生于基金的申购和赎回时产生的申购和赎回费用。

**（二）产品介绍**

1. 摩羯组合

摩羯组合是摩羯智投的主要服务功能，是一种智能量化、一键配置的服务模式。

该服务首先根据投资者选择的大致投资年限和风险承受级别测算投资者的风险偏好，并模拟出该投资偏好下的历史年化业绩和历史年化波动率。在投资者选定投资偏好后，摩羯智投利用算法进行股票类、固定收益类、现金及货币类、另类及其他的四大类资产配置，并以此模拟出该组合过去三年的历史业绩数据供参考。投资者只需一键点击就可以按照改变组合进行投资。在申购组合时，各只基金的配置比例均已固定，无法调整，也无法选择单只基金单独申购。在申购额度上，首次申购最低限额是2万元，单次申购上限为50万元，单日累计限额300万元。

将摩羯智投不同风险等级对应的收益和理财魔方的相应收益进行比较，其结果如表9.1所示。

表9.1　　　　　　　　　　**模拟历史年化业绩**[①]　　　　　　　　（单位：%）

| 风险等级 | 短期投资（0—1年） | 中期投资（1—3年） | 长期投资（3年及以上） | 理财魔方 |
|---|---|---|---|---|
| 1 | 3.76 | 4.04 | 4.32 | 6.23 |
| 2 | 4.60 | 4.88 | 5.11 | 7.20 |
| 3 | 5.39 | 5.67 | 5.94 | 8.25 |
| 4 | 6.22 | 6.44 | 6.71 | 9.41 |
| 5 | 6.99 | 7.26 | 7.53 | 10.68 |
| 6 | 7.44 | 8.01 | 8.28 | 11.67 |

---

① 数据来源于摩羯智投模拟历史年化业绩（2019）.

续表

| 风险等级 | 短期投资(0—1 年) | 中期投资(1—3 年) | 长期投资(3 年及以上) | 理财魔方 |
|---|---|---|---|---|
| 7 | 8.55 | 8.82 | 9.01 | 12.32 |
| 8 | 9.28 | 9.55 | 9.82 | 13.90 |
| 9 | 10.08 | 10.25 | 10.52 | 14.78 |
| 10 | 10.79 | 11.05 | 11.32 | 15.29 |

从以上数据可见，在同样的风险等级下，理财魔方的投资收益率明显高于摩羯智投。若认为收益率和风险成正相关，则摩羯智投的投资比理财魔方更加稳健。从投资标的上分析原因，在同一风险等级下，摩羯智投投资在高风险资产如股票类基金的比例都小于理财魔方，同样可以在一定程度上解释上述结果。

摩羯智投不同风险等级的基金组合对应的收益率波动如下：

表 9.2　　　　　　　　**模拟历史年化波动率**[①]　　　　　　（单位：%）

| 风险等级 | 短期投资(0—1 年) | 中期投资(1—3 年) | 长期投资(3 年及以上) |
|---|---|---|---|
| 1 | 1.95 | 2.15 | 2.41 |
| 2 | 2.62 | 2.82 | 3.07 |
| 3 | 3.66 | 4.28 | 4.91 |
| 4 | 5.56 | 6.02 | 6.66 |
| 5 | 7.32 | 7.97 | 8.63 |
| 6 | 9.3 | 9.96 | 10.63 |
| 7 | 11.29 | 11.96 | 12.36 |
| 8 | 13.01 | 13.67 | 14.33 |
| 9 | 14.98 | 15.64 | 16.3 |
| 10 | 17.02 | 17.92 | 18.82 |

---

①　数据来源于摩羯智投模拟历史年化波动率(2019).

2. 自助选基

自助选基融合了招商银行基金的优选模型，根据投资者选择的可接受投资亏损幅度和投资期限，从产品表现、基金经理、基金公司三大纬度为基金打分，并且采用一定的权重计算排序，为投资者筛选出相应的基金。权重可以根据投资者偏好自行设定。

3. 聪明定投

聪明定投是一种按照事先约定的时间和数量，帮助投资者自动进行理财产品投资的工具。与传统的基金定投服务相同，聪明定投能够实现自动扣款、强制储蓄、积少成多、分散风险、稳健增值的功能。但不同的是，聪明定投一方面根据模型选择相应的基金供投资者投资，另一方面结合实际市场指数的表现，在市场大幅偏离均线或者市场中枢时调节定投金额，实现市场高位少投、市场低位多投的定投扣款。

4. 基金诊断

基金诊断是一种基金评价服务。该评价体系融合了招商银行基金优选模型，基于数个不同维度对基金进行评价。此外，基金诊断也提供基金比较的服务，即从不同维度来对比两只基金，方便投资者比较不同基金的优劣并进行甄选。

5. 摩羯星空

摩羯星空是专注于公募基金的投资知识平台。一方面，刚入门的投资者可以从该平台中学习基金投资知识，积累相关经验。另一方面，该平台也是一个投资者进行交流讨论的论坛，投资者可以在平台上分享自己的策略和心得。通过该平台，投资者也能直接与权威专家和"明星投资者"进行交流互动。但是通过实际的调研发现，该平台的独家发布文章阅读量每篇都不超过 1000 次的阅读量，反映了该服务流量热度比较低。

（三）平台优势

1. 多样化的专属理财规划

摩羯智投支持客户多样化的专属理财规划。客户可以根据资金的使用周期安排，设置不同的收益目标和风险要求，拥有多个独立的专属组合。

2. 方便调整投资组合

资本市场瞬息万变，随着时间的推移，市场行情会不断发生变化，所以满足投资者的最佳投资组合也需要随之变化，这就要求智能投顾能够根据条件的变化及时改变投资者的投资结构。摩羯智投具有一键优化功能，可以把基金智能投资组合比例调整为摩羯智投认为最优的投资组合比例，方便投资者实现动态的资产管理以满足不断变化的市场。

### (四)平台劣势

#### 1. 智能化程度较低

以摩羯智投的摩羯组合服务为例，在该产品的使用过程中，投资者输入投资期限与风险承受能力两个指标便可以获得相对应的预期收益率、年化波动率和一个基金资产组合。严格来说，该服务并不能算是一个智能化的投资组合服务，而更多的是将后台已经计算好的投资组合呈现给投资者。摩羯智投只有30 种投资产品，与众多投资者之间存在着明显的供需不对称，这与实现个性化的投资需求明显还有差距。

#### 2. 智能投顾是否深度学习

智能投顾必须不断地收集市场数据并进行分析，同时挖掘数据背后的深层结构。而截至 2019 年 6 月 1 日，摩羯智投的产品仍是人机结合的产物，只能做到智能调仓，机器深度学习的能力明显不足。例如，摩羯智投会推荐年龄较低的群体更多地购买股票，而推荐年龄较高的群体更加稳健的债券，忽略了同一年龄段的个体差异。

## 五、配置咨询型案例：同花顺

### (一)公司综述

同花顺是国内领先的互联网金融信息服务提供商，在业内拥有完整的产业链，产品及服务覆盖产业链上下游。同花顺的主要客户涵盖金融市场的各层次参与主体，包括券商、基金、私募、银行、保险、政府、科研院所、上市公司等机构客户和广大的个人投资者用户。

同花顺的主要业务是为国内外的各类机构客户提供软件产品及系统维护服务、金融数据服务、智能推广服务，为个人投资者提供金融资讯以及各种投资理财分析工具。同时，同花顺在已有的业务、技术、用户、数据等基础上，探索和开发基于人工智能、大数据、云计算、金融工程、人机交互等前沿技术的产品及应用，目标是形成新的业务模式和增长点。根据业务面向的对象不同，同花顺的业务大致分为 C 端和 B 端两大方向。同花顺的 C 端业务处于长期绝对领先的地位，截至 2019 年 6 月 1 日，其注册用户超 3 亿，月活超过 3700 万，日活超过 1600 万，覆盖率和渗透率均为同类应用榜首。B 端业务开展相对较晚(2010 年才开始)，但也开始逐渐加大力度，截至 2019 年 6 月 1 日，其市场占有率落后于 Wind 和东方财富 Choice。表 9.3 是 2019 年 6 月 13 日主流股票类 APP 用户活跃度排名。

表 9.3 　　　　　　　　　主流股票类应用用户活跃度排名[①] 　　　　(单位：万)

| 排名 | APP | 月指数 |
|---|---|---|
| 1 | 同花顺炒股票 | 3474.0 |
| 2 | 东方财富网 | 1202.1 |
| 3 | 大智慧 | 793.9 |
| 4 | 涨乐财富通 | 761.1 |
| 5 | 国泰君安君弘 | 406.4 |
| 6 | 平安证券 | 385.1 |
| 7 | 中信证券 | 345.4 |
| 8 | 广发证券易淘金 | 330.6 |
| 9 | 海通 e 海通财 | 328.0 |
| 10 | 小方客户端 | 321.4 |

该公司 2012 至 2016 年营业收入和归母净利润均保持良好的增长态势，2017 年公司业绩有所下滑，而 2018 年整体数据惨淡，2018 年上半年利润较上年同期减少 33.28%，全年利润同比减少 12.64%，2019 年第一季度情况有所缓和，同比增长 33.25%。同花顺的业绩在 2018 年整体下滑主要归结于国内资本市场的行情持续低迷，而随着 2019 年第一季度市场活跃度回升，投资者对于金融证券咨询的需求有所增长，同花顺的业绩也随之提升。[②]

同花顺定位于综合平台型企业，依托海量用户资源开展各类网页+移动、B 端+C 端、基础+进阶和传统+创新业务。同花顺依托长期口碑积累和各类多渠道引流手段吸引用户，包括重复使用、熟人推荐、高校合作、常规广告等方

---

① 易观千帆. 证券服务应用行业 APP 排行榜. ［2019.06.13 检索］. http：//zhishu. analysys. cn/public/view/wTopApp/wTopApp［. html？cateId＝122&tradeId＝1221200.

② 东方财富网数据中心．［检索时间：2019.06.01］．http：//data. eastmoney. com/bbsj/300033. html.

式。依赖在网页端和移动端的流量沉淀，同花顺的海量黏性投资者用户是宝贵的业务资源。

图 9.1　同花顺财务数据①

同花顺提供部分免费的基础产品和服务，该部分业务虽不直接从用户处收取费用，但可通过开户引流分成、线上基金销售、贵金属交易和广告投放等多元服务变现，主要利用的是公司形成的平台优势。另一部分进阶产品变现包括深度策略提供、线上投顾、智能投顾等收费形式产品。同花顺的业务特点包括：信息全面，用户体验较好；产品线丰富，差异化服务；B 端业务与 C 端业务有机结合；研发投入较大等。

### (二)"i 问财"产品介绍

作为国内领先的互联网金融信息服务提供商，同花顺在近年加大研发投入，凭借其流量和数字技术优势进行智能投顾业务的扩张，试图将大数据与智能投顾业务打造为新的利润增长点，挽救 2017 年以来连续的业绩下滑趋势。

同花顺推出的智能投顾产品主要为配置咨询型，即通过在全球市场各类产品数据的实施抓取，统计各类金融产品的收益率数据和风险指标等信息，对市场上的各类型金融产品进行筛选和排序，结合用户的风险评测指标，帮助用户选取更为适合的金融产品组合，由用户自行完成交易。产品的目标人群主要为较专业的个人投资者，这正是同花顺一直以来占据优势、并竭力提试图高用户

---

① 新浪财经同花顺 2015—2018 年年度报告．[检索时间：2019.06.01]．http：//vip. stock. finance. sina. com. cn/corp/go. php/vCB_Bulletin/stockid/300033/page_type/ndbg. phtml.

黏性的 C 端。

2013 年，同花顺推出了面向个人投资者的投顾产品"i 问财"。用户可直接输入自然语言等筛选条件进行选股，简单快捷，是最基础的投顾业务展现。"i 问财"同时也嵌入同花顺炒股 APP 和同花顺财经等，供用户快速选股，并独立开发了"i 问财"选股和问财智能机器人 APP 形成同花顺产品矩阵中重要的一员，帮助同花顺在股市行情不好的时候黏住用户。

但是，"i 问财"的运营效果却不尽如人意，量化策略的数量也相当有限，低于行业大部分量化策略平台。其选股交易策略由用户创建，通过回测策略来判断其优劣，并且根据该策略给出今日选股。回测区间支持从 2014 年 1 月 1 日到当前的任意时间段，与同类型软件相比该区间长度较短。另一方面，除了网站引流之外，同花顺并没有给"i 问财"做太多广告，这也使得"i 问财"作为一个独立产品的拉新数量有限，更多地起到辅助产品矩阵中其他产品，拉升日活量的作用。

除了作为智能投顾业务中核心的"i 问财"，同花顺的智能投顾相关业务还包括以下几个板块。

1. iFinD 金融数据终端

同花顺于 2010 年推出了独立的在线实时金融信息终端——iFinD 金融数据终端，专注于整合与资本市场密切相关的信息资源，为政府、企业、中介、媒体、投资者等提供金融数据与情报服务，也为同花顺旗下的其他产品例如"i 问财"提供信息与数据支持。

2. "泰达宏利同顺大数据"基金

该公司参与合作设立"泰达宏利同顺大数据"基金，利用同花顺的大数据资源与自有资金采用金融科技方式涉足证券和衍生品投资等。

从盈利模式来看，该公司针对个人客户可能收取产品费、服务费和投顾咨询费，针对机构客户可能收取产品费、服务费和平台增值费用，但是该类业务细分财务数据并未公布，由于开展时间较短，整体尚不成熟，推测整体体量相对较小。

(三) 平台优势

作为国内较早开展智能投顾业务的互联网金融服务公司，同花顺有着诸多优势。

1. 用户优势

智能投顾产品的主要目标群是个人投资者，这正是同花顺一直以来占据优势的 C 端用户，因此同花顺有着渠道领先的用户优势，新业务的拓展较为便捷。

2. 数据优势

同花顺自有 iFinD 金融数据终端，整合与资本市场密切相关的信息资源，为智能投顾中具体投资组合的筛选提供有效的数据支持。

### (四)平台劣势

同花顺在开展智能投顾业务时还面临着一些劣势。

1. 技术劣势

同花顺在人工智能等前沿领域技术能力和人才吸引力远不及顶尖互联网公司，智能投顾作为根植于大数据与人工智能的创新领域，需要强大的技术支撑进行量化分析、投资偏好估算与策略选择。同花顺近年来在推进由服务型平台向技术型平台的转型，但技术始终是同花顺的短板，也是需要有所突破之处。

2. 竞争劣势

由于同花顺的基本盘集中在 C 端的个人用户上，这意味着用户量在一定时期可能出现较大波动。在为组织、机构提供服务方面，同花顺难以与东方财富等公司相抗衡，而在个人服务领域，同花顺的竞争对手则是雪球网、牛股王、爱投顾等后起之秀。除投资信息外的交易、资讯、投资建议、社交这些股民的主流需求已经基本得到满足之后，同花顺很难找到新的切入点拉新促活。同时，随着互联网金融的不断发展，互联网巨头、第三方创业机构在不断加入战场，蚕食同花顺占据绝对优势的个人用户基础，例如京东金融的"智投"和阿里旗下的蚂蚁聚财等产品同样有着庞大也更具用户黏性的客户群，同花顺的前途并不明朗。

## 第四节  智能投顾展望

### 一、美国与中国的对比

#### (一)投资者

在中国的投资者群体当中，中小散户占据着相当大的比例，投资资金相对较少，投资相对分散。除此之外，中国投资者普遍缺乏现代投资理念，对风险管理、分散投资等缺乏了解。相比于中国投资者，美国的投资者则更加成熟和稳健，其投资群体为拥有更高比例的高净值人群，投资的集中度和资金数量均优于中国的投资群体。

### (二) 金融市场

与美国相对成熟的金融市场不同，中国的金融市场仍然处于改革的进程当中，市场开放程度和活跃性较低，金融产品相对较少，波动性较大，市场的有效性较差。

与国外著名的 Betterment 等智能投顾平台不同，国内可配置的金融资产种类缺乏，并且由于国内金融环境的不成熟，政策限制下智能投顾平台暂时无法实现投顾和资产管理的一体化，因此很难实现类似海外的自动投顾。在降低投资交易成本这一智能投顾兴起的最大推动力上，智能化管理作用并不显著，因此国内整体智能投顾业务无法与国外相比较。

### (三) 政策环境

对于投资顾问，美国具有相对完善的监管体系。例如，美国的投资顾问公司在美国证券交易委员会(SEC)①申请注册和服务牌照，由 SEC 监管，并受到《1940 年投资顾问法》的约束。美国投资顾问的监管牌照涵盖资产管理、证券投资建议、理财规划等所有智能投顾的服务内容。Betterment、Wealthfront 等智能投顾平台均在 SEC 下注册，可直接经营智能投顾业务。

相比之下，中国仍然缺乏针对智能投资顾问的相对完善的政策和法律体系，过于严格的监管政策和相应法律的不完善导致了中国智能投顾行业的不规范发展。

### (四) 策略和算法

智能投顾起源于美国，其所采用的人工智能、神经网络等技术要素同样发端于以美国为代表的西方金融市场，并经受住了金融市场的检验。从第三节的分析可见，截至 2019 年 6 月 1 日，中国的部分智能投顾平台存在着智能化不足的问题，其智能算法尚不成熟，深度学习等人工智能算法仍然处于摸索阶段。理财魔方等少数平台有着偏向量化投资理论的策略和算法，但是其平台的

---

　　①　美国证券交易委员会(the U. S. Securities and Exchange Commission，缩写为 SEC)于 1934 年根据证券交易法令成立，是直属美国联邦的独立准司法机构，负责美国的证券监督和管理工作，是美国证券行业的最高机构。

智能化程度仍然有待提高。

除此之外，国外智能投顾平台的策略和算法内生于美国等西方国家金融市场的环境，而中国的金融市场与美国等发达国家的金融市场有着较大的差距，这些策略和算法究竟能否适用于中国的金融市场仍然是一个未知数，有待于市场的检验。

## 二、趋势分析及展望

智能投顾平台发展的主要驱动因素包括国内金融市场的改革逐步深化、各类金融资产和工具的出现和创新、国内居民多元化投资意愿强烈、人工智能等技术提升投资能力和用户体验、降低成本等。随着中国金融体制改革的不断进行，智能投顾将逐步完善，逐步成熟。因此，基于先前的分析和对比，我们认为中国的智能投顾行业有着如下的发展契机。[1]

### (一)规模壮大，体系健全

已有的智能投顾产品的体系仍不健全，相应的基金规模和类别也不足，可供投资者选择的种类并不多，尤其是国内尚缺乏债券、大宗商品及细分行业的ETF基础市场。这些欠缺限制了智能投顾在国内的发展。因此，国内市场应逐步扩大产品的规模，健全产品体系，丰富业务种类，形成一套完整的产业结构。同时，越来越多的企业参与其中，也会为投资者提供更加多样化的选择。

### (二)技术层面的进步

技术同样是国内智能投顾行业发展不如国外的原因之一。涉及到算法和模型，势必会要求算法的不断改进和模型的不断优化。除此之外，关于用户数据接口和平台构建的问题仍需解决。[2]

### (三)投资者态度的改善

传统的人工投顾模式仍占主导，智能投顾想要被投资者接受并且采用需要一定的时间。投资者对于这种人机互动，甚至是全权委托机器的模式需要经历一个心理上适应时期。从国外的发展历程来看，这样的模式优势明显，会吸引

---

[1]　张立钧(2016).中国智能投顾市场蕴藏巨大潜力.清华金融评论，10，93-97.

[2]　刘彬(2018).智能投顾的发展之本与困难之源.中国银行业，2，83-85.

一批投资者的目光。但是短期来看，在国内，智能投顾要取代人工投顾还不太可能。但长期而言，两种模式应该均有一席之地，至少会有越来越多的投资者开始尝试这样的一个新模式。

### (四) 法律和监管体系的完善

国内关于智能投顾市场的准入、数据隐私保护、风险与责任分担等方面的法律法规还不完善，使得很多投资者持观望态度，而法律法规的完善可以参考国外的规章制度，也需要考虑国内本土化的因素。只有健全的法律法规，才能为公司及投资者参与投资活动提供保障。

### 三、智能投顾平台的发展策略

基于上述对于智能投顾的研究分析可知，虽然国内市场存在着诸多不足，但是由于中国的投资规模大、客户基数多，智能投顾将会有相当大的发展潜力与空间。因此，智能投顾等相关领域的当务之急是采取相应的对策，解决发展中遇到的问题。①

### (一) 明确市场定位，制定长远规划

智能投顾的表现有待长时间的检验，并且短期内，投资者仍倾向于人工投顾，因此商业公司需要有全局的网络观以及整体的战略部署。在发展智能投资的同时，要保持传统的业务和产品，合理分配两者的比例。可以有计划、分阶段地引导投资者从传统投顾向智能投顾的转变，同时也应及时根据市场情况以及政策发布来调整规划。

### (二) 运用创新思维，塑造成长模式

该行业的公司应意识到自身的客户资源和技术实力，明确在市场中的地位，这点对于新入的公司尤为重要。务必瞄准客户的需求，不能一味照搬国外公司或者国内竞争同行的商业模式。该行业的公司可以从自身原本的传统业务优势入手，有针对性地推出契合的智能投顾产品与业务，从而提升产品组合的匹配度。

---

① 商业银行布局智能投顾的分析与策略．[检索时间：2019.06.01]．http：//www.financialnews. com. cn/ll/gdsj/201803/t20180312_134509. html.

### （三）紧跟技术更迭，提高竞争能力

商业的竞争背后离不开技术的比拼，智能投顾平台需要在算法、模型、云计算、区块链技术等方面不断创新更迭。另外，平台背后的运营能力也需要不断提升。商业公司可以考虑对接金融科技平台、改善操作界面等来提升客户的体验。

### （四）完善管理策略，打造品牌特色

要想在市场立足则需要有良好的口碑，该行业的公司需要明确品牌差异定位，不断丰富品牌的内涵价值。在管理方面，可以采用品牌延伸、多种品牌组合、品牌联盟等策略，打造自身特色，提高核心竞争力，从而冲出同质化的重围。

# 第十章

## 中外社交投资平台的比较研究
——以雪球网、新浪理财师和 eToro 为例

从 2015—2019 年，互联网金融和互联网社交平台的发展逐渐衍生出以互联网为媒介、将投资与社交结合的社交投资平台。作为一个新兴的、体量尚不庞大的金融科技形式，社交投资还未形成一套成熟稳定的运作模式，因此有必要对其进行研究以分析其历史、现状、问题及发展方向。本章从社交投资行业的性质出发，介绍国内外社交投资平台的概况，并选择了国内平台雪球网、新浪理财师及国外代表性平台 eToro 作为重点研究对象，通过比较中外社交投资平台在发展历程、运营和盈利模式、牌照和监管以及风险管理等方面的异同，勾勒出社交投资平台的商业环境和商业逻辑，辨析其中不同的商业模式及其利弊，并对社交投资平台的未来发展提供建议。

## 第一节　社交投资平台概述

截至 2019 年 6 月 1 日，学界尚未就社交投资平台的定义达成共识。根据其特点，我们可大致将其归纳为以社交网络形式连接投资人和理财师的互联网平台。投资人、理财师、平台运营者是社交投资平台的三类参与者，分别承担着投资、提供信息、提供平台服务的职能，目标是通过共同的运作，使得理财师的智力内容流入投资人。在这一过程中，理财师获取投资人支付的报酬，同时投资人能在付出酬劳的基础上得到科学而合理的投资建议。从社交投资平台的特征来看，信息资讯功能、咨询服务功能和社交功能是大多数社交投资平台所具有的共同功能。一些平台还提供直接交易等服务，以便投资者的投资活动。

海外的社交投资平台由投资平台发展而来，其本质是互联网投资平台。在这一平台上，理财师为投资人提供交易策略和投资信息，投资人再根据这些信息做出决策。最早的的社交投资平台 eToro（e 投睿）诞生于 2006 年，但它直到 2010 年推出复制跟单技术（CopyTrader）后才演变成为真正意义上的社交投资平台。2007 年，ZuluTrade 社交投资平台诞生，于 2011 年发展出私人助理工具这一核心技术。此后，又有 Darwinex、Ayondo 等平台出现，为投资者提供了丰富而多元的选择。

中国国内社交投资平台的发展则要晚于海外，截至 2019 年 6 月 1 日，中国国内的社交投资平台主要有成立于 2010 年的雪球网、成立于 2014 年的新浪理财师和于 2016 年引入社交板块的蚂蚁财富三家。与海外社交投资平台相比，国内的社交投资平台"社交"的意义要远大于"投资"。在国内，用户不能在平台上直接开展交易活动，平台提供的也主要是投资信息、投资策略等知识型产品，平台构建者主要依托知识付费和流量获得收益，这是国内社交投资平台与海外社交投资平台最大的不同之处。

接下来，我们简单介绍新浪理财师、雪球网和 eToro 和这三家不同的社交投资平台。

## 一、新浪理财师

新浪理财师平台是中国首创的具有媒体属性的互联网金融咨询平台，致力于为用户提供较为专业的投资理财咨询服务。2014 年 6 月，作为当时中国国内第一大财经网络媒体的新浪财经推出了这一平台，新浪理财师得以依托雄厚的资源和信息优势为用户们提供财经资讯、行情信息，帮助用户做出专业的投资选择。

与其他社交投资平台类似，新浪理财师的功能也不外乎是信息、社交、交易等服务。对于用户而言，新浪理财师为他们提供了充分的资讯服务，其中既有涵盖 A 股、期货、基金、黄金、外汇、美股、港股、保险、其他理财等各行业在内的资讯，也有专业理财师的直播课程、新闻观点。此外，用户虽不能在这一 APP 上进行直接交易，但可以跳转到其他券商 APP 来进行开户和交易操作，同样便利了用户的使用。而对于理财师而言，新浪理财师会对他们的资格进行多方面的考察和认证，在确认了他们的专业程度之后，则会为其提供资格认证和个人主页，使得他们可以在平台上发表自己的观点和投资理念，充分满足理财师的工作、推广、营销、盈利等各类需求。同时，新浪理财师还会为理财师提供新浪独家的推广资源，让理财师获得更多的客户源，帮助他们打响名气。①

---

① 新浪理财师官方网站．[检索时间：2019.06.01]．http：//licaishi. sina. com. cn/web/indexNew3.

相较于其他社交投资平台而言，依托新浪财经的资源和专业理财师的能力，新浪理财师在资源的可靠性和有效性上有一定优势。截至 2019 年 6 月 1 日，新浪理财师已拥有了一大批用户，有一定的发展前景。

## 二、雪球网

雪球网是隶属于雪球财经旗下的一个投资交流、交易平台，包括"雪球"APP 及网站"雪球"xueqiu. com 在内，其宗旨是"连接投资的一切"，主要为用户提供行情浏览、投资咨询以及社交等功能，是社交投资平台的典型例子。

从发展背景来看，雪球网的产生主要是由于以往的服务不能满足用户了解咨询、获取信息、与他人交流、便捷交易的需求。传统财经网站虽然能够提供权威可信的投资信息，但却缺少互动、社交功能，炒股交流群等又不能保证信息的可靠性和真实性，而专门的投资理财顾问又有投资金额的门槛限制，对于普通投资者而言极为不便。基于这几种传统服务的缺陷，旨在集信息提供、咨询服务、交流交易等服务于一身的雪球网便诞生了。

从功能来看，雪球网主要包含下列几个功能。其一是为用户提供基本信息和数据，截至 2019 年 6 月 1 日，雪球网已覆盖沪深 A 股、科创板、港股、基金、美股、房产、私募、汽车、保险等多个市场，最大程度地为用户提供行情和交易信息；其二，雪球网还为用户提供投资咨询服务，在问答板块，每天都有许许多多的专业投资者为新人答疑解惑，雪球网自身也提供雪球组合推荐，用户可以在咨询和浏览推荐组合的基础上创建、修改和评估自己的个性化投资组合；其三，不同于传统的财经网站，雪球网有社交的功能，用户可通过发帖、回帖、转发、点赞等功能进行交流，具有较强的交互性；其四，雪球网还与券商进行了合作，用户可直接在雪球 APP 上进行开户、绑定、下单交易等操作。

根据 Alexa 网站的数据，自 2011 年 11 月 1 日雪球网上线以来，截至 2019 年 6 月 1 日，雪球网的全球排名达到第 1932 位，在国内居于第 316 位，每日活跃用户在数十万左右，汇集了大量专业、非专业的用户，取得了比较良好的运营效果。①

## 三、eToro

eToro(e 投睿)是由 Yoni Assia、Ronen Assia 以及 David Ring 于 2007 年共

---

① Alexa 官方网站．［检索时间：2019.06.01］．http：//www.alexa.cn/xueqiu.com．

同创立的一家全球性社交投资网络平台。三位创始人建立 eToro 的初衷是为了减少投资者对传统金融机构的依赖。

2009 年，eToro 推出了 WebTrader 功能，拓展了交易工具。

2010 年，eToro 又推出复制跟单技术，成为全球第一家实现复制跟单技术的金融科技公司。

2013 年，eToro 的可交易资产在大宗商品、货币、其他商品的基础上加入了股票。

2015 年，eToro 获得了来自中国平安、俄罗斯联邦储蓄银行和德国商业银行等共计约 4.2 亿元的风险投资，与之达成战略合作协议，又与微软 Microsoft 开展了多项技术合作，开发了全新的 eToro 平台。

截至 2019 年 6 月 1 日，e 投睿 eToro 全球用户超过千万，覆盖了 140 多个国家和地区。

eToro 的功能可大致分为这样两个：

首先是为用户提供社交投资的平台，在这里，用户可通过全球互动社区以发帖、回帖的方式与其他投资人进行交流、互动，找到自己认可的明星投资人，选择合适的投资组合或策略进行复制跟单，从而取得同步效益。

其次，在 eToro 平台上，用户可直接对商品、指数、外汇、股票、ETF 和加密货币这六种可交易资产下单，因而这一平台还具有交易的功能。这其中，复制跟单是 eToro 最具代表性的功能，平台会根据投资者真实的历史收益和风险对其进行排行，用户可通过浏览排行获知投资者的投资选择，从而选取自己认可的投资组合进行复制跟单、获取与资深投资者相同的收益。①

## 第二节　经营模式对比

### 一、新浪理财师的经营模式

平台为用户和理财师提供一定的服务或设施。首先，根据新浪理财师 APP 及官网信息，截至 2019 年 4 月 12 日，用户方面平台提供的包括：

（1）资讯服务。如沪深和港股美股的股市行情，以及由平台发布的股市新闻、评论、公告等；

---

① eToro 中国官方网站．［检索时间：2019.06.01］．https：//www.etoro.com.cn.

（2）其他配套服务。智能化投资服务如走势预测、智能诊股等，交易和开户服务如和新时代证券合作提供证券开户和交易的入口等。

需要说明的是，新浪理财师平台提供的只是投资的信息、资讯或建议，并不提供直接交易的服务，因此在开户和交易操作中，用户实际上已经离开了新浪理财师平台而跳转到券商 APP。

其次，平台为理财师提供的基础设施主要是资格认证和个人主页。新浪理财师会对申请或邀请成为理财师的个人进行多方面的认证，包括所在机构、职位、职业资格证号、所在地等信息的认证和披露。通过这种方式，对理财师的专业性和可信度进行平台背书，并保障用户的知情权。通过调查理财师背景我们发现，新浪理财师平台上的理财师多数为专业持证人员，但少部分非专业人员、民间投资人也可以发布投资经验，因此总的来说新浪理财师是一个 PGC（Professional-Generated Content，专业生产内容）+ UGC（User-generated Content，用户生产内容）模式。对于认证的理财师，平台允许其开通个人主页，并在上面发布投资信息。

理财师和用户在平台上是密切互动、难以割裂的。认证理财师可以在个人主页发布动态、问答、锦囊和计划，并可以在其他版块发布课程、直播。以上内容可以归纳为两个方面：（1）社交版块：主要包括在课程、直播和问答环节实现的理财师和用户之间的互动；（2）投资版块：锦囊和计划主要是向用户提供投资经验和信息。其中锦囊是理财师在一段时间内针对特定投资为购买的用户提供观点建议的服务。从形式上来看，锦囊服务类似于投资顾问，但是在性质上还是一种针对内容的付费，用户并没有在平台上进行投资或者交易。比如在 2018 年春节期间，新浪理财师就推出了针对开年行情的 9 元限时锦囊抢购服务，服务时间为春节 7 天，收费 9 元。① 计划则是理财师提供自己实盘交易操作的信息供购买的用户参考。在计划页面中也有"跟买"的功能，但是此处的跟买不同于前面介绍的 eToro 的复制跟单功能，仅仅是为用户提供了交易的入口而不是直接买卖。从调查来看，计划的收费由几百到上千元不等，但是本质上，用户购买的仍是信息而不是份额或者投资。从社交方式的对比来看，新浪理财师的社交环节具有较好的多场景渗透但是相比来说仅仅是理财师向用户的单向输出，而 eToro 的社交板块则可以实现双向互动。

---

① 9 元开年巨惠：10 位顶级理财师首期锦囊限时抢 . [检索时间：2019.06.01]. http：//licaishi. sina. com. cn/view/706343#/.

## 二、雪球网的经营模式

雪球网的信息产生模式为用户生产内容，信息呈现的方式则类似"微博"式，即可以根据用户的关注呈现个性化的内容。雪球网中用户可以进行推荐或购买的金融投资产品不仅包含单只的股票，也包括投资组合、基金、理财产品。雪球等社交投资平台的出现是对券商投资咨询业务的重要补充，并且，在移动互联网时代，这些社交投资平台使得用户能够通过手机移动端一站式完成互联网金融投资信息的收集、讨论和下单，极大提升用户使用的便捷度。

雪球网的经营模式可以总结为以下几个方面：

第一，用户生产内容，内容即广告。雪球网作为一个互联网社交型的UGC平台，信息呈现的方式类似"微博"式，用户通过这种方式在平台上生产理财观念、投资策略等信息。这种模式不仅方便机器获取信息针对用户推送个性内容，而且可以在节约内容生产成本的同时实现海量数据。

第二，文化产品输出，包括书籍策划出版和投资理财培训。为用户进一步学习投资知识、理念的需求，雪球网策划了一系列图书，例如《手把手教你读财报》《投资第一课》等。截至 2019 年 1 月 1 日，雪球网共策划出版图书 35本。① 另外，在长期不断的探索中该公司逐步形成了交流活动、投资理财培训的独立运作模式。这些组成了雪球网文化产品输出经营模式的重要部分。

第三，线上券商功能。雪球网的用户在交流理财观念、投资策略等内容的同时，可以便捷地在该平台上进行金融资产交易。由于牌照限制，雪球网截至 2019 年 6 月 1 日采取与其他持有牌照的金融机构合作的模式，提供与这些投资机构连接的端口，其业务涵盖 A 股、港股、公募基金、私募基金、期货交易等。如果登录雪球网的首页，点击 A 股开户，就能直接跳转到平安证券开户的页面，佣金为万分之 2.5（2019 年 6 月 1 日点击），这在券商中属于较低的。② 作为线上券商平台，雪球网的优势不仅在于其申购费、手续费低于市场均价，而且在对个人资产相对有限的投资者而言，雪球网还能为用户提供相当于投资顾问的功能。

第四，雪球组合和私募中心。雪球组合是具体的投资策略，通常包括一篮

---

① 雪球系列投资书籍．[检索时间：2019.06.01]．https：//www.douban.com/doulist/40201645/.

② 平安证券．[检索时间：2019.06.01]．https：//broker.xueqiu.com/open/pingan？from=sidebar.

子股票和股票在组合里的占比，由用户生产内容，帮助投资者免费、方便地追随大 V 调仓。每个人都可以创建组合，并持续进行维护和调仓。关注者可以长期跟踪组合的变化，判断其对投资决策的价值，并根据自己的收益预期、风险承受能力、行业偏好等，直接跟单交易，完成自己的资产配置。雪球提供了一套能够评价组合抽象特性的算法，从 5 个角度对组合打分：盈利能力、抗风险能力、稳定性、持股分散度、可复制性。最后，综合各个维度的得分和运行时间，通过评分和星级在首页显著的位置给出了每日的热门和推荐。

雪球私募中心是一个阳光私募平台，参与整个私募行业的全环节，包括基金发行、运营、销售。在基金发行阶段，私募中心支持基金经理进行资质申请、产品创投、产品设立、业绩鉴证、产品展示；在基金运营阶段，私募中心给予科研支持、社区推广、线下互动、资本引介等支持；在基金销售方面，雪球网支持用户直接预约购买基金。雪球私募相比于其他私募基金平台有其特点与优势。一方面，雪球私募依托于雪球网这一投资行业的社交网站，基金经理和投资人可以交流互动，互动有利于增强用户对平台的信任感，从而增强用户活跃度和用户黏性；另一方面，雪球私募提供运营募资的一条龙服务，全环节的参与使雪球私募区别于其他阳光私募平台。普通的阳光私募网站更类似于广告展示页面，基金发行和基金销售都无法在线上找到入口。

### 三、eToro 的经营模式

如前所述，eToro 是全球首个社交投资平台。eToro 具有在线交易功能，平台上有 1000 多种热门金融产品可供投资者选择，其中包括欧美股票、外汇、比特币、ETF 基金、全球股票指数、大宗商品等。[①] 而且，eToro 首创复制跟单技术，并引入人工智能和大数据帮助用户优化投资策略。除在线交易投资平台的功能外，eToro 也具有社交投资功能，例如资讯播报、深入学习课程。用户可以通过全球互动社区与其他投资人进行交流，参与发帖与评论，找到感兴趣的明星投资人，选择心仪的投资组合或投资策略复制跟单，同步收益。eToro 作为全球首家社交投资平台，规模庞大、发展趋势良好、技术领先、覆盖范围广、包含的金融产品种类丰富，是雪球网未来发展方向的参考。

首先是在线交易功能。eToro 平台共有六种可交易资产，对应两种交易类型——实物资产交易与差价合约交易。差价合约是一种场外交易工具，采用保

---

① eToro 佣金和费用是怎么样的.［检索时间：2019.06.01］. https：//www. followme. com/baike/14264. html.

证金模式，只需要投入头寸总额的一个较小比例就可以进行交易，以此获取高额收益，这种杠杆在放大利润的同时也增大了风险。

截至 2019 年 6 月 1 日，eToro 的专利复制跟单技术和复制基金是其最大优势。eToro 诞生于 2006 年，但它直到 2010 年推出复制跟单技术（CopyTrader）后才演变成为真正意义上的社交投资平台。复制跟单技术是海外社交投资平台的核心概念，它充分利用了在线社交平台信息及时性的特点来服务于风险投资——投资人在平台上实时复制理财师的交易策略，以此实现智力内容的传递。eToro 平台根据用户真实持仓组合的历史收益与风险对投资者进行排名，用户在投资者风云榜上可以看到排名靠前的投资人信息，通过个人主页了解他的历史收益和当前的投资组合，并对心仪的投资组合进行复制跟单（CopyTrader），这一步骤不收取费用。如果用户复制的投资人向其账户中添加资金，用户将收到通知决定是否也添加相应资金以保持原有复制比例，不加注资金或不及时加注资金都会导致复制收益失效，这是该模式存在的风险之一。另外该平台允许用户使用杠杆来扩大可用的资金数量，以及处于观望阶段的用户可以使用虚拟账户进行体验。eToro 对出金收取 25 美元的费用，出金金额不得低于 50 美元，对差价合约仓位收取隔夜/周末费用。[①] eToro 平台的劣势在于平台从用户交易价差中收取的费用高于其他平台，这在其进军中国市场时曾广受诟病。

除此之外，eToro 还有许多特色功能，例如全球经济日历、虚拟交易、伊斯兰账户、在线教育中心等。

## 第三节　盈利模式对比

### 一、新浪理财师的盈利模式

新浪理财师的盈利模式主要包括三个部分。

第一，对用户购买理财师计划、问答、课程等支付的费用进行一定比例的分成。比如说，新浪理财的账号注册和查看理财师所发布的部分观点是免费的，而理财师问答是理财师平台为用户提供的可以向理财师进行一对一及一对多提问的功能，分为快速免费提问、快速付费提问、一对一提问，后两者客户

---

① 如何从您的 eToro 账户提取资金-常见问题．［检索时间：2019.06.01］．https：//www.etoro.com.cn/zh/customer-service/withdraw-faq/．

所支付的费用中有一定比例会给平台。

第二，对外接交易平台提供导流服务收取的佣金抽成。一键下单是新浪理财师平台联合业内主流券商推出的，帮助用户在跟理财师计划的时候，免登陆券商的交易软件就可一键快速买卖股票的功能。用户可以在券商列表页面选择想要绑定的券商股票账户，就可以享受一键下单服务了。而对于没有某个券商的股票账户的用户来说，新浪理财还提供了免费开户服务，开户成功后，当前股票账户将会自动绑定成功。平台就可以从交易所产生的佣金抽取一部分费用。

第三，为理财师的投资资讯服务提供全新的互联网解决方案，从中收取服务费用。新浪理财在为用户提供专业有价值的投资资讯服务的同时，也为理财师的投资资讯服务提供全新的互联网解决方案。

## 二、雪球网的盈利模式

雪球网成立于 2010 年，比新浪理财要早 4 年，盈利模式相较新浪理财来说更为成熟，并且在后者盈利模式的基础上有一些独特的盈利点。

第一，流量变现收入，用户生产内容，内容即广告。雪球网是一个互联网社交型的 UGC 平台，微博式的互动增进用户黏性，同时也能够实现机器抓取信息，为用户推送个性内容。同时，当雪球网汇集了投资者之后，这些由投资者生产的内容就会超过传统的媒体中只依赖专业媒体记者所创作的内容。因此 UGC 平台可以在节约内容生产成本的同时，实现海量数据。雪球网平台的关键内容是用户生产的理财观念、投资策略等信息。其他用户看到这些内容，可能产生进一步学习投资知识的需求和借助理财观念、投资策略等内容进行金融资产交易的需求。而这两类需求亦成为了雪球网收益的重要来源。比如说雪球网默认向所有注册用户开放打赏功能，文章、评论可接受的单笔打赏金额为1—200 元人民币，雪球网会扣除 1%的支付服务费。① 而在"内容即广告"模式之外，雪球网的私募基金业务中的私募中心首页通过以广告位和优先排名展示明星产品带来的收入，也是雪球私募中心的广告收入来源之一。

第二，文化产品收入，其中包括书籍策划收入和投资理财培训。

第三，线上券商收入。雪球网与证券公司、基金公司和保险公司等进行合作，提供与这些投资机构连接的端口，用户可以便捷地在该平台上进行金融资

---

① 雪球网常见问题之问答/悬赏．［检索时间：2019.06.01］．https：//xueqiu.com/a-bout/faq.

产交易。① 雪球网借此获得提成。

### 三、eToro 的盈利模式

eToro 的收入主要来自于五个部分。

第一个是平台的账户管理费用，注册为 e 投睿用户是免费的，但是在特定市场内注册实际账户需要支付 50—1000 美元。

第二个是当用户从 e 投睿账户上提现收益时，平台会收取提现费用。

第三个来自于对头寸账户收取少量隔夜利息费，这指的是在外汇交易中，如果持仓过夜将会产生隔夜利息，当买入的货币息率高于卖出货币的息率，客户就可以赚取隔夜利息，如果买入的货币息率低于卖出货币的息率，客户就需要支付隔夜利息。

第四个是股票和比特币交易的佣金。

第五个部分是外汇、商品以及股票指数的点差费用，即买入和卖出的价格差。

其中后三个部分是 eToro 的主要盈利来源：以股票隔夜利息为例，若用 10000 美元本金借 5 倍杠杆在 eToro 平台和 CMC Markets 投资同一种股票资产，前者的股票隔夜利息要比后者高 4.79 美元。高额的交易点差与隔夜利息是 eToro 平台主要的盈利方式。②

总结来看，国内的新浪理财师和雪球网截至 2019 年 4 月的利润来源主要是文化产品收入、合作券商支付的交易佣金和导入新开户佣金，它们由于不具有金融牌照，无法直接开展金融服务，平台的主要盈利来源于知识付费和流量收益。而 eToro 是一个持牌的投资交易平台，部分金融产品属于自营方式，用户可以直接交易。得益于经纪商模式下的高利润，它的盈利能力强、用户收益转化率高。对比起来，新浪理财师和雪球网整体盈利模式较轻，盈利能力较差。

但 eToro 平台的劣势在于平台从用户交易价差中收取的费用高于其他平台，e 投睿在进军中国市场时就因为较高的管理和使用费用受到诟病，其次 e 投睿不允许用户自定义交易界面，包括的股票市场分析工具也较少。而新浪理财和雪球网可以利用已有的社交生态，降低自己的获客成本。

---

① 雪球网常见问题之关于蛋卷基金．［检索时间：2019.06.01］．https：//xueqiu.com/about/faq.

② 相关材料来源于 eToro 官网，CMC Markets 官网 & 全球利率网．

# 第四节　牌照与监管

## 一、新浪理财师

### (一)牌照

截至 2019 年 6 月 1 日，新浪理财师未获得任何监管机构的认证或金融牌照。

### (二)监管

截至 2019 年 6 月 1 日，中国还没有专门的、针对性的机构或法律法规。现有的监管框架是针对社交投资平台上开展的具体业务的性质援用既存的法律进行监管。对于新浪理财师平台来说，最可能出现争议的是其是否受到投资咨询相关法律规则的管制。根据证监会发布的《关于加强对利用"荐股软件"从事证券投资咨询业务监管的暂行规定》："一、本规定所称'荐股软件'，是指具备下列一项或多项证券投资咨询服务功能的软件产品、软件工具或者终端设备：(一)提供涉及具体证券投资品种的投资分析意见，或者预测具体证券投资品种的价格走势；……"。对此，新浪理财师定位于金融资讯中介平台，声称平台或软件本身并不提供投资分析意见，只提供了中介服务和技术服务，理财师个人提供投资分析意见而规避法律的管制。新浪理财师不能在这一 APP 上进行直接交易，但可以跳转到其他券商 APP 来进行开户和交易操作。新浪理财师网站上的免责声明写道：新浪理财师平台仅提供服务对接功能，所有理财师提供的资讯建议，仅供参考；用户需独立做出投资决策，风险自担。[1] 实际上，这种解释是利用了法规的灰色地带打擦边球，未来此类业务有可能受到进一步的监管。

## 二、雪球网

### (一)牌照

截至 2019 年 6 月，雪球网未获得任何监管机构的认证或金融牌照。

---

[1] 新浪理财师官网．[检索时间：2019.06.01]．http：//licaishi.sina.com.cn/static/aboutus.html.

## （二）监管

雪球网作为新型互联网金融模式的探索者，缺乏第三方监管。截至 2019 年 6 月 1 日，中国还没有专门的、针对性的机构或法律法规。现有的监管框架是针对社交投资平台上开展的具体业务的性质援用既存的法律进行监管。

雪球网和整个互联网金融行业的痛点在于业务创新和传统金融监管之间的冲突。互联网金融是新兴行业，但针对新兴行业中的创新型业务的管理和监督的制度没有得到完善，同时金融业又是风险行业。上述情况导致平台和消费者都对业务的安全性和合规性有所顾虑，可能成为行业继续高速发展的阻碍。因此当务之急是互联网金融行业内的企业和监管部门共同努力，健全监管制度，为雪球网等平台引入监管，保障双方的利益，保证行业的健康发展。

## 三、eToro

### （一）牌照

eToro 最初成立于以色列，截至 2019 年 6 月 1 日，其主要研究部门位于以色列特拉维夫，并在英国和塞浦路斯注册。eToro 通过其受监管的业务实体 eToro（Europe）Ltd.（由塞浦路斯证券交易委员会（CySEC）授权并受其监管）和 eToro（UK）Ltd.（由英国金融行为监管局（FCA）授权并受其监管）以及 eToro AUS Capital Pty Ltd.（由澳大利亚证券和投资委员会授权并受其监管）提供一系列的产品投资服务。eToro 的经纪服务由已注册的塞浦路斯投资公司（CIF）eToro（Europe）Ltd.（"e 投睿欧洲"）提供，该公司的注册号码为 HE20058。

在英国，eToro（UK）Ltd.（公司注册号为 7973792，e 投睿英国）是经英国金融行为监管局（FCA）认可并受其规管的公司，参考编号为 583263。在澳大利亚，eToro AUS Capital Pty Ltd.（ABN 66 612 791 803，"e 投睿澳大利亚"）持有澳大利亚证券和投资委员会（ASIC）核发的澳大利亚金融服务许可证（AFSL）491139，受公司法（联邦法）的规管。在中美洲国家伯利兹，eToro 的金融服务得到了伯利兹金融监管机构国际金融服务委员会（IFSC）的认证，并得到了伯利兹外汇经济牌照。①

---

① eToro 再下一城，收获伯利兹外汇经济牌照 .［检索时间：2019.06.01］. http：// www. sohu. com/a/109971794_409861.

### (二)监管

eToro 在英国的金融服务由英国金融行为监管局 ( Financial Conduct Authority，FCA ) 监管，被允许提供金融产品和服务。① 英国通过 FCA 对所有在其境内注册的金融机构进行监管，该机构对风险的容忍度较低，更倾向于采取预防手段，用专业知识来判断对消费者的损害是否可能发生，并及时进行干预。如果 eToro 无法做出赔偿，FCA 的金融服务补偿计划 ( FSCS ) 将补偿受到损失的消费者。FCA 是受到广泛国际认可的监管平台，属于强监管平台，因此 eToro 取得 FCA 的监管对其发展较为有利。eToro 表示，"eToro 成为得到英国金融行为监管局认证的一家监管公司后，增加了那些愿意探求简单、有吸引力以及令人兴奋的社会投资的投资者的投资信心。"② 另外，eToro 表示英国和塞浦路斯的公司之间的运营互相不影响。

eToro 在欧洲大陆的经营活动主要由塞浦路斯证券和交易委员会( Cyprus Securities and Exchange Commission，CySEC ) 监管，③ 允许 eToro 开展投资服务及其辅助业务。该委员会是独立的公共监督机构，负责监督塞浦路斯共和国境内的投资服务市场和可转让证券的交易。在塞浦路斯境内注册的公司，如果向第三方提供投资服务，或进行投资活动，必须向 CySEC 提交申请，并获得塞浦路斯投资公司( CIF ) 认证，才可开展业务。相当多的外汇平台受 CySEC 监管，据外汇评论网站 The FX View 分析，主要原因是塞浦路斯的公司税率居欧盟成员国最低，且根据欧盟经济区的金融工具市场法规( MiFID ) 的通行证原则，经济区内的公司可以向此范围内的其他国家居民提供服务，因此注册在塞浦路斯的公司可以向任何欧盟国家的公民提供服务，eToro 不会放过如此大的市场。此外 CySEC 的监管较宽松也是重要原因之一。

eToro 在澳大利亚持有澳大利亚证券和投资委员会( ASIC ) 核发的澳大利亚金融服务许可证( AFSL )，受公司法( 联邦法 ) 的规管。ASIC 是澳大利亚金融服

---

① FCA. eToro ( UK ) Ltd. 〔Retrieved on 2019. 06. 01〕. https：//register. fca. org. uk/ShPo_FirmDetailsPage? id＝001b000000NMkLXAA1.

② eToro：获得英国金融行为监管局的牌照. 〔检索时间：2019. 06. 01〕. http：//finance. ifeng. com/a/20131105/11014464_0. shtml.

③ Etoro ( Europe ) Limited. 〔Retrieved on 2019. 06. 01〕. https：//www. cysec. gov. cy/en-GB/entities/investment-firms/cypriot/37683/.

务和市场的法定监管机构，依法独立对公司、投资行为、金融产品和服务行使监管职能。根据 ASIC 法案的规定，任何在澳洲从事金融交易的金融机构均需接受 ASIC 的认证，并申请获得金融服务牌照（AFS Licence）。

eToro 在中美洲国家伯利兹得到了伯利兹金融监管机构国际金融服务委员会（IFSC）的认证，并获得伯利兹外汇经济牌照。作为一家民营监管的自律机构。IFSC 提供投资保障，投资者可以通过电话或邮件向 IFSC 投诉，但 IFSC 的投诉处理决定是非强制性的。

eToro 在美国取得了全国期货协会（NFA）的认证。NFA 是非营利性会员制组织，是美国期货及外汇交易非商业独立监管机构。eToro 于 2008 年注册成为 NFA 成员，并于 2010 年认证成为 NFA 外汇公司，并受到 CFTC 监管，并与美国经纪商（ILQ）合作向美国客户提供 OpenBook 社交平台。① 但是在 2014 年 1 月，eToro 的外汇公司资格被撤回，2018 年 5 月 27 日，NFA 成员资格被撤回，eToro 在美国境内的服务也不可用。

## 四、对比

从牌照角度来看，雪球网和新浪理财师不具有金融牌照，无法直接开展金融服务，平台的主要盈利来源于知识付费和流量收益，而 eToro 则持有较为齐全的牌照，合规性强，符合监管对外汇券商的严格要求审慎运营。eToro 作为一个持牌的投资交易平台，部分金融产品属于自营方式，用户可以直接交易。获得专业金融监管机构的认证使得 eToro 能够更有效地为用户提供简单、透明的市场投资和交易服务，确保用户在投资网络中合法、安全、平等地进行交易。雪球网和新浪理财师在一定程度上对消费者信心和平台自身的安全保障有所损害，获得有效的第三方监管和取得金融牌照是当务之急。

从监管角度来看，截至 2019 年 6 月 1 日，雪球网和新浪理财师未获得任何监管机构的认证或金融牌照，并通过中介定位逃避监管，只能作为互联网信息服务平台进行监管。平台上传播的智力内容也主要是理财知识、研报等非即时性非具体策略的金融信息，eToro 则没有这些问题。

---

① eToro USA LLC.［Retrieved on 2019.06.01］. https：//www.nfa.futures.org/basicnet/Details.aspx? entityid＝45NH%2b2Upfr0%3d.

## 第五节　风险管理与隐患

### 一、新浪理财师

针对新浪理财师的经营模式，新浪理财师内部也设置了相应的风控模式。

一方面针对可能存在的牌照监管问题，平台强调相关投资咨询服务是由理财师个人提供的，平台只提供了中介服务和技术服务。

另一方面，针对用户投资失败可能对平台造成的风险，平台设置了资格认证作为理财师的准入门槛，并且平台发布了各种各样的排名，包括实战等级榜、计划收益榜等，帮助用户识别理财师的投资能力，选择与自身风险收益偏好相适应的理财师。此外，平台还通过完善信息披露的的方式保障用户的知情权和自主选择权。

### 二、雪球网

雪球网的风险主要在于未获得任何监管机构的认证或金融牌照，因此雪球网只能寻求与现有的知名券商的合作以向用户提供在线投资交易的平台，而不能实现完全独立。

同时，雪球网还需要特别关注投资舆情方面的审查与风险问题。2019 年 4 月 13 日，雪球股票称因技术系统升级，发帖和评论功能将暂停使用 7 天，雪球网 APP 于同日遭多个平台下架，如在华为应用商店、苹果应用商店等主流平台已无法搜索并下载，已安装该 APP 的用户反馈称"使用异常"，用户无法发帖或评论。对此有用户猜测，和"有人在该平台上造谣央行降准有关"。对于具有投资属性的雪球网而言，这一点比较特殊和敏感，其如果存在大量不当言论以至形成有一定影响力的谣言，可能会被监管层认为与金融安全相关，从而威胁其正常经营。

### 三、eToro

#### （一）风险管理

除前述通过获取金融牌照以得到国家金融机构监管背书以外，eToro 平台还设置了对明星投资人的筛选制度，以降低平台用户进行复制跟单交易的投资风险。

具体而言，eToro 对于成为明星投资人有一定身份审核要求，如要求开户者本人的详细身份信息等。其次，想要成为能够被跟单的优秀交易者是需要经过最短 8 个月的严格筛选。具体的评估指标包括：个人风险系数不得高于 6，应有相应的最低平均账户净值以及相应的最少跟单者或资产管理规模。因此，平台内部对明星投资人(被跟单的优秀交易者)的严格身份和能力审核，降低了作为平台用户的普通投资人的投资风险。

**(二) 法律隐患**

尽管 eToro 内部为了降低风险做了一定的风险控制，但实际上平台本身仍存在一定法律隐患。

1. 投资咨询法律责任承担

首先是在投资咨询方面可能存在的法律责任承担。eToro 平台本身不做投资咨询业务，同时，它明确"跟单行为是投资者损失自担的"，但这里仍有一个问题是，因为 eToro 的社交属性，使得普通投资人可与明星投资人之间可以通过主页留言形式直接交流，则此处存在明星投资人提供投资咨询建议的法律隐患。因为各国法律均对提供投资咨询的平台和人员有牌照和资质要求，① 这种情况下 eToro 存在违规提供投资建议的可能，如不具备投顾资格的人员在 eToro 平台采取某种方式变相提供有偿投资建议。

2. 欺诈

eToro 同时面临欺诈带来的风险。例如明星投资者提供虚假身份资料时，平台可能因为未尽到审核资料时合理的注意义务而承担一定责任。除此之外，此种"copy trading"模式下的投资平台，还可能存在老鼠仓问题。虽然总体而言平台交易规模较小，但仍不能排除存在这种情形的可能。

3. 可能的解决方法

一种可能的解决以上两种法律风险的方法是：在明星投资人录入身份信息和在平台上进行投资交易前，平台可要求明星投资人作出书面说明，声明其所提供资料真实准确，且与所做投资不存在直接利益关联等。如此该书面说明即可作为平台本身在审核资料时已尽合理注意义务的证据，在欺诈诉讼中使用，降低平台应承担的法律责任。然而，在强金融监管的国家，这可能只是一种一

---

① 如在中国，根据《证券法》《证券、期货投资咨询管理暂行办法》《关于规范面向公众开展的证券投资咨询业务行为若干问题的通知》，提供证券投资咨询业务的机构应具备证券投资咨询牌照，从事证券投资咨询的人员应具备证券投资顾问资格证。

厢情愿的假设，监管机构可能依据相应立法中的连带责任要求平台进行赔偿。在我国于 2018 年通过的《电子商务法》中，就对电子商务平台经营者规定了多条连带责任，① 对于监管力度更大的金融领域，很难保证未来立法者是否不会对社交投资平台课以同样的连带责任。

**（三）其他问题——基于用户反馈**

eToro 在 Trustpilot② 上的得分仅有 4.4/10，对应的等级是"poor"。根据相关用户的评论，eToro 在实际运营中至少还存在着如下问题：如取款困难、存在信息泄露问题、交易商赚取每次交易的点数过高、平台的权限过大等。这些问题一旦造成用户的财产损失，可能会导致相应的民事诉讼。

**四、对比**

三家社交平台面对的共同风险是提供投资建议的投资人一方可能存在的缺乏资质、欺诈等问题。尤其对于使用"复制跟单+自行下单"模式的 eToro 来说，该问题可能使其面对更大的诉讼风险。雪球网相较于新浪理财师更强调用户之间的社交属性，各大 V 理财师给出的引领模式也仅为单纯给出自己的投资组合并进行维护，对用户的作用仅是参考，法律风险相对更小。

雪球网和新浪理财师的主要风险在于缺乏金融监管机构的牌照。二者的做法是通过对自己进行"中介"定位，以社交板块为主，与券商合作进行导流，选择以互联网信息服务平台的身份被进行监管，因而可以受限较少。与之相对，eToro 作为外汇券商受到严格监管，持有较为齐全的牌照，理论上合规性较强，符合监管对外汇券商的严格要求审慎运营。同时，雪球网因为其具有更强的社交属性，也面临着相对更严峻的舆情审查等相关风险问题。

# 第六节　发展建议

对于新浪理财师而言，我们有四点建议。

---

① 　例如《电子商务法》第三十八条第一款："电子商务平台经营者知道或者应当知道平台内经营者销售的商品或者提供的服务不符合保障人身、财产安全的要求，或者有其他侵害消费者合法权益行为，未采取必要措施的，依法与该平台内经营者承担连带责任"。

② 　Trustpilot 是全球最大的在线评论社区之一，成立于 2007 年，可以帮助用户收集、整合和分发真实的顾客评论。

　　首先，新浪理财师应增强自身的交易属性，实现从信息提供平台到交易平台的转变，为用户提供更多的资产类型；其次，新浪理财师应尽可能地实现投资者与理财师的双向交流，引导这二者之间的良性互动；再次，与 eToro 一样，新浪理财师也存在着各种法律隐患和风险，应致力于引入第三方管理或通过完善自身机制来降低风险；最后，伴随着人工智能技术的发展，新浪理财师也应顺应这一趋势，努力为用户提供更加个性化的服务。

　　对于雪球网而言，未来的发展方向可从如下四点进行考虑。

　　其一，雪球网可吸收 eToro 的发展经验，尝试复制跟单技术的引入和研发，更大程度地便利投资者做出决策；其二，雪球网的问题之一是第三方监管的缺失，未来可考虑引入第三方监管，控制平台和用户的风险；其三，雪球网还存在与券商合作成本过高的问题，未来应致力于取得金融牌照，降低这一成本；其四，在前端用户体验优化方面，雪球网也需要进一步做出努力。

　　对于 eToro 而言，未来的发展方向应集中于降低法律隐患和其他风险。

　　首先，由于 eToro 的社交属性，普通投资人与明星投资人之间就投资而进行的交流实际上已经存在违规提供投资建议的风险，存在极大的隐患；其次，由于明星投资人存在欺诈的可能性，平台有可能会因明星投资人提供的信息不符而招来祸患。因此，eToro 未来应着眼于降低风险，寻找更加安全的发展方式。

第十一章

众安在线公司拓展外卖延误险
业务的可行性分析

# 第一节　互联网保险及交叉行业分析

## 一、互联网保险行业概况

互联网金融的兴起为国内保险行业开辟了新的发展前景。自 1997 年中国太平洋保险股份有限公司首次开通官方网站以来，互联网保险这一行业在中国已经历了 20 多年的发展。2011 年以前，互联网保险仍处于发展期，各大保险公司尝试借助信息与计算机技术提升经营效率，实现内部信息化，形成了以慧择网、优保网等为代表的网络保险中介，为互联网保险的全面发展奠定了基础。2011 年之后，互联网保险行业进入成长期，以众安在线、泰康在线、易安保险和安心保险为代表的各大保险公司纷纷以网络平台为依托开展业务，互联网保险行业的规模不断扩大。借助网络技术，保险业务渗透到各个产业，保险行业的产品与业务模式更加多元化。

与传统保险行业相比，互联网保险行业具有以下特征：

(1)以互联网平台为发售保险的渠道，创新了销售途径；

(2)拥有先进的大数据处理能力，利用计算机与网络技术收集消费者信息，通过数据分析提供定制的保险产品；

(3)为消费者提供实时服务，不受传统办公约束，服务效率提升；

(4)融资市场活跃。根据《2018—2023 年中国互联网保险行业商业模式与投资战略规划分析报告》调查统计，2012—2017 年我国保险科技行业融资金额呈上升趋势，2017 年互联网保险融资总额达 174.83 亿；①

(5)业务范围广泛，新型保险业务需求量庞大。

---

① 2018—2023 年中国互联网保险行业商业模式与投资战略规划分析报告.［检索时间：2019.06.01］. https：//wenku. baidu. com/view/3f559d9ab8f3f90f76c66137ee06eff9aef849f5. html.

截至 2019 年 6 月 1 日,互联网保险行业的发展具有较乐观的前景。从供给角度来看,互联网保险市场主要由众安在线、泰康在线、易安保险和安心保险四家公司分割,行业内缺乏充分竞争。从需求角度来看,新型保险业务具有庞大的市场基础。根据保监会 2018 年 6 月 1 日披露数据显示,2018 年第一季度互联网保险业务签单件数合计 40.96 亿件,同比增长 109.16%,该数据表明互联网保险行业仍有巨大的增长潜力。①

## 二、互联网保险与货运物流业

随着互联网技术的深入发展,我国的电子商务蓬勃发展。对于保险市场而言,与之共荣的物流行业,蕴含着巨大的保险需求。根据中国物流与采购联合会 2019 年 3 月 23 日发布的数据显示,2018 年,全国社会物流总额为 283.1 万亿元,同比增长 6.4%,与 5 年前相比增长 80% 左右。② 据此推算,未来十年内我国货物运输类保险的规模有望超千亿元。

相比之下,中国的货运保险业务却发展缓慢。我国货运保险业务始于 1997 年,自 2006 年至 2013 年,货运保险业务的规模伴随着社会物流行业的兴起开始迅速扩张,保费收入由 55.57 亿元增至 102.94 亿元,增长超过 85%。然而 2014 年后,货运险的发展再次进入停滞倒退阶段。③ 在此基础上,货运保险的业务模式创新成为了行业发展的必然趋势。

2016 年,互联网保险业务进入货运险领域,以客户为中心的货运险电子商务平台正式建立。货运险主要运营模式为 E-CARGO 模式:在投保阶段,客户根据自身货运情况,在网页上自行填写投保信息并提交;在批改阶段,平台按照客户要求修改保单内容并自行在网上出批单;在打印阶段,客户自行打印保单。④

互联网保险以其独特的数据优势和销售渠道,解决了货运险客户分散性与保险标的流动性的问题,降低了风险控制的难度。平台运营为货运险出单降低

---

① 2018 年 1—6 月保险统计数据报告. [检索时间:2019.06.01]. http://bxjg.circ. gov.cn/web/site0/tab5179/info4116884.htm.

② 2019 年 3 月中国物流业景气指数 52.6%:企业后市预期较好. [检索时间: 2019.06.01]. http://www.askci.com/news/chanye/20190403/1503061144293.shtml.

③ 刘小平、郑慧、& 杨屹(2017). 我国货物运输保险研究综述. 现代商贸工业,8, 36-37.

④ 薛建通、刘胜、& 韩文利等(2016). 浅析互联网+时代分散性货运险的发展模式创新——以宁波市场为例. 浙江保险科研成果选编,3,66-75.

了时间成本与人力成本，使每笔保险的出单费用控制在 30 元以内，为货运险业务扩展了利润空间。而传统的货运险业务只承保运输过程中价值的定值性，即只对灾害事故造成的货物受损进行赔偿。但是，伴随着互联网技术将保险业务和货运物流的结合，货运险的承保范围有了进一步拓展。2018 年 7 月 18日，中国人保财险上海市分公司推出货物运输延迟保险，为货物运输的及时性损失提供风险分担机制。此类货运延时险与本章所探讨的外卖延误险具有可比性，其模式可以为外卖延误险的发展提供参照。

### 三、互联网保险与外卖配送行业

外卖延误险是外卖行业与互联网保险业的交叉产品。外卖配送超时的补偿最初不是由保险公司承担，而是外卖配送平台的增值业务。诸多外卖平台推出了承诺外卖配送时限的服务，并对超出承诺时间的延误订单给予一定赔付，其中比较具有代表性的分别是饿了么平台推出的准时达 PLUS 和美团外卖推出的准时宝。

然而，随着外卖行业规模的扩大，配送压力也逐渐增加。根据易观的调查数据显示，截至 2018 年底，饿了么平台有 66.7 万月度活跃骑手、6268.9 万月度活跃用户；美团外卖平台有约 50 万活跃骑手，4418.6 万月度活跃用户。[1]用户与外卖骑手的比重分别达到 94 和 88.4，也就是说每位骑手每天平均要为90 位左右的用户配送外卖，巨大的配送压力可见一斑。[2] 高配送压力增大了无法准时送达的风险，超时偿付支出也增大了平台的压力。因此，在互联网保险业务范围逐步扩大的背景下，外卖延误的偿付方由外卖平台向保险公司转移，从而形成了互联网保险公司的一种新兴业务——外卖延误险。

外卖延误险区别于货运险，仅仅对送达的时效性进行承保。它是互联网保险针对新的"线上场景"的创新险种。外卖延误险最早于 2015 年 11 月北京举办的口碑餐饮生态峰会被提出。直至 2016 年 1 月，蚂蚁金服与太平洋产险深圳分公司首次联合推出外卖延误险产品，外卖险才开始发展起来。

---

① 互联网餐饮外卖市场年度综合分析 2019.［检索时间：2019.06.01］. https://www.analysys.cn/article/analysis/detail/20019271.

② 互联网餐饮外卖市场年度综合分析 2019.［检索时间：2019.06.01］. https://www.analysys.cn/article/analysis/detail/20019271.

# 第二节　众安在线集团概况分析

截至 2019 年 6 月 1 日，市场上规模较大的互联网保险公司只有四家：众安在线、泰康在线、易安财产和安心财产。表 11.1 是四家互联网保险公司的对比。

表 11.1　　　　　　　四大互联网保险公司比较①

| 公司 | 众安在线财产保险股份有限公司 | 泰康在线财产保险股份有限公司 | 易安财产保险股份有限公司 | 安心财产保险有限责任公司 |
|---|---|---|---|---|
| 保险执照获批日期 | 2013 年 10 月 | 2015 年 11 月 | 2016 年 2 月 | 2015 年 12 月 |
| 2018 年总保费（人民币/百万元） | 11263 | 2925 | 1293 | 1530 |
| 主要合作伙伴 | 淘宝、天猫、微信、携程、美团、去哪儿、赶集网 | 泰康保险集团、丁香园 | 银之杰（一家金融科技公司） | 弘安在线（一家金融科技公司） |

## 一、众安在线简介

众安在线是国内首家获批成立的互联网保险公司，具有先发优势，总保费也遥遥领先于其他三家公司，且具有良好的合作伙伴平台。因此本研究选择以众安在线为例，探讨在线开设外卖延误险种的可行性。本节采用 SWOT 分析法，分析众安在线开设外卖延误险的优势、劣势、机会和威胁。

---

① 众安在线公开信息披露．[检索时间：2019.06.01]．https：//www. zhongan. com/channel/public/publicInfo. html.

泰康在线公开信息披露．[检索时间：2019.06.01]．http：//www. tk. cn/zxpublicinfo/.

易安保险公开信息披露．[检索时间：2019.06.01]．https：//www. 1an. com/mNews. do/template/1/88. html.

安心保险公开信息披露．[检索时间：2019.06.01]．https：//www. 95303. com/public_info/company. html？pid＝13&type＝0.

### （一）众安在线发展历程

众安在线财产保险股份有限公司（简称：众安在线）成立于 2013 年 10 月，于 2015 年 6 月完成首次公开募股（IPO），募得人民币 57.75 亿元。同年，众安在线开始拓宽保险业务，新增车险等商业险种。

2016 年 4 月，众安在线发布保贝计划，将消费金融平台与金融机构合作伙伴连接起来。同年 11 月，众安在线公司发布"众安科技"品牌，促进和发展区块链、人工智能等新技术在保险行业的应用，但这个技术仍处于研发阶段。

2017 年 9 月，众安在线于香港主板上市。

2018 年 8 月，众安在线获得"软银愿景基金"1 亿美元的战略融资。

### （二）众安在线公司的股权架构

众安在线拥有蚂蚁金服、腾讯计算机系统、平安保险这三家持股 10% 以上的大股东，分别代表着阿里巴巴、腾讯、中国平安这三家龙头企业，即业内所称的"三马卖保险"：阿里巴巴的马云、腾讯的马化腾与中国平安的马明哲。

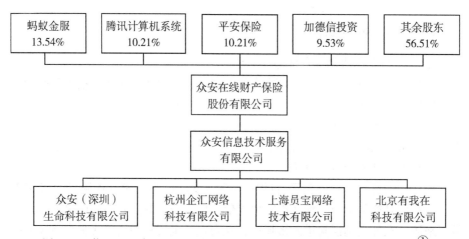

图 11.1　截至 2019 年 6 月 1 日众安在线财产保险股份有限公司股权穿透图①

---

① 众安在线财产保险股份有限公司．［检索时间：2019.06.01］．https：//www.tianyan cha.com/company/1551867982.

### (三) 众安的产品业务模式

众安在线公司的核心产品包括保险科技业务与技术解决方案业务两部分。在保险科技业务方面，众安在线基于场景，设计并提供生态系统导向性的保险产品及解决方案，通过将产品嵌入生态系统合作伙伴的平台，使客户在日常生活消费场景中购买众安在线的保险产品及解决方案。在技术解决方案业务上，众安在线于 2016 年 7 月成立了一家专注于金融科技解决方案研发的全资子公司众安科技。众安科技除了支持众安在线的研发工作外，也通过输出技术解决方案获取利润。

众安在线的产品主要有三大销售渠道：
(1) 生活消费、消费金融、健康、车险和航旅的五大生态系统合作平台；
(2) 保险代理；
(3) 公司网站、手机 APP、天猫旗舰店在内的公司专有平台。

产品出售后，通过第三方资产管理公司以及再保险规避风险实现保费管理。这三者构成了众安在线整体的业务模式。

## 二、SWOT 分析众安外卖延误险的可行性

### (一) 优势 (Strength)

1. 股东与合作伙伴平台优势

蚂蚁金服、腾讯和平安是众安在线公司的三大股东，美团、携程等平台也是其重要的合作伙伴。众安在线成立之初，三大股东就在技术、资金、人才、市场和销售渠道等方面对其提供必要的支持。就开设外卖延误险而言，阿里巴巴旗下有饿了么与口碑外卖合并形成的本地生活服务公司，美团旗下的外卖平台，都是国内外卖行业的巨头。

众安在线可将两大外卖平台的客户群体发展成为外卖延误险的直接消费者，并利用其交易记录、配送准时率等信息作为研发外卖延误险的重要资料和数据来源。在外卖延误险进入市场后，众安在线也可从两大外卖平台迅速捕捉到具有精细画像的用户，从而推算出用户的信用、消费习惯，实现产品的个性化营销，最大程度地拓展市场。此外，众安在线也一直与平安保险的专业团队有合作，在开发、精算、销售和理赔方面有专业的技术保障。

2. 外卖延误险符合众安在线现有产品模式

众安在线擅长为日常消费场景设计并提供生态系统导向型保险产品与解决

方案。众安在线将产品嵌入合作伙伴的平台，比如众安在线在淘宝网为网购用户提供退货运费险以及在消费金融领域，将产品植入互联网消费贷款。而外卖延误险是一种由保险公司提供的、事先收取一定保费、当外卖送达超出预定时间即对消费者进行赔付的保险。众安在线可将其嵌入外卖平台，融入消费者订购外卖的场景，以此促进外卖延误险的销售与推广。原有的日常消费场景设计经验可为众安在线研发外卖延误险提供经验支持。

3. 科技与保险结合

众安在线重视科技投入，并取得了一系列科技成果。众安在线自行开发的可扩展云核心系统"无界山"，能从饿了么、美团外卖等各大合作平台及数据供应商获取一手客户数据。此外，众安在线可将其人工智能技术应用于外卖延误险的客服领域，以便于减少人力资源开支、优化业务流程。众安在线将这些技术与外卖延误险结合，可提高险种价值，降低相关成本。

4. 众安在线在外卖保险和延误险领域均已涉足，有丰富经验

早在 2015 年 4 月，众安在线就开始尝试将互联网保险引入外卖行业。众安在线与美团外卖合作推出了互联网食品安全责任保险，为美团外卖的在线商家提供食品安全责任保险。与此同时，在延误险种的开发设计方面有较成熟的经验，如航班延误险、货运险等。因此将延误险种引入外卖行业，众安有其独特的经验优势和深入的行业体会。

**(二) 劣势 (Weakness)**

1. 盈利能力是企业最核心的关键

截至 2019 年 6 月 1 日，众安在线的利润情况不容乐观。自成立以来，众安在线的综合成本率持续高于 100%且居高不下，即一直处于承保亏损状态。2018 年综合成本率为 120.9%，净亏损达 15.3 亿。①

在发展初期阶段，企业以"负盈利"模式寻求业务的快速扩展，并且随着技术研发的投入，在未来逐渐完善其业务模式和产品种类，以实现研发投入向利润的转化。但是截至 2019 年 6 月 1 日，众安在线依然在亏损。在此情况下，扩大业务范围、开设新险种究竟是利润之新源头，还是进一步扩大亏损缺口，仍然存在疑问。

---

① 众安在线公开信息披露. [检索时间：2019.06.01]. https://www.zhongan.com/channel/public/publicInfo.html.

图 11.2　众安在线 2014—2018 年净利润(自制)

2. 众安在线现有产品模式下的短期保险产品标准化、黏度低

众安在线已有的短期保险产品黏度低、标准化，销售过程简易，佣金及费用比较低，难以提升其盈利能力。如果众安在线的外卖延误险仍然延续这种模式，那么外卖延误险只会成为一个低利润、高成本的传统产品，无法为众安在线带来可观的利润。因此，如何创新短期保险产品模式，增加产品附加值和黏度，是众安在线亟需思考的问题之一。

3. 众安在线投诉率高，企业信赖度降低

2018 年，众安在线共计接收到 2135 件投诉，同比增长了 69.85%，是位列财产保险公司合同纠纷投诉量前 10 位的保险公司之一。高投诉率将会降低消费者对众安在线的信赖度，不利于众安在线推广、销售新险种。[①]

**(三) 机会(Opportunity)**

外卖平台和消费者都有对外卖延误险的需求。

根据艾媒咨询(iMedia Research)发布的《2017—2018 年中国在线餐饮外卖市场研究报告》结果显示，"送餐速度"是影响用户选择外卖平台的第二大因素，第一名是食品安全保障，可见外卖消费者对配送的时效性要求是很高

---

① 众安在线 2018 年净亏损 18 亿 越亏越多线下难题待解 . [检索时间：2019.06.01].
https：//finance. sina. cn/2019-04-09/detail-ihvhiqax1056038. d. html.

的。① 此外，截至 2019 年 6 月 1 日，已有的外卖延时赔付方式主要是外卖红包和代金券这两种形式。这两种形式的赔付，存在流动性不高、有效期短、适用范围小、满减条件多等诸多问题。外卖延误险则能有效解决赔付变现能力差的问题。一方面，可以促进外卖配送的准时；另一方面，可以增强延时赔付对顾客的效用。

随着外卖市场的扩大，配送压力也随之增大。正如本章第一节第三部分的介绍，外卖市场中每位骑手每天平均要为 90 位左右的用户配送外卖，巨大的配送压力可见一斑。另外，延误后对顾客的红包补偿也是一笔巨大的开支。由于外卖市场的竞争程度激烈，迟到后赔付会较大程度地削减平台竞争力。此外，外卖平台与配送平台是两个不同的主体，在订单迟到后，外卖平台需要分别处理顾客的赔付、投诉等客服工作和对配送平台的管理、培养骑手等合作洽谈工作，存在内部管理效率的损失。因此，引入外卖延误险，能够将外卖迟到和赔付问题外部化，既节约了赔付成本又减少了平台内部治理成本。

**（四）威胁（Threat）**

强大的股东背景与合作伙伴虽然赋予了众安在线独特的市场优势，但是也增加了其对股东及合作伙伴的依赖。

一方面，众安在线的销售渠道主要来自股东与合作伙伴，其通过生态系统合作伙伴平台售出的保险产品占总保费的比重居高不下。随着行业竞争的加剧，这种商业和业务模式可能会被其他互联网保险公司模仿。

另一方面，随着外卖业务量的扩大，在外卖延误险产品黏度不高、附加值不大的情况下，阿里巴巴、美团等合作伙伴为了节省成本、拓展业务版图，可能会直接涉足保险领域，在平台下开发外卖延误险。2018 年 2 月 24 日，美团通过建立重庆金诚互诺保险经纪有限公司获得了保险牌照，为开发外卖相关保险业务奠定了法律基础。美团在 2015 年 4 月推出的"准时保"业务就初具延误险雏形，但因未取得保险牌照资质而只能定义为增值服务而非保险服务，可见美团早已有在外卖保险领域开拓的准备与野心。②

① 艾媒报告 | 2017—2018 年中国在线餐饮外卖市场研究报告. ［检索时间：2019.06.01］. http：//www. iimedia. cn/60449. html.

② 美团终获保险牌照，阿里腾讯等巨头早已布局多年. ［检索时间：2019.06.01］. https：//baijiahao. baidu. com/s? id=1593354337172247533&wfr=spider&for=pc.

如果美团外卖推出了平台内部的外卖延误险，这有可能对众安在线和外卖行业产生如下四方面影响。第一，外卖延误险的消费市场缩水。据相关媒体报道，2019 年 3 月 1 日，美团外卖份额 51.8%。① 当美团推出自己的外卖延误险后，众安在线的外卖延误险需求将大概率直线下降，外卖延误险的盈利能力也可能会明显降低。第二，加剧外卖保险行业的竞争。美团拓展外卖延误险具有内部优势，其外卖消费数据和产品嵌入平台的成本都更低，因此与众安在线未来可能的外卖延误产品相比，更有价格优势，众安在线与美团有可能在外卖延误险的价格上进行激烈的博弈与竞争。第三，促进现有的外卖延误险进行模式优化。为了更好地与美团竞争，提高自身竞争优势，众安在线只能不断升级自己的外卖延误险产品，降低成本、提高附加值。第四，提高外卖行业的准时送达率。美团性价比更高的外卖延误险或许提高该平台外卖送达的准时率，吸引更多消费者选择美团平台选购外卖，这会激励饿了么等其他外卖平台通过其他手段提高平台准时送达率，从而提高行业的准时送达率。

## 第三节　众安在线互联网保险业务

### 一、网购配送现状

网购物流配送模式可分为三类，自营物流配送、第三方物流配送以及共同配送。②

自营物流配送是指物流配送的各个环节由企业自身筹建并组织管理，如京东商城等的配送模式。这种模式对供应链的可控性高，平台的响应速度较快，因而用户体验更优，但另一方面平台的资金压力较大，服务的对象和区域覆盖范围较为有限，因而风险更大。

第三方物流配送是指企业通过签订合同将自己的部分或全部物流活动委托给专业的物流企业来完成配送活动的配送方式，如淘宝、天猫等平台，虽然响应速度较慢，但是物流服务更为专业化，覆盖范围更广。

而共同配送是指为了提高物流效率，企业通过签订协议组成联盟一起进行

---

① DCCI：网络外卖服务市场发展研究报告．［检索时间：2019.06.01］．http://www.100ec.cn/detail--6498473.html.

② 李学琴(2017)．O2O 模式下物流协作策略研究，博士学位论文．成都：西南交通大学．

配送的形式。共同配送可以实现从多点到一点以及降低配送风险的功能，比较适合产品种类丰富的行业。

表 11.2 三种配送模式特征比较（自制）

| | 优 势 | 劣 势 |
|---|---|---|
| 自营配送 | (1)对供应链的可控性高 | (1)资金压力大 |
| | (2)用户体验好 | (2)服务对象有限 |
| | (3)响应速度快 | (3)区域覆盖范围有限 |
| | (4)信息反馈及时 | (4)风险大 |
| | (5)物流运作效率高 | |
| 第三方物流配送 | (1)集中核心业务 | (1)服务水平低 |
| | (2)降低物流成本 | (2)响应速度慢 |
| | (3)提供专业化服务 | (3)信息得不到有效反馈 |
| | (4)区域覆盖范围广泛 | (4)优势区域范围广度不足 |
| 共同配送 | (1)降低物流成本 | (1)合作方式选择难 |
| | (2)服务水平高 | (2)控制权竞争激烈 |
| | (3)专业化的物流服务 | (3)可控性差 |
| | (4)区域覆盖范围更大 | (4)选择成本高 |
| | | (5)合作稳定性差 |

截至 2019 年 6 月 1 日，网络配送的风险主要存在以下几个方面：

1. 退货运费承担问题

邮费往往是 B2C 模式中的一大成本。由于 B2C 模式中买家并不能像在实体店中一样通过直接接触买到满意的商品，且在配送过程中可能出现商品损坏问题，存在退货的可能性，如何分配买家和卖家在运费损失中的承担比例需要重点考虑。

2. 时效性问题

商品的时效性受到商品本身属性以及消费者对于商品的期待值的限定，前者例如生鲜产品等，后者例如药品等。同时，网购商品的时效性还会受到物流硬件、天气状况等因素的制约。

3. 节假日压力

在节假日期间，消费者的网购消费量往往会激增，对物流硬件系统以及其服务平台的压力也随之增高，这种现象在"双十一"这样的购物狂欢节更为明显。①

## 二、众安在线已有网购相关保险

### (一) 网购商品配送延误保险

该产品仅在"双十一"和"双十二"期间与支付宝平台合作推出。被保险人通过网购商品并选择配送服务，当该配送服务发生保险单约定的延误情形，且延误时间达到保险单写明的起赔点时，视为保险事故发生，保险人按照本合同的约定负责给付保险金。② 以买家协议为例，"双十一"期间，购买了配送延误险的买家在网购商品配送发生延误后，可以通过在支付宝搜索"众安保险"进入理赔页面申请理赔，理赔成功后赔付金额将在 3 个工作日之内到账。同时，对于配送标准时间的界定与地理区域有关，例如江浙沪地区，同省内配送标准时间为三天，延误 1—3 天则赔付 10 元，四天以上赔付 20 元。③

### (二) 网购商品退货运费损失保险

#### 1. 产品发展历程

运费险始于淘宝平台。推出运费险是为了解决退货运费承担问题，后来逐步发展到其他网络购物平台。邮费一直是 B2C 的电商模式中的一大成本。由于发生退货时很难在买家和卖家之间分配退货运费承担比例，淘宝平台于是开始通过保险的方式将内生的退货运费风险向外部转嫁。2010 年 7 月，淘宝与华泰保险合作，推出退货运费险。2013 年，众安保险也随之进入运费险市场。④

---

① 方谦(2016). 基于约束理论的网购物流配送系统服务能力提升方法研究，博士学位论文. 重庆：重庆大学.

② 众安保险公开信息披露. ［检索时间：2019.06.01］. https：//static. zhongan. com/upload/online/material/1509930954974. pdf.

③ 双十一快递延误险. ［检索时间：2019.06.01］. https：//mp. weixin. qq. com/s/Z1nn7QnqxhZ2SWp0p13s6w.

④ 诞生、前进与发展：探析淘宝退货运费险. ［检索时间：2019.06.01］. http：//www. baoxianguancha. com/content-38-4707-1. html.

2. 产品模式

众安在线的运费险条款规定：保险标的是被保险人在合同约定的电子商务平台上网购实物类商品后，发生退货时所产生的运费及相关费用损失。保险费则是依据保险金额、保险人制定的承保标准、历史赔付记录以及投保网购交易的实际风险计收，提前在保险合同上载明。

保费是由系统根据卖家的交易与运营情况计算卖家的风险率 t，再根据价格阶梯得到每笔订单的保费。卖家无法对店铺内的商品选择性投保。每个自然日，系统还会根据卖家的风险率对相应的保费进行调整。系统也会根据买家的交易行为进行风险率的计算，当买家退货风险率达到一定程度后，也会被保险公司拉入黑名单。①

3. 优势

2014 年，众安在线原保费收入 7.94 亿元，其中运费险保费占比 77%。运费险依托于众安平台的退货运费险，主要有以下三大优势：

（1）股东优势：蚂蚁金服、腾讯和中国平安作为众安在线的三大股东，为众安在线提供了众多销售场景，通过合作伙伴平台的销售，客户可以根据自身需求和面临的风险更有针对性的购买保险产品，有利于推动众安在线的生态金融圈的发展。在淘宝这样的重要销售平台上，众安设置了官方店铺。在微信平台上，也推出了专门的小程序"众安保险""众安精灵"等。众安在线能够将销售渠道嵌入阿里、腾讯等平台，都是股东带来的渠道优势；

（2）数据分析运用于客户：基于充足的客户数据，众安在线可以运用分析手段实现差异化定价以及个性化保险方案的定制。同时，众安在线的实时精算模式可以实时关注用户行为方面的数据及其对理赔的影响，有利于对市场的深入了解。在保费定价时，也可以减少对代理变量的依赖，从而有利于公司识别和规避骗保行为；

（3）后台自动化：部分后台流程实现了自动化，大幅降低了该公司的运营成本，将传统的退货运费险理赔程序耗时缩短至 72 小时内，提高了理赔效率。②

4. 劣势

众安在线提供的运费险产品，既有传统保险所面临的普遍问题，也有其作

---

①　众安在线运费险（卖家版）投保协议．［检索时间：2019.06.01］．https：//cshall. alipay. com/lab/help_detail. htm? help_id＝201602089098.

②　众安在线深度报告：金融科技第一股．［检索时间：2019.06.01］．http：//www. myzaker. com/article/5a0b9a561bc8e01068000 02c/.

为互联网保险的所面临的专有问题。

　　首先，信息不对称问题导致运费险的高赔付率。买家购买商品时没有以前谨慎，可以只试不买，或者在想换货时选择退货并重新下单来获取赔偿金。更为严重的是，流水化作业的职业骗保团伙趁虚而入，通过与低价快递合作进行骗保，扰乱市场秩序，影响到保险公司的正常运营。

　　其次，由于运费险数额小、周期短的特点，保险公司需要准备较多赔付金以应对理赔，不利于这部分资金进入资本市场运作。这就需要推动快递平台、消费平台间的数据共享，减少信息不对称，提高对用户风险识别和评估的准确性。①

## 第四节　外卖延误险运营模式设计

### 一、外卖运营流程及配送模式

　　众安在线作为一家保险公司，其核心目标之一就是控制自己的赔付总额。针对造成外卖延误的核心因素，外卖延误险需要施加直接或者间接的约束。

　　首先，回顾一下外卖运营流程。

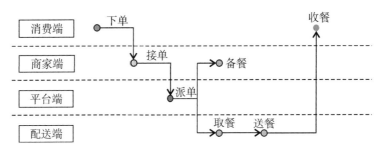

图 11.3　外卖运营流程图(自制)

　　在外卖配送的总流程中，参与者分为四个主体，分别为消费者端、商家端、平台端与配送端。其中，下单、接单、派单和收餐这四个流程可以在系统内完成，所以外卖延误主要出现在以下三个阶段：商家端的备餐阶段、配送端的取餐阶段和配送端的送餐阶段。

---

① 杨迪(2017). 基于网购消费的退货运费险研究. 纳税, 28, 156-162.

表 11.3                      配送端分类图示( 自制)

| 模式 | 平台旗下公司配送 | | | 商家配送 | |
|---|---|---|---|---|---|
| | 自营 | 代理 | 众包 | 商家自配送 | 第三方众包 |
| 举例 | 蜂鸟配送、美团外卖 | | | 麦当劳麦乐送 | 达达速递 |
| 控制 | 平台旗下公司直接管理 | | | 商家直接管理 | 第三方公司管理 |
| 延误 | 准时率高于 95% | | | 部分商家准时率低于 80% | |

参考众安在线的退货运费险模式，配送端也可以分为高控制力情形与低控制力情形。这里的控制力指的是平台端对于配送端的控制力。高控制力情形包括平台旗下公司配送，如饿了么的蜂鸟配送与美团的美团专送。低控制力情形包括商家自配送以及第三方配送，如麦乐送以及达达。根据 2018 年 6 月的数据，我们可以了解到在高控制力场景下外卖准时率高于 95%，在低控制力场景下的外卖准时率高低不一，部分商家的外卖准时率甚至低于 80%。① 所以我们需要对两种场景有两种不同的模式设计。

## 二、高控制力情形

在高控制力情形下，预计配送时间分成两个互不重合的部分。

第一部分包括商家端备餐时间以及配送端取餐时间，第二部分包括配送端送餐时间。同时，实际延误责任也分为商家端责任和配送端责任。由于在第一部分中，商家端备餐时间和配送端取餐时间可能出现重合，所以为了分清责任，我们需要在商家端添加商品制作完成选项，以确定具体的延误情况。如果商家端确认商品制作完成之前，配送端已经到达商家，则如果发生延误，第一部分的延误责任全部在商家端；如果商家端确认商品制作完成之后，配送端才到达商家，那么如果发生延误，则可责任在配送端。

此时，商家端有提前确认此选项的激励。当出现提前确认的情况时，则第一部分延误责任会全部转移到配送端，则对配送端不利。所以我们可以提供给配送端举报商家端的权利，如果配送端到达商家，发现商家端已经确认完成商品制作而实际情况相反时，可以提起举报。在此种模式下，配送端有激励去尽

①　2018 年第一季度中国及时配送市场研究报告．[检索时间：2019.06.01]．http：//www. bigdata-research. cn/content/201806/694. html.

可能早地到达商家，监督商家不提前确认完成，而商家也有防止被骑手举报的激励，因而这种模式对商家端和配送端都产生了约束，并在延误发生时可以有效地分清延误责任，据此减少保险公司面临的道德风险。

表 11.4　　　　　　　　　　准时达 Plus 和准时宝具体细则[①]

| | 饿了么：准时达 PLUS | 美团外卖：准时宝 |
|---|---|---|
| 赔付对象 | 仅限蜂鸟配送的订单 | 仅限美团专送、美团快送订单 |
| 拒绝赔付原因 | 恶劣天气、预定订单、夜间时段或超出每个用户每天赔付 3 个红包的限制 | 购买者自身原因导致超时（更换地址、地址错误、联系不到、配送地不允许骑手入内） |
| 赔偿结果 | 以外卖红包方式打入饿了么账户，一般为订单价的 10%（约 5 元） | 违约金直接打入美团外卖账户余额；延误即赔订单金额 5%；延误 10 分钟，赔偿 10%；延误 20 分钟，赔偿 60% |
| 风险控制 | 若骑手提前点击确认送达，在下单 48 小时内可向平台投诉，骑手被投诉一次罚款 500 或 1000 元 | 若骑手提前点击确认送达，可对骑手进行投诉，骑手被投诉一次罚款 500 元 |
| 赔偿分担 | 骑手扣 50% 配送费，余下部分平台承担 | 骑手扣 50% 配送费，余下部分平台承担 |
| 赔付对象 | 准时达 PLUS 不是保险，是饿了么提供的一项有偿增值服务；针对未能准时送达支付的违约金（而非保险金） | 准时宝不是保险，是美团外卖提供的一项有偿增值服务；针对未能准时送达支付的违约金（而非保险金） |
| 合作平台 | 蜂鸟专送、蜂鸟快送、商家配送、众包送等 | 美团专送、美团快送、众包送、商家配送等 |

　　平台对商家的具体约束措施，可参考准时达 PLUS 或准时宝这两种产品。例如，平台也可以在细则中阐明如果骑手导致延误，则扣除骑手 50% 配送费，同样可以加入风险控制，如果骑手提前确认送达，则用户可以对骑手提起投

---

① 　相关资料来源于饿了么和美团官网。

诉，每次投诉罚款 500 元。同时，平台可以对准时率高的骑手进行奖金奖励，给骑手更多正面激励。

## 三、低控制力情形

在低控制力情形下，由于配送端直属于商家端，所以如果发生外卖延误，责任全部在商家端。

根据 2018 年 6 月的数据，我们发现用户在选择商家和平台时，除了食品安全和优惠力度之外，最重要的因素就是用户评价以及送餐时间，而用户评价的主体一般也都与食品质量以及配送速度有关。[①] 所以我们认为披露准时率能够给商家端以约束。例如在筛选界面醒目位置加入按准时率由高到低选项，则可对商家端产生道德约束。

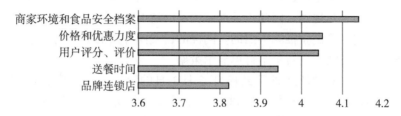

图 11.4　2018Q1 中国在线餐饮外卖用户选择商家考虑因素调查

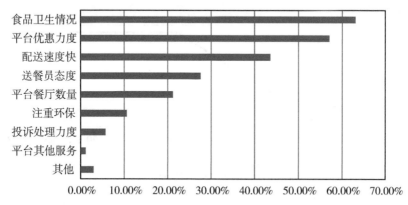

图 11.5　2018Q1 中国在线餐饮外卖用户用户平台考虑因素调查

---

① 2018Q1 中国在线餐饮外卖市场研究报告．［检索时间：2019.06.01］．http：//dy. 163. com/v2/article/detail/DK1UA2C30511A1Q1. html.

## 第五节　外卖延误险定价策略设计

### 一、外卖平台延误赔付定价策略

截至 2019 年 6 月 1 日，饿了么的准时达 PLUS[1] 和美团外卖的准时宝服务[2]是两种主要外卖延误赔付服务，同时也是作为大的外卖平台下属的一种可以选择的增值服务，而并非保险。然而从定价的角度来说，它们的定价策略对互联网保险公司进入这一行业仍有很大的参考价值。

需要注意的是，截至 2019 年 6 月 1 日，饿了么《物流准时达协议 PLUS》中只规定了以页面显示的价格购买准时达服务，同时赔付金额以在饿了么下单页面展示为准。也就是说，饿了么只对单个订单注明价格和赔付，并未明确给出定价和赔付的整套规则。因此，下面有关准时达 PLUS 的定价策略和赔付的数据为我们利用订单试验推算得出的。同样的，美团外卖的准时宝服务也没有给出具体的整套规则，只对单笔订单显示策略。

下图展示了两种产品截至 2019 年 6 月 1 日的定价情况，其中 y 是准时达 PLUS 或准时宝作为增值服务的价格，x 是外卖订单实际支付金额。饿了么准时达 PLUS 的定价大约是外卖订单实际支付金额的 2%，美团准时宝服务的价格

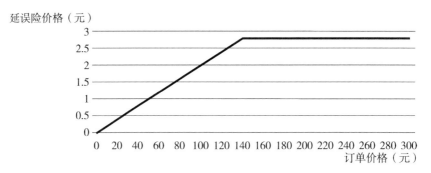

图 11.6　饿了么准时达 plus 定价

① 饿了么官方网站规则中心．［检索时间：2019.06.01］．https：//h5. ele. me/service/agreement/#HEAEDER_SHOW=1.

② 美团外卖官方网站规则条款．［检索时间：2019.06.01］．http：//waimai. meituan. com/？utm_campaign=baidu&utm_source=1522.

也同样是外卖订单实际支付金额的约 2%。两者的费用均有上限，饿了么准时达 PLUS 最高需支付 2.8 元，对应最高订单实际支付金额为 140 元；美团的准时宝最高费用为 5 元，对应最高订单支付金额为 250 元。需要注意的是，饿了么准时达 PLUS 是由用户购买的，而美团外卖准时宝是由商家购买的。

延误险价格（元）

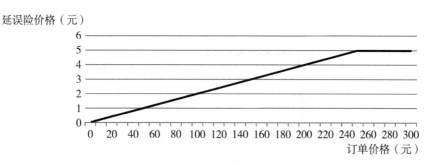

图 11.7　美团外卖准时宝定价

从赔付时间标准上看，两个平台都采取了分时间段阶梯赔付的方式。可以看到，饿了么准时达 PLUS 在晚于承诺时间以后 15 分钟才开始有赔付，在违约超过 15 分钟时，50 元的订单能得到赔付 15 元，为实际支付金额的 30%；而违约超过 30 分钟时，得到 35 元赔付，为实际支付金额的 70%。同时根据《物流准时达协 PLUS》，无论实际支付金额为多少，准时达 PLUS 的最高赔付金额为 100 元。而美团外卖准时宝则是 10—20 分钟赔付 5 元、20—30 分钟赔付 10 元、30 分钟以上赔付 12 元，且赔付金额和外卖订单实际支付金额无关。

此外，两家平台的保险赔付也有一定的适用范围。准时达 PLUS 的保险允许下单时间是上午 10 点到晚上 22 点，并且要求是在非极端恶劣天气下（如大雪、大雨等）。而准时宝的保险有效时间是任何时段，同时不对天气条件有要求。

## 二、互联网保险公司退货运费损失险定价策略

以众安在线为例，其业务中和外卖延误险相对比较相似的险种是网络购物退货运费损失保险，研究其定价策略将有助于分析互联网公司是否能将相似的模式应用到外卖服务这一场景当中去。

根据众安在线和淘宝网的投保协议，保险的投保限额最高不超过人民币 25 元，具体以投保时页面显示的保险金额为准。至于保险费则是根据风险率

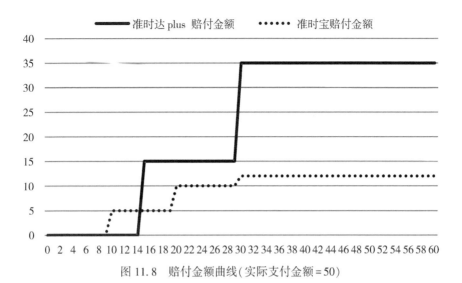

图 11.8　赔付金额曲线(实际支付金额=50)

和三个月内交易笔数来确定的,具体定价如表 11.5,其中风险率指的是商家发货后被退货的比例。可以看到,除了风险率在 1%处对交易笔数有要求,风险率和价格大致呈线性关系,每 1%风险率对应了 0.1 元的价格(除了在 10%、15%、20%、25%这几个点对应了 0.2 元)。①

综上所述,外卖平台的延误赔付和互联网保险公司的退货运费险可以总结出以下的不同点。

从性质上看,延误赔付只是一种赔付手段,是根据超过的时间来赔偿一定比例的实际支付金额;而退货运费险一般是对运费的全额保险,一旦条款被触发,保险公司将赔偿投保者的全部损失。

从定价策略上看,延误赔付基本是根据实际支付金额的一定比例收取费用,而退货运费险则并不关心实际的运费,只考虑风险率和交易量这些和投保人历史数据相关的因素。这一差异是合理的,因为外卖延误赔付本质上说是为配送费和餐费的总金额进行赔付,而外卖订单的总金额是波动较大的,是影响赔付成本的主要因素。而对于退货运费险来说,货运费用相对固定(每份保险合同保险金额最高不超过人民币 25 元),所以退货率等商家历史因素才是更重要的考量因素。

---

① 支付宝服务大厅众安在线运费险(卖家版)投保协议.[检索时间:2019.06.01].https://cshall.alipay.com/lab/help_detail.htm?help_id=201602089098.

表 11.5　　　　　　众安在线和淘宝网的投保协议中的定价规则

| 风险率(t) | 价格(元) | 风险率(t) | 价格(元) |
|---|---|---|---|
| t<=1%且三个月内交易笔数大于等于 500 笔 | 0.15 | 14% | 1.7 |
| t<=1%且三个月内交易笔数小于 500 笔 | 0.3 | 15% | 1.9 |
| 1% | 0.3 | 16% | 2 |
| 2% | 0.4 | 17% | 2.1 |
| 3% | 0.5 | 18% | 2.2 |
| 4% | 0.6 | 19% | 2.3 |
| 5% | 0.7 | 20% | 2.5 |
| 6% | 0.8 | 21% | 2.6 |
| 7% | 0.9 | 22% | 2.7 |
| 8% | 1 | 23% | 2.8 |
| 9% | 1.1 | 24% | 3 |
| 10% | 1.3 | 25% | 3.1 |
| 11% | 1.4 | 26% | 3.2 |
| 12% | 1.5 | 27% | 3.3 |
| 13% | 1.6 | 28% | 3.3 |

从时间的角度看，外卖延误赔付比退货运费险的赔付周期会更短。外卖延误赔付可能只在不到一小时的时间内就经历了投保到赔付的全过程，而退货运费险基本上是以天为单位进行金额的周转。因此，与其相对应的外卖延误险对资金周转有更高的要求。

## 三、互联网公司推出外卖延误险的定价建议及理论模型

梳理了上述两种定价手段，可以发现外卖延误赔付是利用实际总支付金额的一定比例定价，且有上限。而退货运费险则是利用用户的历史记录和风险因

子来定价，符合互联网公司利用大数据的特点。将这两点结合起来，参考现有文献，我们可以得出一个简单的外卖延误险理论定价模型。

首先，保费是由纯保费和保险附加费构成，一般来说，纯保费指的是期望损失额，保险附加费指的是保险公司运营必要的成本，可以是纯保费的一个固定比例，设为 $r \in (0, 1)$，即：

$$E = (1+r)\beta B$$

这里 $E$ 为总保费，$\beta$ 是发生延误的概率，$B$ 为保险金额，即在没有信息不对称的情况下，保险公司的期望赔付即为 $\beta B$。由于保险公司消除了消费者的收益波动，因此收取比例为 $r$ 的额外运营费是合理的。而保险公司把风险转嫁到自身之后，又可以靠大量保险单，平均抹掉这部分风险的波动。在无信息不对称的情境下，在经济学意义上这是一个双赢的行为。

对于保险市场逆向选择程度的研究，现有文献倾向于利用振动升降指标（Accumulation Swing Index，ASI）测量实际保费偏离均衡保费而倾向于最低保费的程度。[①] 具体定义为：

$$ASI = \frac{\partial_N - \partial_R}{\partial_N - \partial_L}$$

其中 $\partial_N$ 表示信息均衡状态下的保费，$\partial_R$ 表示实际保费中的最高保费，$\partial_L$ 表示实际保费中的最低保费。由于 $\partial_R > \partial_L$，所以 $ASI \in (-\infty, 1)$，当 $ASI \leq 0$ 时，保险市场不存在道德风险问题，当 $ASI \geq 0$ 时，保险市场存在道德风险问题，$ASI$ 指数越大，道德风险越严重。在已有的定价情景中 $\partial = E \propto \beta$，可将 $ASI$ 变形为：

$$ASI = \frac{\beta_N - \beta_R}{\beta_N - \beta_L}$$

其中 $\beta_N$ 表示购买保险后的延误率，即根据历史数据得出的消费者购买延时险获得赔付的订单与购买延时险的订单总数相除，$\beta_R$ 表示消费者所有延迟的订单与所有订单次数之比；$\beta_L$ 表示在最好情况下的延误率情况，目前一般取为 $0$，则

$$ASI = 1 - \frac{\beta_R}{\beta_N} < 1$$

同时考虑到，如果市场上存在道德风险，购买保险后的延误率应当高于整

---

① 王丹（2016）．基于信息不对称的退货运费险的定价模型研究，博士学位论文．重庆：重庆交通大学．

体的延误率，即 $\beta_N > \beta_R$，这等价于 $ASI > 0$。根据上述文献，应当将 $ASI$ 取为道德风险发生的比例 $q$，则前述的定价方程应修正为：

$$E = (1+r)(q(\beta+b)B + (1-q)\beta B)$$

其中，$b$ 是用户存在赔付历史情况下的延误赔付的概率增量。代入 $q$ 的表达式，上述方程可以变形为：

$$E = (1+r)\left(\beta + b\frac{\beta_N - \beta_R}{\beta_N}\right)B$$

结合现有的定价模式看，上式符合直觉。如果忽略历史记录的影响和道德风险带来的概率增量 $b$，那么 $E = (1+r)\beta B$，保费正比于保额，这与准时达 PLUS 和准时宝的定价方式一致。而如果忽略保额 $B$ 的变化，将其视为常数，就像退货运费险中保额大多接近 25 元的情况一样，那么 $E$ 此时和风险率呈线性关系，基本符合众安在线退货运费险的定价。

关于模型中的参数，大多是从平台数据中直接获得。其中概率增量 $b$ 可以视作消费者的个性化数据，利用消费者的下单历史进行计算。如果消费者还没有历史记录，或者下单量不足以对其进行有效估计，可以先利用平台的平均值 $\beta_N - \beta_R$ 作为 $b$ 的暂时估计。下面以一个数值算例来看看该模型的具体定价过程。我们将保额 $B$ 设定为 50 元，没有赔付历史情况下出现延误赔付的概率 $\beta$ 可以由平台数据估算，这里假设为 5%。存在赔付历史情况下的延误赔付概率增量 $b$ 较难估计，假设为 5%。$q$ 值中的 $\beta_N$ 和 $\beta_R$ 均能够由平台数据导出，因此不是一个变量。这里直接估计 $q$ 值为 10%。保险附加费占比 $r$ 估计为 20%。此时能够求得存在赔付历史的情况下的保费为：

$$E = 1.2 \times 0.1 \times 0.1 \times 50 + 1.2 \times (1-0.1) \times 0.05 \times 50 = 3.3 \text{ 元}$$

若无赔付历史，则：

$$E = 1.2 \times 0.05 \times 50 = 3.0 \text{ 元}$$

上述模型结合了两者的特点进行定价，但仍是一个较为初级的模型。在实际应用中，如果数据量足够，可以考虑将更多因子纳入考虑范围。上述模型基本上只考虑了消费者的风险因子，但实际上，外卖的配送距离，商家的出餐速度，天气条件的影响，都会对一单外卖延误的时间造成影响。因此，可以利用相似的办法计算因此带来的保费溢价。